JN016671

ACADEMIC NAVI
アカデミックナビ

# 国際関係論

多湖淳

keiso shobo

# は じ め に

　本書は，国際関係論・国際政治学の初学者向けの教科書である。四十代の研究者がひとりで書いたもので，当然「まだまだ」の部分がある。しかし以下にあげる複数のオリジナリティがあり，粗削りであることを自覚しつつも，世に出して是非を問いたいと思う。

　第1に，本書は，国際政治経済が戦争や安全保障に先んじて説明されるべきだと理解する。これは，国家間の協力から生まれる経済的相互依存が国際関係の本流であるととらえているためである。経済的な関係をうまく維持・制御できれば国際関係は通常，平和である。経済的な国際関係が何らかの理由で破綻することで戦争が起こりやすくなるというのが本書の考え方である。なお，戦争は，言うまでもないが多様な原因によって起こるもので，著者は経済的要因だけが戦争原因だなどと主張していないことに注意してほしい。

　第2に，本書は，自分の意思決定やその結果が他者の意思決定に依存することに特徴づけられる戦略的相互作用を国際関係の肝（きも）として理解する（詳しくは，序章第1節を参照）。そして，そこに「われわれと他者」「格差と不満」「信頼と不信」「正統と異端」という鍵概念を当てはめ，国際関係を論じる。こういった4種類の鍵概念の提示は本書の核心で，特色である。

　第3に，記述推論，因果推論，演繹推論という社会科学の方法を意識して説明する姿勢を貫いている（こちらも3つの推論の詳細については，序章を参照）。とくに日本語によるほかの国際関係論の教科書と比べ，方法論の意識化を促す姿勢は本書の特色である。

　本書は2022年2月のロシアによるウクライナ全面侵攻の前に企画された。しかし，大半は侵攻後に同戦争の展開とともに書かれ，その影を読者は感じるだろう。著者は，ウクライナ戦争後の国際関係を論じるのに欠かせないと思われる基礎知識や重要な理論，論理を紹介することに注力した。本書が戦争の終結とその後の国際関係を考える上で役立てばと思う。そして，この本を読んで

くださった読者が，これからの国際関係を論じ，その発展に関与してくださることを期待したい。先に示したように，本書は粗削りの作品で，未完成品である。みなさまからご批判を，できれば書いているものに基づいて建設的に，頂戴できるとしたら大変ありがたい。

　本書は，きわめて恵まれた研究教育環境の中で育まれ，さまざまな方にご支援・ご協力をいただいた。前の職場である神戸大学大学院法学研究科と現在の職場である早稲田大学政治経済学術院の元同僚・現同僚の先生方，指導学生のみなさんから多くの刺激をいただいてきた。お名前をあげることはできないが，心より御礼申し上げる。くわえて，共同研究を通じ，たくさん学ばせていただいてきた。これまたお名前はあげないが，共著者の先生・友人に感謝の言葉を伝えたい。なお，北海道大学の土井翔平さん，高知工科大学の三船恒裕さん，ワシントン大学の菊池柾慶さん，CROP-IT の内海春さんから原稿に詳細なコメントをいただいた。お名前を記して感謝を示したい。また，息子の浬・娘の紺夏が保育園時代からご指導いただいている巌剣修会の中尾哲先生をはじめとする先生方，ご関係のみなさまから多くの示唆を得て本書は書きあがった。御礼を申し上げる。剣道は戦略的相互作用の典型例である。巌剣修会の環境でたびたび思索することで本書の軸が定まり，全体の構想も固まった。浬や紺夏も自分たちが日々打ち込んでいる剣道に通じるものとして，将来どこかで国際関係論に興味を持ってくれることを願いたい。

　最後に，故・山本吉宣先生にこの教科書をささげたい。願わくば，吉宣先生に本書を手にとっていただき，「僕，よくわからないけど」に続く，鋭いコメントを頂戴したかった。しかし，それはもう叶わない。今となっては，空の高みから，吉宣先生の直の師匠であり，著者も 2002 年から数年間をともに過ごさせていただいた故・J. D. シンガー先生とともに本書と僕たちを見守っていてくださることを願うほかない。

多湖 淳

# 目　次

## 第3章 帝国主義と国際社会の民主化 ···················· 53

## 第4章 ナショナリズムとグローバル化 ················ 71
### ——今日の国際関係——

## 第II部　国際政治経済

## 第5章 貿易とグローバル化 ···························· 93

# 第Ⅲ部　安 全 保 障

## コラム

## 本書の使い方

　本書は，大学の教科書として使用されることを念頭に書かれているが，独学にも使用できる。対象は学生だけではない。一般の方も国際関係論・国際政治学をひとりで学んでいただくことができる，「適切な学問への入り口」になるように書かれている。本書を通じて国際関係論・国際政治学が，みなさんがテレビ放送やSNSで触れるものと違い，理論と実証的な根拠に裏打ちされた深みのある社会科学であることを知っていただけたらと切に願う。

　構成は，序章から終章の全15章立てになっている。大学では，主に「国際関係論入門」「国際政治学」といった講義名の授業で使っていただくことを想定している。大学では1学期15週の大学が基本だったが，14週を100分授業で行う大学も徐々に増えてきていると思う。その場合には，序章には本書の前提が書かれているので，初回授業で序章と第1章をあわせて進めることが想定できる（序章は予習課題としてもよい）。また，終章は方法論に関する応用性の高い内容で，必ずしも学部の講義型授業でカバーするべきものではない。よって，第13章までで講義を終え，試験を行い，その解説の時間に終章は手短に紹介する程度でよい。

　各章末には「要点の確認」を用意している。独学で読み進める場合には「要点の確認」で重要な論点を確かめるとよい。また，さらに先に進んだ学びを行うために，同じく各章末にある「文献ガイド」にしたがって推薦書籍を読み進めると，学びを一段階さらに深めることができるに違いない。なお，「文献ガイド」ではあえて日本語だけを選んでいる点は注意を喚起しておきたい。

※　本書の一部は科学研究費補助金による研究（22H00050）の成果をもとに執筆されている。

序 章

# 国際関係論の学び方

## 1. 本書の射程と狙い

　主として国家と国家から構成される**国際社会**（international society）で，われわれ人類がどのように他者との対立を平和的に乗り越え，むしろ他者と力をあわせ，しかも地球全体の諸課題にうまく対処して生きることができるのか，を問うのが**国際関係論**という学問分野である。本書はその要点を体系的にまとめている。アメリカ合衆国で 20 世紀になってから生まれたこの学問は，英語では International Relations（インターナショナル・リレーションズ）と呼ばれる。時に IR（アイアール）と略称される比較的新しい社会科学である。

　国際関係論は，政治学の一領域で，**国際政治学**と呼ばれることもある。国際政治に対して英語には International Politics または World Politics という表現もある。著者の恩師（メンター）であったミシガン大学の故・J. D. シンガー先生は後者の World Politics（あえて語感を残して訳すのであれば，**世界政治学**）という呼び方を好んでいた。

　ここで，国際関係論（IR）とことさら強調する場合には，政治学に限らず，法学や経済学さらには社会学・心理学といったさまざまな学問領域にまたがる**学際的な側面**を重視することが多い。本書も政治学を軸にしつつも，多様な学問領域の成果を踏まえ，国際社会をめぐるさまざまな関係について議論を行う。

　ただ，断りを入れるのであれば，著者が政治学（ポリティカル・サイエンス）の訓練を受け，そして安全保障分野を主たる専門として活動してきたこともあって，基本的には政治学の一分野として国際関係論を論じる。よって国際経済学や国際法を学ぶには当該分野の体系的な教科書を参照してほしい。また，国際関係論はさまざまな地域研究（area studies）を内包しているが，本書ではそれを著者の能力不足から十分にカバーできない。しかし，それは地域研究を重視しなくてよいなどということを意味しない。政治学では文脈を無視できず，地域ごとの政治制度や政治文化を深く知ることはきわめて大切である。国際関係論の全体像を政治学の立場から解説し，その上で国際経済学や国際法，そして地域研究といった学問分野にさらに関心を持っていただくきっかけを本書が提供できるとすれば，本望である。

　本書が主に想定している読者は高校3年生，そして大学の初年次／1回生である。彼らに論理的な展開に関してわからないことはおそらく書いていない。しかし内容の水準は，最新の理論と実証研究を意識し，目下議論されていることをとりあげる意味において大学院生や社会人でも面白いと感じていただける専門的なものを目指している。そして，上級年／3，4回生の学生に対しても，卒論プロジェクトの執筆過程において「帰ってこれる内容」を目指している。

　本書を支えるのは，自分の意思決定やその先々の結果が他者の意思決定に依存することに特徴づけられる**戦略的相互作用**を重視する態度である。本書は**方法論的個人主義**という立場をとっている。方法論的個人主義とは，社会を作り出す①主体（これをアクターと呼ぶ）を設定する。その上で，②主体が自律的に決定し，行動できると考える（砂原・稗田・多湖 2020）。そして，③自分も相手も相互に他者を完全には制御できず，相手の選択を受けてそれに反応するという社会理解の仕方を採用する。要するに，自分も相手も他者を世界から消し去ることはできず，相手と何らかの形で「お付き合い」をしないといけないという前提をおいている。そして，そこには相手の動きを受け・もしくは予期して自分の出方を決めるという戦略性があると考える（＝戦略的相互作用）。こういった構図に基づいた分析には，演繹推論の道具として知られるいわゆるゲーム理論が欠かせない（くわしくは本章第3節）。

　道具立てとしてゲーム理論をたびたび活用し，その上で記述推論と因果推論という2つの実証研究の態度を大事にすることも本書の特色である。本教科書の第I部では，国際関係史の解説であるために記述（＝記述推論）が主となる。第II部と第III部では，国際政治経済や安全保障といった問題群について解説を行う。各テーマにかかわる簡単な記述推論を展開した上で，そののちテーマに何かしら関連する因果関係をめぐる学術論文の知見を解説する（＝因果推論）。

　本書では記述推論と因果推論の両者を意識的に組み込み，それを受けて読者に自ら思考してもらい，場合によっては事例研究や統計分析の追試，実験デザインなど何らかの知的生産作業を促したいと思っている。というのも，大学は最先端の知識を生産する場であり，そこで使われる教科書は「先端知」を生み出す候補生を作り出すために書かれるべきだからである。つい10年前まで日本は国際的な社会科学の知的生産において「控えめ」であったが，最近は政治

学でも事情は変わり，国内の博士号取得者が日本語ではなく英語で論文を公刊して対外的に発信するのが当たり前になってきた。読者にはそういった新しい潮流に乗る素養を本書によって得てほしいと思う。

　最後に，本書のもうひとつの特徴は，以下の鍵概念を使って国際社会におけるさまざまな関係性を解き明かすことである。国際関係を理解するために，「われわれと他者」「格差と不満」「信頼と不信」「正統と異端」という4つを強く意識したい。国際関係では，必ず自分たち（＝われわれ）と相手（＝他者）の区別ができ，政府を欠いた国際社会において自動的に解決されない何らかの格差ないし違いを見出し，そこに少なくともどちらか一方が不満を抱きがちである。そして，相手に対する信頼が崩れて不信が高まる結果として平和の均衡が崩れてしまう。さらに，国際関係において何が正しいかをめぐる争いが根源的な利害対象になり，その意味で正統と異端という論点がつねに問題化されるというのが本書の基本的な立場である。これら4つの鍵概念は，先行研究の蓄積を踏まえ，著者が現段階で国際関係を論じるのに欠かせないものとして（ある意味において「仮説」として）提示している。よって，この4つで十分であるのかは本書を読みながらぜひとも批判的に考えてほしい。また不足するのであれば一体ほかの何に着目すれば国際関係を論じることができるのかを考え，言語化して学術コミュニティにあなたの考えを投げてほしい。

## 2. 記 述 推 論

　社会科学のひとつとして，国際関係論は以下の3種類の推論で議論が成り立っている（多湖 2020）。記述推論（descriptive inference）と因果推論（causal inference），演繹推論（deductive inference）である。

　まず，何がどう起こったのかをめぐる推論は**記述推論**と呼ばれるものであり，その代表的なものが歴史記述である。記述推論を理解するためにも，第二次世界大戦の終戦がいつであったのかを議論してみよう。

　そもそも第二次世界大戦がどう定義されるのかという論争があるけれども，日本にとっては1941年の12月8日（アメリカ時間では同7日）の真珠湾攻撃とそれにともなうアジア太平洋地域での戦闘を契機とする組織的な交戦状態が

戦争の始まりだと考えることができる。その際，この戦争は「いつ」終戦したと記述すべきなのだろうか。この問いには複数の正解が存在しうる。

　多くの読者は 1945 年の 8 月 15 日をその日としてあげるのかもしれない。日本では同日が終戦記念日となっていることからも，多くの日本人にとって正統性がもっとも感じられる考え方だろう。

　しかし，8 月 10 日午前 7 時，外務省は国の形を意味するところの国体護持，すなわち天皇制の維持を前提にポツダム宣言を受諾する電報をスイスおよびスウェーデン公使を通じ連合国側に伝達していた。しかも 10 日午後 7 時，戦時中の通信社・同盟通信の短波放送でポツダム宣言受諾を全世界に伝達していた。したがって，政治リーダーの意思決定と相手への伝達がいつだったのかという意味では，8 月 10 日が終戦の日であってもおかしくはないのかもしれない。

　他方，戦艦ミズーリにおける戦闘休止をめぐる政府間の合意は 9 月 2 日である。ポツダム宣言による降伏文書への正式な調印はこの日であるため，対日戦勝記念日いわゆる VJ デーはアメリカにおいて 9 月 2 日であるし，ソ連・ロシアでは対日戦勝記念日は 9 月 3 日である。よってこのタイミングを終戦としてもよい。もしくは，国家間の「講和」を終戦の基準にするのであれば 1951 年 9 月のサンフランシスコ講和会議まで待つ必要がある。さらに言えば，この基準ではロシアとの講和には至っていないことを付記しておきたい。要するにロシアとの講和がないという意味では同国との戦争は正式には終わっていないという解釈さえできるのかもしれない。もちろん，1956 年の日ソ共同宣言では平和へ戻ることが宣言されているので，この解釈は無理筋ではある。

　このように，基準の違い，国の立場の違いで歴史的な分岐点が変わる。人々に記憶される日時も変わる。したがって，社会科学者は，歴史的記述を行うにあたって，何をもって事件を定義し，どういった視点に立つのかを意識的に考え，場合によっては政府の公式見解から独立して考える必要が生まれる。起こったこと＝事実（fact）はひとつでも，人々が信じる真実（truth）はいくつもある。とくに，各国の政府はそれぞれの思惑から，自らを正統とする真実を国民に対して教育していく。

　さらに，何が「いつ」起こったのかだけではなく，誰と誰との事件なのか，どのくらい重大な事件であるのか，もしくは，そもそも事件と呼ぶべきものな

のかをめぐる論争も記述推論の大事な課題になる。その典型的な事例は，日中戦争とそのさなかに起こったいわゆる南京事件（南京大虐殺）にみてとれる。

日本は 1931 年の満州事変ののち，盧溝橋事件を引き起こして 1937 年に日中戦争を開始した。当時の日本政府は，この戦争をあえて支那事変と呼んだ。その理由は，アメリカをはじめとする各国の経済制裁の対象になることを避けることにあった。1928 年のパリ不戦条約で約束した戦争放棄の誓い（このような「誓い」をたびたび国際関係論では「コミットメント」と呼ぶ）に照らして，戦争と呼ぶことが対日制裁につながるとの認識があったからである。

よって，実態上は戦争だと理解しながらもあえて事変と呼んで中華民国と戦争状態にあるとは公式に認めなかった。しかも，日清戦争以後，差別的な意味合いを込められることが多くなった「支那」という言葉をあてていた。1946 年以降，中華民国の抗議を受けて日本政府はこれを日華事変と呼ぶようになった。今では日中戦争という言葉が定着しているし，それが妥当な表記である。現在，支那といった差別的表記をあえて使うのは時代錯誤としか言いようがない。

1937 年 12 月，日本軍が中華民国の首都である南京を攻略した際，多くの捕虜と民間人を殺戮した。そして，この「多く」が何人なのか，には記述推論としての論争があり，国家間の歴史認識をめぐる紛争がある。中国政府が公称の被害者数として 30 万人といった数字をあげるのに対し，日本の歴史家の秦郁彦（はたいく）は，日本軍による不法行為の犠牲者を 3.8 〜 4.2 万人とし，最大でも 4 万人程度という推定を唱えている（秦 2007）。歴史的な証拠となる文書や証言をもとに何が起こり，この場合は何人その犠牲になったのかという推定は記述推論として研究の対象であり，また論争の的となる。

過去の出来事をめぐる事実の確定などということは，もはや誰にもできない。たとえ同時代の出来事であっても，立場の違いに応じて複数の真実が生まれる。そして，次の世代にはある立場の真実が事実として教育され，他者の視点を知ることがない限り，自分たちにとっての事実＝真実を無批判に信じることになる。

この他者の視点を知ることがなく，自分たちにとっての事実＝真実を無批判に信じるほかないことがいかに悲惨で恐ろしい結末をもたらしうるのかは，

2022年2月24日に始まったロシアのウクライナ侵攻を想起すれば容易に理解
できる。ロシアのウラジミール・プーチンは、侵攻の理由をNATO（北大西
洋条約機構）側の態度に求め、ウクライナのゼレンスキー政権をナチズムと関
連づけて説明する。このような明らかに事実とはいいがたい説明をロシア国民
の多くは真実として信じてしまっている。それは、ロシア政府が権威主義体制
であり、プロパガンダや検閲・政治的抑圧による恐怖によって国民を操ること
でしかその体制を維持できないことによる。権威主義のもたらす悲劇としかい
いようがない（フランツ 2021）。

## 3. 因 果 推 論

　記述推論とは異なる推論が**因果推論**であり、そこでは「なぜ」が論点となる。
原因ととらえる変数（要因）を説明変数または独立変数と呼び、説明されるも
のを被説明変数または従属変数と呼ぶ。説明変数（独立変数）はXで、被説
明変数（従属変数）はYとあてられることが多い。

　例として第二次世界大戦のような大規模な戦争の開戦と終戦が、なぜ起きた
のかを考えよう。戦争の開始や終了を説明する場合、意思決定を行う政治エリ
ートないし軍人＝個人が原因になるという議論がある。第二次世界大戦の原因
が東条英機やアドルフ・ヒトラーにあるといった言説は珍しくはない。しかし、
それは、十分な説明とはならないだろう。ヒトラーが交渉で解決した国際紛争
もあれば、そうではなく戦争を選択した場合もある。ある個人に原因を求めた
い気持ちはわからなくもないが、「彼」ないし「彼ら」を原因とするのには無
理がある。

　個人ではなく集団に求める議論もあるかもしれない。ナチスや旧日本軍の思
想や行動様式に原因を求めることになろうか。たとえば、ダニ・オルバフの研
究は旧日本軍に埋め込まれた幕末志士からつながる思想に、その拡張主義や命
令違反を是とする行動様式を求める（オルバフ 2019）。一事例の研究ゆえに、
オルバフ本人は因果関係であるとの強い主張を避けつつも、幕末からの志士ら
の思想が旧日本軍の横暴を許したという原因と結果をつなぐ解釈（仮説）を提
示している。

　なお，オルバフは日本による戦争の開始を説明するにあたって有効なひとつの仮説を提供している。しかしその終戦については説明不足が否めない。ではなぜ，第二次世界大戦の終戦が起きたのだろうか。のちほど本書ではいわゆる合理的戦争原因モデルというものを示すことになるが，そのモデルによれば，戦争が終わるのは「情報の非対称性が消滅したからだ」となるだろう（第8章）。戦争が起きてしまうのは，相手と自分の能力や意図をめぐる読みが甘いからである。戦争が合理的に起こるという仮定をおくのであれば，戦争が開始されるのは，自分が勝てるという見込みが存在するからという説明になる。それを踏まえれば，戦争が終わるのは，国家の力や意思をめぐる情報の非対称性がなくなった時になる。つまり，実際に戦ってみてアメリカは強くて日本は負けるほかないと悟り，中立国の仲介も望めないことがわかった結果，相手の強さを認めて終戦を決めたという解釈である。なお，情報が非対称であるままの一部の軍人等は8月14日深夜から15日未明にクーデター未遂を起こした。この理論が強力なのは，戦争の開始も終了も，クーデターを起こそうとする人々の行動も一貫して説明できるところにある。そして，政治制度によって情報の非対称性が起こりやすい場合や起こりにくい場合が想定できるので，たとえば民主主義国は非民主主義国と比べて戦争をしにくいといった因果関係の議論につながっていく。

　因果推論は個別の事例を説明することもあれば，より抽象度をあげて一般的に戦争と平和の原因を論じるような場合もある。後者の場合，確率的な解釈に基づくのが通例で，戦争がどういった条件で（＝なぜ）起こりやすいのか，終わりやすいのか，などを問う。もちろん，個別の事件の解釈もできるべきであるが，一般的に事象を説明できることは社会科学として重視される。より多くの事件を同じ理論的なモデルで説明できるほうが，因果推論としての価値も高まるからである。もちろん，こういった考え方に異論もあろうが，複雑な社会のありように何か一般的な法則を見出せることに意味があると考えてもらえればよい。

　昨今この因果推論が国際関係論を含む社会科学全体での一般的な目標になっている。なぜ，Aが起きるのか，いつBが起きるのかを問い，その理由を因果推論として解き明かすのが社会科学の一義的な目標であり，それが評価の高

い査読（＝他の研究者による審査）付きの学術雑誌に掲載されている。因果推論の考え方と方法を極めたい読者は，コラム 0-1 であげる主要な国際学術誌に掲載された論文を比較参照していくとよい。

最後に，因果関係が自分が考えるのと逆向きにも働きうる「**逆因果**」の可能性についても注意を喚起したい。たとえば，ある国では原子力に関する能力や資源を有するという要因が核兵器開発を促したという方向の因果を考えよう。おそらく，その因果もあるのかもしれないが，むしろ（脅威認識の高まりなどを理由に）核兵器を持ちたいという気持ちが原子力の能力と資源獲得を促しているかもしれない。こういった双方向の因果関係の可能性をともなう状況を**内生性**があると表現するので，頭の片隅に入れておくとよい。質のよいデータ分析は，内生性をうまく処理して正しい因果推論を行う（この点，最終章のコラム 14-1 を参照）。

## 4. 演 繹 推 論

本書は，**演繹推論**を重視する。とくに，ゲーム理論を重要な道具とする。これは，国際関係が複数の独立したアクターからなる戦略的相互作用からなるという基本理解の反映である。ゲーム理論（game theory）は戦略的な相互作用を描写するにあたってきわめて自由度が高く，かつ，社会的な安定性を理解するのに優れた方法で，国際関係論のみならずあらゆる社会科学で応用できる。仮説を抽出する方法としてその力は欠かせない。ゲーム理論については第 1 章の中で詳述するので，ここでは説明は割愛する。

ゲーム理論ではない演繹として，以下のようなものを想定できる。まず，論理的な思考の出発点として前提をおく。国際関係論で「主体は国家」というのはひとつの前提である。そして，「国家は国益を最大化させようとする」「国益は国際関係では国力と読み替えられる」というさらなる前提をおくと，「国家は国力を最大化させるために行動する」という議論が出てくる。論理的に前提から結論を導いてくるのは演繹である。

「大国同士は競争しあう」「大国が他の大国の動きを監視し，それに対応する手を打つための資源は限られる」「他の大国の監視がおろそかになり，資源が

### コラム 0-1　アメリカの学問としての国際関係論

　国際関係論は比較的新しい社会科学として考えられている。しかし，その起源は古くにさかのぼることが可能である。たとえば，国家間における対立を所与として力と国益を重視するリアリズムの議論の原型は，ギリシャのトゥキディデスにさかのぼることができるし，逆に国家間協力や制度の重要性を唱えるリベラリズムはイマニュエル・カントにその起源を求められるかもしれない。

　しかしながら，国際関係論が今のような形で大学における学問分野として確立し，とくに政治学部の中で教育されてきた背景には，①アメリカの台頭と②同国の大学教育が学界で覇権的な地位を構築したことと深くかかわっている。

　リアリズムの泰斗として知られるハンス・モーゲンソーはフランクフルト大学で国際法を教え，スイスやスペインでも国際法の講義を担当していた。ナチスのユダヤ人迫害を恐れて渡米し，第二次世界大戦後に国際政治の定番本として認知されるようになる *Politics among Nations: the Struggle for Power and Peace* というタイトルの書籍を出した。1986 年には現代平和研究会が日本語訳を出し『国際政治——権力と平和』という邦題が付けられ，新しい岩波文庫版でも同じ日本語タイトルを継承して刊行されている。

　アメリカの大学の政治学部では，一般的にアメリカ政治（American Politics），比較政治（Comparative Politics）と国際政治または国際関係（International Relations）といったサブスタンス領域のほか，政治学方法論（Political Methodology）という横断型の領域がおかれ，国際関係論は IR という略称で呼ばれることがある。国際関係論はこういった政治学の一領域（フィールド）であることから，もっとも優れた論文は，政治学のトップジャーナルである，*APSR*（*American Political Science Review*），*AJPS*（*American Journal of Political Science*），*JOP*（*Journal of Politics*）に掲載される。これらはすべてアメリカ起源の雑誌であり，最近ヨーロッパのチームに編集が任されるという

限られると的確な手を打てずに外交で対処することに失敗しやすくなる」「外交の失敗は戦争を不可避的にもたらす」といったいくつかの前提をおく場合，「大国の数が 2 か国の場合に国際関係は安定し，大国の数がそれより増えるに

ケースもあったがアメリカの学会における影響力の源泉となっている。

IRの領域トップのジャーナルは，*International Organization* であろう。アイオー（*IO*）として知られ，そこに掲載される論文は学術的な価値が高いとエディターと複数の匿名レフェリーから判断されたものである。それに次ぐのが，最近ややインパクトが下降している *ISQ*（*International Studies Quarterly*）で，国際関係学会（International Studies Association）の旗艦雑誌である。これらはアメリカの雑誌であり，その影響力の源泉になっている（ヨーロッパには *EJIR, European Journal of International Relations* という国際関係論の総合誌があるが，まだ *IO* や *ISQ* には及ばない）。また，比較政治に近い *World Politics* 誌もアメリカの大学のハウスジャーナルから始まったものである。

さらに，サブ・フィールドと言われる，国際関係論の中でもより特化した小分野として紛争研究（conflict studies）のようなものがある。そこでもアメリカの影響力は圧倒している。紛争研究者が注目すべきサブフィールド・ジャーナルを上から3つか4つあげてほしいと研究者に尋ねれば，おそらく，*IS, JCR, JPR, CMPS* という答えが返ってくるだろう。*IS: International Security, JCR: Journal of Conflict Resolution, CMPS: Conflict Management and Peace Science* はアメリカの研究者が中心になって維持している雑誌で，*JPR: Journal of Peace Research* が北欧のオスロ平和研究所の雑誌であるが，その編集チームを占めるのはアメリカの国際関係論のトレーニングを受けた研究者である。

このように，アメリカの学問として国際関係論が発展してきたことは否めない。1990年代以降，日本国際政治学会が英文雑誌として *International Relations of the Asia-Pacific* 誌を刊行しだしたころから，非アメリカの国際関係論をいかに考えるのかがより明確な論点になってきた。ともあれ，こういったジャーナルに最新の研究が載るので，これらのウェブ・ページを見て，目次が自動的にメールで送信されるサービスに申し込みをするとよい。要旨を読むだけでも学びになるし，どういった研究者が学会を牽引しているのかがわかる。

つれて国際関係は不安定化する」といった議論が導き出せる。

要するに，ゲーム理論を含めて演繹では何らかの前提＝仮定をおいて議論を進めていく。国際関係論で広く受け入れられているもっとも大きな仮定は，い

## コラム 0-2　日本語と国際関係論

　日本語で国際関係論を学べることは，当たり前なのであろうか。母語を使って学問を学ぶことが可能であるという状態は，それほど普通なことではない。たとえば，長らく英仏の植民地にあった国では，英語またはフランス語で書かれた国際関係論の教科書，言い換えれば英米圏の研究者または仏語圏の研究者が書いた国際関係論の書籍を用いて考えることを求められてきた。母国語で専門教科を学べるのは翻訳をしてくれた先人たちのおかげである。

　日本は明治維新後，欧米の学問をすべて翻訳し，日本語で教科書を作ってそこから学ぶという「文化」を有してきた。国際関係論もそれゆえに多くの日本語の教科書があり，コラム 0-1 であげたモーゲンソーの書籍なども翻訳されてきた。問題は，翻訳がすぐにはできない点，つまりタイムラグが生じることである。日本の国際関係論はアメリカのそれを後追いし，彼らの議論のタイミングとは異なるところで理論が日本語で導入され，それに影響されるといった時差に直面することになった。すでにアメリカでは終わった議論が日本で新しいものとして導入されていた時期もあった。

　ともあれ，国際関係論がアメリカの学問であることを踏まえると，日本にいるわれわれが日本語で国際関係論を語って知的生産をしても，それはもはや独り言にすぎないという悲しい事実がある。もちろん，昨今の DeepL といった AI 翻訳の発展を踏まえれば，インターネット上の日本語の論考は英語にスム

わゆるリアリズムの典型的な見立てとして知られるように，「国家を一枚岩」と考え，「アメリカがこう判断した」，「ロシアがこう決めた」といったように「各国が自律的に意思決定する」と理解することだろう。しかも，自分がとることのできる選択肢を明確に区別し，それぞれの選択肢が生み出す社会的な帰結に対して好みを判断して選好（社会科学では，選択肢に対する好みの評価を「選好」という言葉であらわす）順序が与えられるという仮定も，多くのゲーム理論のモデルで設定される。

　具体的な例は後ほど示すが，こういった仮定をおいていくと，各国の軍拡の

ーズに自動翻訳されて，独り言ではなくなる世界は近いのかもしれないが，それが当たり前になるにはまだ時間がかかりそうである。

　世界の国際関係論研究者は，それがどこの人であろうが，その大半は日本語を読めない。しかし，彼らは英語で研究論文を読み，英語で生産しあう。もちろん日本外交史といった日本研究では英語での研究は必ずしも先端にはなく，これからも日本語が研究言語であるかもしれない。しかし，それも国際的な知的世界に訴えかける生産のためには英語に翻訳されねばならない。日本語で研究している以上，読者の幅は狭い。本書の著者が研究活動をもっぱら英語で行っているのにはこういった基礎理解がある。

　他方，英語ではなく日本語で考えることによって得られる欧米と違う「非主流のオリジナルな見立て」も生まれる。日本の国際関係論では歴史研究や地域研究が強く，かつ国際法との垣根が低いという特徴があり，アメリカの主流とは異なる国際関係への眼差しを持っている。そういった特色を活かしてほかにない思考を行い理論を構築し，かつ実証データを揃え，しかし，英語でアウトプット・研究発表を行うことが求められる。

　本書は日本語で書かれた教科書であるが，そこには，日本語で考えつつも最終的に国際関係論の研究や知的生産を英語で行うような次世代を生み出したいという願いがある。また，将来的にはこの本が英語になることが望ましい。非アメリカ圏の研究者が書いたものが英訳され，多くの人に読んでもらう次の段階である。他国で目新しい視座を持つ書籍として本書が受容される時が来るならばと，大きな夢を見たいと思う。

組み合わせがどうして世界の安定的な結果になってしまうのかを論理的に理解できる。さらには同様のモデルは自由貿易体制がなぜ自動的には生まれにくく，各国が保護貿易に互いに陥ってしまうのかを説明できる。

　なお，ここでは，記述・因果・演繹といった順序で示したが，これらは必ずしもその順番でなされなくてもよい。むしろ演繹推論を踏まえて，記述・因果へと作業していく関係性が自然かもしれない。

---

## 5. 「ハード」なサイエンスとしての社会科学と国際関係論

　自然科学と比べた場合，社会科学はより困難な科学だと言わざるをえない。とくに国際関係論は「ハード」である。先に指摘したように，まず記述推論の困難さがある。異なる社会において，異なる認識がある。世界全体に通用する同一の認識は成立しにくく，立場に応じた「真実」が多数ある状態になる。事実はひとつであるけれども，その特定は難しい。よって，科学が対象にする概念の揺らぎがつねにありうる。

　くわえて，因果推論の困難さも存在する。社会科学では往々にして，実験が不可能で，条件を統制しにくいという事情がある。しかも，これが社会科学の根源的な課題を示すことになるが，相手を消せず，相手と自分との戦略的な相互作用で事象が起こり，その連鎖が社会状態を生み出す。社会が戦略的相互作用の帰結であることは，一方の条件や状態を固定して分析するという自然科学では比較的容易に可能な作業をきわめて困難なもの，または技術的にも倫理的にも不可能にする。

　具体例をあげよう。仮に，あなたがアメリカの武力行使を学ぼうと思ったとしよう。アメリカでは武力行使の発動は大統領が決定する。そこで，アメリカ大統領が実際に武力行使を命令したケースを，たとえば「アメリカ軍の100名以上の部隊が（常設基地以外の）海外に作戦行動のために展開されている事案」のように線引きをして集めてきたとしよう。その観察されるケースについて資料を得て，その中で分析をしても得られる知見は限られる。むしろ，作戦行動がありえたのに軍事行動が起こらなかった潜在的なケース（大統領が相手が強いとしてあきらめたり，または他国の支援を得られないのであきらめた場合など）をも収集して比較することが重要になる。武力行使が起きた理由をめぐって因果推論を行う際には観察されたケースと潜在的なケースの比較が不可欠である。

　潜在的なケースで武力行使が発動されなかったことに大きく影響を与えていると思われるのが，他者の意思決定をめぐるアメリカ大統領の「予測」である。仮に敵側が圧倒的な力を持っているので武力行使が成功しないと考えるのであ

れば，アメリカ大統領は断念するかもしれない。また，アメリカの同盟国が何らかの手を打つことを予想してアメリカは軍隊を動かさないのかもしれない。このように，見えている事象は何らかのセレクション（選抜）を受けた結果であり，そのセレクションを左右しているのは互いに相手の手を読んだ意思決定の積み重ねだといえる。

　本書では，**サンプル・セレクション・バイアス**という言葉をあてて，このような意思決定による選択から引き起こされるデータの歪みを議論する。それは，見えているものだけではなく，潜在的に事象が起こりえたけれども何らかの戦略的な相互作用（相互作用には相手の手についての予想も含まれる）の結果として発現しなかった場合にも目を向ける重要性を語るための専門用語として記憶してほしい。なお，先ほど指摘した**内生性**の問題とともに，セレクション・バイアスは観察データから因果推論を行うときの障害となるので，よく意識したい。

## 6. 歴史理解の多面性

　助走のために用意されたこの序章で最後にカバーすべき事項として，歴史理解の多面性を強調しておきたい。歴史は，極論すれば，国家・社会の数だけあると読者には理解してほしい。

　自分の知っている歴史が正しいと思いたい気持ちは理解できなくはない。ただ，唯一無二の「正しい歴史」などというものはない。世の中には，受け入れられている通史が存在し，それを知る必要がある。しかしながら，通史は真実で，必ず正しいということを担保しない。社会で広く信じられ，それが一般的に理解されているということ以上の意味を持たない。そして，国際関係では国に応じて異なる世界史があり，2国間関係史がある。日中や日韓の関係史を見ればわかるように，どちらから歴史を眺めるかで通史は異なり，その見解は大きく対立する。

　他者の歴史を無批判に受け入れるべきだと主張しているのではない。しかし，他者の歴史観を理解する努力は国際関係論を学ぶ上で重要であり，この教科書で学ぶみなさんには必ず得てほしい態度である。たとえば，台湾の高校の歴史

教育で使われている教科書『普通高級中学「歴史」』の翻訳が日本語で手に入る（薛 2020）。その歴史記述を理解するため，ぜひ同書を手にとってほしい。もちろん，他者にも歴史理解の多面性をわかってもらい，自分たちの視座（「史座」かもしれない）をわかってもらう必要があるのは言うまでもない。

　自らと他者の歴史を学び，大切にする態度と真っ向から反目するのは通史の根拠なき否定である。それらは歴史修正主義，もしくは歴史改ざん主義といったものであるが，それは拒絶されるべき立場である。専門家たる歴史家たちが史料という証拠を多層的に集め，それらを批判的に解釈し，論争を通じて通史を確定させていく。その仕事を愚弄するような SNS や一般書の通史批判に惑わされるべきではない。そしてそういったキワモノ歴史に騙されないためにも，本書で学ぶみなさんであれば，専門書や論文を通じて良質な歴史家の仕事に触れてほしい。往々にして専門書は著名な出版元，たとえば海外ではいわゆる大学出版局（University Press），日本でも大学出版会や伝統のある学術出版社からのものであれば信頼できる。ゲートキーパーとしての編集者の厳しい目にさらされた質の高い研究が刊行されている。そして論文も査読誌に掲載されたものであれば，査読者の厳しい論評を乗り越えて発表されている。自分がどのような情報にアクセスし，歴史を知るべきかを考えるとよい。

　こういった多面的な歴史理解の重要性を反映し，今日の国際関係の歴史は「グローバル・ヒストリー」という考え方で紹介されることが多い（木畑 2014）。小学生向けの世界史マンガにもグローバル・ヒストリーを意識したものが出てきている。時間軸の縦の事象のつながりだけではなく，空間を超えた横の事象のつながり，波及効果にも強い関心を寄せ，歴史を多面的にとらえる行為である。そして，政治史で満足するのではなく，経済史や社会史，文化史といったものにも積極的に関心を払う必要もある（鈴木 2018）。しかも，帝国や国家といった共同体の中心だけではなく，そこから漏れてしまった視点，とくにマイノリティ集団から見た歴史にも眼差しを向けることを心がけたい。そして，歴史史料を一国や一社会のアーカイブ（文書館）にたよるのではなく，複数（＝マルチ）のアーカイブの史料を対比して多面的に記述推論する作法，いわゆるマルチアーカイブで歴史を書くことが大事である（この点，たとえば柴山 2022 を参照したい）。

- **戦略的相互作用とは何でしょうか？**

  相手の選択を予想し，それを受けて自分の出方を決めるような状態を戦略的相互作用と呼ぶ。自分の意思決定やその先々の結果が他者の意思決定に依存することに特徴づけられ，いわゆる方法論的個人主義に依拠する。方法論的個人主義とは，主体が決定と行動を自律的にとれるととらえ，自分も相手も相互に他者を完全には制御できない，相手の選択を受けてそれに反応すると考える。

- **3つの推論とは何でしょうか？**

  社会科学の方法として重要な，記述推論，因果推論，演繹推論のこと。記述推論は，何がどう起こったのかをめぐる推論で，代表的なのは歴史記述である。因果推論は，「なぜ」を論点として推論を行う。原因である変数を説明変数または独立変数と呼び，説明されるものを被説明変数または従属変数と呼ぶ。演繹推論は，論理的に前提から結論を導いていく推論で，典型例はゲーム理論である。

- **サンプル・セレクション・バイアスはなぜ重要な問題なのでしょうか？**

  サンプル・セレクション・バイアスとは，ある事象の原因を推論するとき，その事象が起こった事例だけを分析するといった研究者の姿勢がもたらすデータの歪み（バイアス）のこと。見えているものだけで判断するのではなく，潜在的に事象が起こりえたけれども，何らかの戦略的な相互作用の結果として発現しなかった場合にも目を向ける必要がある。潜在的な事象を加味して因果推論における研究上の歪みを取り除くことが重要になる。

トラクテンバーグ，マーク（村田晃嗣・中谷直司・山口航訳）（2022）『国際関係史の技法——歴史研究の組み立て方』ミネルヴァ書房

▷同書は，国際政治学における歴史的アプローチの作法を伝授しようとする異色のアメリカにおける教科書の翻訳版である。歴史をめぐる世界観・レンズの違いを説明した上で，日米開戦といった具体的な事例を持ち出しつつ，いかに史料に接近し，記述推論を行うべきかを論じている。

松林哲也（2021）『政治学と因果推論——比較から見える政治と社会』岩波書店

▷因果推論の教科書として，同書は，国際政治を含む政治学一般の事例を使いながら，因果推論の考え方とその主な手法を解説する。今から政治学の実証研究を本格的に行いたいと考える方にとって必読の書である。

鈴木基史・岡田章編（2013）『国際紛争と協調のゲーム』有斐閣

▷最後に，演繹推論の教科書として，同書は10年前の編著本ながら，もっとも簡単なものは本書でも示す戦略型の囚人のジレンマゲームを扱う。もちろん発展的なも

のも扱われており，たとえば時間軸が入り，不確実性の高い状況下で行われる戦略的相互作用を記述するゲームがさまざまに扱われており，参考になる。

第 I 部

# 国際関係の原理と歴史

# 国際関係の基本原理

第1章では，国際関係を定義し，その全体像を鳥瞰する。国際関係論が前提とすることがらを示し，その特徴となる鍵概念を説明する。また，「イズム」と呼ばれる国際関係論の典型的な考え方を議論したい。この「イズム」は昨今，学問のための学問を生む傾向を国際関係論にもたらし，その弊害を問題視して教育の現場から除外されていく傾向がある。著者もその傾向を共有してきたひとりであるが，しかし，「イズム」をまったく教えないことの問題も大きい。よって，国際関係を理解するための道具立てとして2つの「イズム」を簡単に紹介する。

## ▍1. 国際関係——アナーキーと国際社会

　霊長類のひとつとして生まれた人類は，狩猟採集から農耕による食糧確保に移行していく。この結果，規模の小さい集団ではなく，大規模な共同体を作って社会を形成するようになった。

　農耕は食べ物を長期間蓄積することを可能にして富の集中という結果を生んだ。そして富の集中は，集団内での役割分担と身分制度の成立を促した。メソポタミア文明やエジプト文明を想起すればわかるように，「国土の王」やファラオは神格化していき，そこに権力と富が集まり，国家の形ができあがった。ギリシャのアテネのような直接民主制がとられた共同体もあったが，それは比較的まれで，スパルタのような集権的政体のほうが多く見られた。しかも，それら集権的政体の一部は独裁的な権力を中央に集中させ，いくつもの国と呼べる共同体を束ねた「帝国」が生まれていった。こういった国家や帝国はその統治を正統化するために宗教を利用したり，われわれと他者の区別をことさらに強調して領域の拡張を図るような動きをした。

　人間社会が今まで経験してきた過去を鳥瞰的・網羅的に論じるのは世界史学に譲るとして，現在の国際関係を形成する近代国家には，国家の上位に存在するような帝国や世界政府はなく，その関係はアナーキー（anarchy）だといわれる（ブル 2000）。

　ここで，アナーキーとは無政府の意味であって，無秩序を意味しない。アナーキーな国際関係でも秩序は国際法や国際制度を通じて担保されており，国家と国家の間にある社会＝国際社会が存在する。ただし，国際社会は一義的に定義できるようなものではない点には注意が必要である。国際法も確固たる動かしがたいものというよりは慣習や解釈の余地が多く，制度にも多面性がともない，ゆるやかに多義的に理解されるべき対象だといえる。つまり，アメリカや日本にとっての国際社会とロシアや中国にとっての国際社会は一致する部分もあるだろうが，相容れない部分も少なくない。

　現時点において最有力の通説は，ヨーロッパにおける宗教戦争（いわゆる三十年戦争）の終結点となった 1648 年のウェストファリアの講和を起点に近代

国際関係を理解する考え方である。この講和で制度化が始まったのが、**主権**と**内政不干渉**の考え方であり、**領域性の理解**である。主権とは、自らの国のあり方を自律して決定できること、そしてその権利を指し示す。日本では、国民が主権を行使する主権者であり、選挙を通じて国家を代表する議会を選び、その中で内閣総理大臣が互選される。総理大臣は主権者である国民の付託を受けてさまざまな意思決定を行う。

　そういった主権行為に他国が介入し、干渉することは避けるべきであるという了解が、いわゆる内政不干渉の考え方で、近代国際社会の基本原則のひとつである。しかし、実際には大国は小国の主権行為に関与してくることはあるし、後ほど第6章で詳述する援助コンディショナリティのように一定の制約下において介入行為が是認される場合もある。また、国際刑事裁判所（ICC）が成立した経緯に見られるように、大量殺戮を犯した政治リーダーを国際社会が訴追して処罰するといった新しい枠組みでは内政干渉は不可欠となり、内政不干渉の原則は揺らいでいる。

　くわえて、ウェストファリアの講和後の世界では、国境により線引きされる**領域性**が大事になった。どこからどこまでが誰の主権に属するのかが大事になり、国境管理が国家の重要な役割になった。よって主権国家を成立させる要素に領土（領海や領空をも含む国土全般）が含まれ、**主権者である国民**の存在とともに重視されている。

　なお、ここで付記しておきたいのは、こういった仕組みが一度に制度化したわけではないことである。そして、原理の揺らぎを指摘したように、国際社会の大半の同意をもって、国際法や規範は変化し、国際社会のあり方もつねに変容していっている。国際組織は国際社会の重要な構成員として考えられているが、そのような理解はウェストファリアの講和がなされた17世紀にはなかった。

## 2. 国際関係の基本原理と4つの鍵概念

　このような国際関係を学ぶのは、序章でも少し触れたが、ほかの国にいる他者と共存するための知恵を得るためである。

　ひとつの世界政府がないということは、国々は原則として、強制をされない

ということになる。ただし，現実にはさまざまな影響を他国から受けている。他国の選択（決定しないでいるという選択も含める）が自国をめぐる国際環境を決めると同時に，自国の選択も相手国の国際環境を決める。そのような国際関係の本質を踏まえ，各国は他国の政策に影響を与えるべく交渉したり，武力をちらつかせて脅したり，実際に武力を用いたり，または制裁を課したり，連合を組んで圧力をかけたりする。そして，そういった各国のやりとりの相互作用とその繰り返しが国際関係のありようを決める。それは，平和または戦争であったり，協力または対立であったりする。

　国際関係では，最低でも 2 つの国がかかわる。2 つの国の組み合わせを英語では**ダイアッド**（dyad）と呼ぶが，多くの研究が**分析の単位**（unit of analysis）として用いることがあるので，この専門用語はここで覚えておこう。相手があってこそ国際関係であり，その意味で帰結が平和でも戦争でも（協力でも対立でも）他者とつながり，そのありようを考える学問が国際関係論と定義できる。

　ここで，帝国と，国際連合憲章に謳われる今日の国際関係が相容れないことを説明しておきたい。帝国とは，ローマ帝国やモンゴル帝国といった具体例をあげればわかるように，征服（＝侵略）によって他者を植民地化するとともに属国として支配下におき，帝国構成諸地域の主権を剥奪して帝国中央の意に沿わせる仕組みである。皇帝の代理が各地に派遣されて直轄統治をするか，属国は皇帝の代理からの指示に従う。第一次世界大戦では，大英帝国のためにインド兵が中東やヨーロッパ，アジアで戦うことになったことを想起したらよい。

　第二次世界大戦までは帝国はまだ存在していたが，国際連合が発足してからは**主権国家の平等**がうたわれ，植民地主義は否定されており，帝国は存在しえない。アメリカ合衆国のように圧倒的な力を持ち，他者を凌駕するような**覇権国**はあるが，しかし植民地化は否定され，侵略行為も否定されている。よって，帝国は今の国際社会が許容するものではない。あくまで，国際関係では他者と戦略的にかかわり，世界の政治に関与していく必要がある。言い換えれば，相手の存在は消すことができない。少なくともそういう建前になっている。

　この教科書では，「**われわれと他者**」「**格差と不満**」「**信頼と不信**」「**正統と異端**」という鍵概念で国際関係を説明していくと序章で述べた。この 4 つの鍵概念は，国際社会を規定するいくつかの根源的な原理と密接にかかわっている。

具体的には，国境線，アナーキー（無政府），協力と対立，新陳代謝の悪い社会という性質である。これらは，国際関係に埋め込まれた基本的な諸原理であり，それが4つの鍵概念を規定する。

第1に，国境線が引かれて主権の領域的範囲が決まることで，その領域内に居住する自分たち（＝われわれ）とその外にいる他者（＝あいつら）の区別が生まれ，それが世代を超えて継承されていくようになった。とくにわれわれは国家による教育を受けて「国民」となり，国家の能力（国力）を規定する要素になった。国民は徴兵され，国を守るために死ぬことさえ求められた（将基面2019）。それだけに戦争をめぐる「過去」は昨今ますます忘却できなくなっている。つまり，愛国者の犠牲は国民が忘れてはいけないものとして語り継がれ，そしてそれゆえに容易に加害者を許すことができないのである（小菅2005）。

第2に，国家の間にはさまざまな理由から国力や国富の違いがあり，そこに格差が生じる。政府を欠いているアナーキーな国際社会では，国内社会とは異なり，格差を解消して不満を抑制するメカニズムはあらかじめ埋め込まれていない。国際社会の中で確固とした影響力を持つ国々は満足し，今ある秩序を守ろうとする。他方で，そういった格差を目前にして不利な条件に甘んじている国は不満を抱き，現状への挑戦を夢見る。この両者には必然的に国際関係のあり方をめぐる反目が生まれる。反目は交渉で解決できることもあるが，他方で戦争という効率の悪い手段で解決が行われることもある。格差や不満は世界全体で意識化されることもあれば，ある特定の2国間の関係性で問題になることもある。

第3に，現状維持派と挑戦派は必然的に戦争に至るわけではない。平和も戦争も，協力も対立も選択できる。たとえば，米中両国は反目ばかり報道されるものの，互いに経済的に依存しあい，国境を越えた協力によって利益を得ている。さらに時代をさかのぼって1945年以降，冷戦下の米ソ両国はたびたび対立して危機にも直面してきたが，直接の戦争には至らず，それを回避できていた。その背後には，相手に対する何らかの信頼が存在し，平和や協力関係を安定的に保つ機能を果たしていたことがあった。しかし，それは信頼の欠如，すなわち不信が国家間の協力を破綻させてしまう可能性も意味している。相手の信頼を保証してくれる政府が存在しないことが国際関係に影を落としている。

国際社会の帰結を決定しうる鍵概念として信頼と不信に着目したい。

　そして第4に，国際関係のメンバーである国家は200程度と限られ，文脈依存性が高い。とくに冷戦後の今の国際社会では消滅する国家は少なく（Fazal 2007），新しく生まれる国家もそこまで多くはない。新陳代謝の悪い社会が国際関係である。そして，そこでは前の時代（＝文脈）から継承された何かしらの制度，いわば規範や法があり，それらはある特定の国に正統性を付与することもあれば，逆に異端との評価を与える根拠ともなる（ブル 2000）。正統であることは各国の利益としてとらえられ，正統な存在が異端者を排除するために戦争に訴える場合さえある。具体例をあげるなら，核不拡散条約（NPT）によって核兵器の保有はアメリカ，ロシア，イギリス，フランス，中国の5か国だけに正統と認められ，他の国々にはそれが認められない。同条約は，北朝鮮やイラク，イランの核開発を許容しないがゆえに，これらの国が自衛のために核武装しようとすれば制裁の対象となる。イラクについては大量破壊兵器疑惑を発端に戦争が起こり，同国の秩序は破壊されてしまった。正統であることの価値は大きく，それをめぐる根源的な争いが国際関係ではたびたび見られる。なお，今後，正統性という言葉は単一で用いるが，正当化と正統化は併用する。法に照らして自己の正しさを示そうという justification には正当化を，権威や伝統に照らして自己の正しさを示そうという legitimization には正統化をあてる。社会心理学などで使われるシステム正当化理論は，正当化も正統化も両方を含むように考えられるが，邦訳では正当化に一本化されている（ジョスト 2022）。社会科学では概念の定義にたびたびこだわることがあるが，このように専門分野で異なる表記法（この場合は用いる漢字の違い）などがあるためである。頭の片隅に入れておくとよい。ちなみに，ジョン・ジョストの『システム正当化理論』は正当化・正統化がなぜ社会・集団間で大事になるのかを考える際に参考になるので，本書の読後に接するとよいだろう。

　大きく国際関係全体を語る場合でも，もしくはある特定の2国間関係を語る場合でも，「われわれと他者」「格差と不満」「信頼と不信」「正統と異端」という鍵概念にそって論点を整理することが有益である。誰と誰がどういう分断線で関係を織りなし，そこにはどういった格差があり，誰がより強い不満をどのような論点に関して抱いているのかを理解する（＝問題構造の把握）。そして，

平和と戦争，または協力と対立という国際関係の帰結を生み出すにあたって，信頼と不信そして正統と異端といった要素がどう働くのかに着目することになる（＝相互作用の理解）。この鍵概念はすべての問いに答えを出せるような魔法の杖ではないが，国際関係を理解するにあたっての一定の羅針盤となるに違いない。

## 3. 複数のアクターと戦略的相互作用

　国際社会の構成員を本書では**アクター**と呼ぶ。日本語では**主体**とも称される。アクターという概念には，国家＝政府のほか，国際組織や非政府組織（NGO），場合によっては個人が含まれる。これら複数のアクターが国際関係を織りなす。先ほど分析の単位でダイアッドという専門用語を導入したが，国際関係の研究で国家をダイアッドとして組み合わせることはあっても，そこに個人やNGOを組み込むことがほとんどないように，国家が国際関係の主たるアクターである。

　そこで，各アクターは自国に影響するだけの能力を持っている相手の手を先読みし，戦略的な相互作用（strategic interaction）をする。それぞれのアクターには能力が備わり，その能力の限りで他者に影響を与える。それによって，相手を動かす程度に応じて**パワー**が大きい，小さいといった評価ができる（モーゲンソー 2013）。なお，パワーは能力と同義ではない。前者はあくまで他者の行動を変更できる内容の程度と大きさで把握されるのに対し，能力は人口や国民総生産といったように客観指標で計られ，他者と比較される。後ほど第8章で戦争を説明する際に出てくる**戦争の相関研究プロジェクト**では，**国家能力指標**というものが作られている。これはパワーではなく国の能力を把握するための試みである。

　各アクターはさまざまな政策を選択して他者に影響を与えうる。**外交交渉**を選択することもあれば，いきなり**武力行使**することもあるだろう。**経済制裁**を課すこともできる。相手と同じ対応を行って**政策協調**することもあれば，相手とはまったく異なる政策をあえて選ぶこともできる。何かするという選択肢のほかに，何もしないという選択肢を選ぶこともできる。ともあれ相手の選択と

自分の選択の組み合わせが何らかの新しい社会状態を生み出す。これを国際関係の**帰結**＝アウトカムと定式化しよう。

　各アクターは国際関係の帰結から何らかの利益を受け，異なる社会状態に対してさまざまな選好を有する。先ほど導入した格差と不満の軸からすれば，より自分が有利な帰結には高い選好が与えられるだろう。逆に格差が大きく，しかも，自分たちが不利に扱われるような国際関係の帰結にはきわめて低い選好を与えるだろう。必ずしもつねにそう言えるとは限らないが，国際関係をめぐる望ましさは優劣をつけられると仮定して以下では議論を進めよう。

　最後にそのような国際関係の帰結には不安定なものと安定的なものがあることを指摘しておきたい。社会状態は，自分も相手もそこから動きたいと思わないような均衡になることがある。均衡になれば安定し，変化が起こりにくい。他方で自分も相手も手を変えて有利な状況を作り出せそうな場合は**均衡**にはならない。なぜなら選択する政策をどちらかが変えて社会状態が変化してしまうはずだからである。

## 4. 典型的な相互作用としての囚人のジレンマゲーム

　上記で示したような国際関係の帰結を論じるにあたっては，いわゆるゲーム理論が有効である（岡田 2020, 2022）。ゲーム理論は結果が相手のとりうる手によって左右されるという戦略的な相互作用を表現するために作られた社会科学の方法論である。「**ナッシュ均衡**」という言葉を聞いたことがある読者は多いのではないかと思う。ノーベル経済学賞を受賞したジョン・ナッシュが提唱した「社会的な安定」をゲーム理論の中で表現するのがナッシュ均衡である。それは，「**相手の手に対する最適対応の組み合わせ**」で求めることができる。合理的な意思決定者は，ナッシュ均衡の状態から選択を変えて自発的に離れようとすることは決してない。ゆえに社会的な安定状態をもたらす。

　国際関係のさまざまな帰結に対して順序をつけ，選好を決められるとしよう。そこで，自己利益を最大化しようとする合理的な国家が，同様に行動しようとする相手国と戦略的に相互作用する場合，「相手の手に対する最適対応の組み合わせ」は均衡となる帰結から離脱者を生み出すことなく社会的に安定状態を

もたらす。

　以上の点を，軍拡と軍縮をめぐる2国間の国際関係を例に説明してみたい。アメリカとロシアという大国の関係を想像してほしい。両国ともに，核兵器を保有して軍拡と軍縮という2つの選択肢を持っている。現状維持という選択肢もありうるが，問題を複雑にするだけなので，忘れておこう。アメリカもロシアも，核兵器を独占している世界はもっとも自国に有利で，他方で核兵器は保有コストがかかるとも感じている。よって，自国だけが軍拡している状態はもっとも望ましく，自国だけが軍縮している状態はもっとも避けたい。しかし，核兵器開発を両国がする状態と核兵器の軍縮を両国がする場合を比べれば，現実には使えない核兵器を維持するコストが大きいことを踏まえ，両国の核軍縮＞両国の核軍拡という不等式が成り立つと仮定できそうである。

　このように，行動を選択するアクター，そのアクターが結果（＝国際関係の帰結）に対して持つ選好順序，そして相手と自分が持っている情報，そして意思決定を行う順序（これを手番と呼ぼう）を設定し，ゲームを解いてあげること，つまり均衡を求めることが可能になる。図1-1を見てほしい。図1-1は戦略型といわれるゲーム理論の表記で，アメリカとロシアの軍拡と軍縮をめぐる同時手番で（＝同時に意思決定をして）1回限りの，相手と自分の選好を知っている完備（＝相手の選択肢や選好を互いに知っている状態）のゲームを示している。

　図1-1では，国名が枠外に書かれ，マトリクス（行列）に選択肢である軍縮（あえてここでは核軍縮と表記）と軍拡（あえてここでは核保有と表記）で分けられている。アメリカとロシアの2か国が軍縮か軍拡かを選択し，その組み合わせによる4つの社会状況が国際関係の帰結として表現されている。ここで，各マス（これをセルと呼ぶことが多い）に数字が記載されている。右手の数字はアメリカの，左手の数字はロシアの選好を示していて，4＞3＞2＞1という設定において，4がもっとも望ましい結果，1がもっとも避けたい結果である。確認すると，相手だけが軍拡して自分が軍縮というのは避けたいので1が入り，その逆には4が入っている。なお，この数字は仮定としておいているもので，説明をつけて別の順序を与えてもよい。分析者の自由である。

　このとき，国際関係の帰結は【軍拡　軍拡】【軍拡　軍縮】【軍縮　軍拡】

図1-1　軍縮と軍拡をめぐる2国間ゲーム（同時手番，1回限り）：戦略型表記

アメリカ

|  |  | 核軍縮 | 核保有 |
|---|---|---|---|
| ロシア | 核軍縮 | 3　3 | 1　4 |
|  | 核保有 | 4　1 | 2*　2* |

出典：著者作成

【軍縮　軍縮】という4つの組み合わせになる（【　】の前側にアメリカの選択，後ろ側にはロシアの選択が書かれている）。なお，図1-1のセルの中の数字は，アメリカの選好が右，ロシアの選好が左というふうに表記されている。

　このモデルでは，互いに軍縮を選ぶ社会状況が望ましいが，相手が軍拡を選ぶ可能性がある以上，自らも軍拡を選び，相手も同様に考えて行動してしまう。これは，一般的には「**囚人のジレンマゲーム**」として知られるゲームの構造であり，ナッシュ均衡は社会の安定を演繹的に求めるひとつの考え方である。図1-1で＊をつけている部分が「相手の手に対する最適対応の組み合わせ」になっているこの分析は，なぜ世界から核兵器が簡単になくならないかを説明できる。相手を出し抜いてしまう誘因があるため，相互の核軍縮は容易ではないのである。

　もちろん，核軍縮は1970年代の**デタント**と呼ばれる2国間の雪解け期に進んでおり，【軍縮　軍縮】の組で協力することも可能である（その際は，アメリカ対ソ連であったが，軍縮で合意が成立した）。地雷禁止条約のように軍縮で各国が一致して国際協調が起こる場合もある。では，それは上記で説明した囚人のジレンマモデルでどのように説明できるだろうか。

　いくつかの可能性がある。

　第1の可能性は，第三者のアクターを導入することである。例として，国際連合のような国際組織を用意しよう。国連のような組織が高い正統性と中立性を背景に核軍縮の約束を履行しているかを確認するための制度を設け，相互の信用を生み出す**検証（査察）の仕組み**を設けると，均衡は変化しうる。核軍縮と核軍縮というより望ましい社会状態を達成すべく，両国の約束がたしかに守られていることを担保する，政府ではないけれども政府のような仕組みを設けるのである。核不拡散条約（NPT）において国際原子力機関（IAEA）が果た

## コラム 1-1　ゲームの展開型表記

　本文中で紹介した戦略型のゲームのほかに，展開型という表記の仕方があり，これは時間軸を入れることができるために便利である。

　図 C1 では，囚人のジレンマゲームの展開型表記を示している。国名が◉の近傍に記載され，それが意思決定のアクターを示し，そのアクターから線が 2 本引かれていて，それぞれに軍拡と軍縮という表記がある。つまり，意思決定のアクターはその選択肢のどちらかを選ぶ。このような点と線で示す展開型の表記は時間軸を導入して，手番を考えることを可能にする意味で応用可能性が高い。ここでは，アメリカとロシアの意思決定は同時なので，太い破線が引かれ，同時に意思決定をしていること＝手番に順序がないことを示している。ゲーム理論ではこの線を情報集合という。情報集合を抜けば，先手がアメリカ，後手がロシアという意思決定の順番を入れたゲームの表記ができ，これで時間軸を挿入することが可能になる。

図 C1　軍縮と軍拡をめぐる 2 国間ゲーム（同時手番，1 回限り）：展開型表記

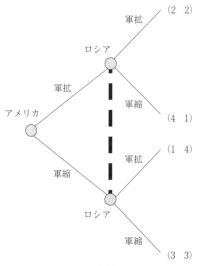

出典：著者作成

しているのはそのような検証機能である。

　第2の可能性は，時間軸を挿入してゲームを無限に伸ばし，「将来の影」と呼ばれる要素を導入することである。先ほど，国際関係では相手国を消せないと説明をした。少なくとも，帝国を目指す国家が出ない限り，妥当な仮定である。消せないのであれば，実はアメリカとロシアの関係は永遠で，無限回のゲームで相互作用することを意味する。そうであれば，実は図1-1のような1回限りのゲームは現実的ではないのかもしれない。

　このとき，無限回繰り返す囚人のジレンマゲームで，しかも将来に対する期待の大きさをある程度大きな数字で与えると，ナッシュ均衡が【軍縮　軍縮】に動く場合があることが知られている。協力しあって【軍縮　軍縮】するほうが，相手を裏切り，そして裏切りあう【軍拡　軍拡】の戦略の組よりも得をする（2より3が望ましい）。たしかに有限回のゲームであれば最後の最後で裏切ることが想像される。しかし，無限回で終わりがみえないゲームの場合，両者とも（3　3）という利得を得続け，そしてその将来の利得の価値が下がらないと考えるならば（このことを，将来の影が大きいと表現する：コラム1-2参照），実は【軍縮　軍縮】で安定する。なお，将来の利得に対する割引率が大きい場合など，設定によっては無限回の繰り返しがあっても【軍拡　軍拡】がナッシュ均衡になってしまうこともあることには留意したい。

　言い換えれば，1回限りのゲームは将来の影がない，将来の利得をゼロだと考えていると解釈できる。明日以降の利得は気にしないという刹那的なアクター同士は（より正確にはどちらか一方がそのような刹那的なアクターであれば），【軍拡　軍拡】で均衡してしまう。他方，将来が重要でかつ相手との国際関係が終わることがないと考え，しかも軍拡のコストは無視できない＝軍縮のほうが軍拡よりも得であると考えるのであれば，【軍縮　軍縮】が均衡になる。

## 5. 2つの大きなレンズ

　このような均衡をめぐる2つの理解は，「イズム」として知られる国際関係をめぐる理論的な立場の違い，いわゆる**リアリズム**と**リベラリズム**との違いと親和的である（ウォルツ 2010）。

　相手は裏切り，ゲームは1回きり，将来の影は重視しないという態度は軍拡を選択するほかないという状態に追い込まれ，相手国との軍拡競争を基本論理に据え，国際関係を理解しようとする。現実主義とも呼ばれるリアリズムの研究者はその多くが1回きりの囚人のジレンマゲームのような世界観を持ちがちである。力が国際関係の決定的な要素であり，軍拡で相手よりも優位に立つことが国益にかなうと考える。相互に抑止しあうことが国際関係の理想形になる。したがって，現実のケースに当てはめるのであれば，たとえば米中は軍拡競争が必至であり，どちらかが脱落するか，または両者が相互につぶしあう国際関係が避けられない。

　他方，リベラリズムという立場の研究者は往々にして国際組織の重要性を強調し，その可能性を高く評価する。先ほど述べたような国際原子力機関の査察にも大きな効果があると考える。将来の影にも期待を寄せ，国際協調は実現できると考えて国際関係を理解しようとする。リアリズムからすればナイーブかもしれないが，リベラリズムは米中でも協力が可能だととらえるに違いない。

　このように，代表的な国際関係論の「イズム」は，同じ囚人のジレンマゲームにかかわる前提が違うだけだといえる。つまり，同じ枠組みを用いて，しかし異なる仮定をおいて国際関係を眺めている結果，違いが生まれている。

　このほか上記とは異なる考え方として，岡田章によれば，リベラリズムとリアリズムの違いは，国際社会をどのようなゲームの構造として理解しているかに求められるとしている（岡田 2020: 42）。リアリズムは国際関係を国々がパワーを追求する**ゼロ和（ゼロサム）ゲーム**としてとらえるという。相手の利得が下がれば自分の利得が上がるといった関係性である。これに対して，リベラリズムは国際関係を**非ゼロ和（非ゼロサム）ゲーム**で，協力の結果としてお互いに得する場合がある社会構造と理解する。

　最後に，本書の著者は「イズム」に拘泥して国際関係論をとらえるのには否定的である。「イズム」の理解も必要かもしれないが，「イズム」を知れば国際関係がわかったと考えるのは危うい。リアリズムもリベラリズムもおそらく場面によっては高い説明力を持ち，説得的な議論を提供する。しかも「イズム」ばかりにとらわれて，「学問の学問」をしないよう，つねに現実を見つめ，理論が現実を説明できないパズルかクエスチョンといった問いに関心を寄せるべ

きである。そして，社会科学の方法を習熟して他者の検証に耐えうる証拠を出しながら，科学的に国際関係論に接するのが望ましい。

## ⚠ 要点の確認

・国際関係を理解する4つの鍵概念とは何でしょうか？

「われわれと他者」「格差と不満」「信頼と不信」「正統と異端」という4つの鍵概念は国際関係を大きく規定する。国際関係では，必ず自分たち（＝われわれ）と相手（＝他者）の区別ができ，国際社会において自動的には解決されない何らかの格差ないし違いを見出し，そこに少なくともどちらか一方が不満を抱く。そして，相手に対する信頼が崩れて不信が高まる結果として平和の均衡が崩れてしまう。さらに，国際関係において何が正しいかをめぐる争いが根源的な利害対象になり，その意味で正統と異端という論点がつねに問題化する。

・なぜゲーム理論は大事な分析ツールなのでしょうか？

ゲーム理論は，戦略的相互作用を記述する演繹推論の道具である。社会的な安定を示す均衡解を導き出すことが重視され，その代表的なものが「ナッシュ均衡」である。それは，「相手の手に対する最適対応の組み合わせ」で求めることができ，そのためのツールとしてゲーム理論は有用なのである。

・リアリズムとリベラリズムとは何でしょうか？

ひとつの解釈では，リアリズムは相手は裏切り，ゲームは1回きり，将来の影は重視しないという論理を据え，国際関係を理解しようとする。1回きりの囚人のジレンマゲームのような世界観を持ちがちなのがリアリズムである。他方，リベラリズムは往々にして国際組織の重要性を強調し，その可能性を高く評価する。よって将来の影にも期待を寄せ，国際協調は実現できると考えて国際関係を理解しようとする。異なる考え方として，岡田章は両者の違いをゲームの構造理解の違いととらえる。リアリズムは，国際関係を国々がパワーを追求するゼロ和（ゼロサム）ゲームとして，他方でリベラリズムは，国際関係を非ゼロ和（非ゼロサム）ゲームとしてとらえるという（岡田 2020）。

## 🔖 第1章の文献ガイド

ブル，ヘドリー（臼杵英一訳）（2000）『国際社会論——アナーキカル・ソサエティ』岩波書店

▷同書や次のウォルツの著書はイギリスやアメリカの主要大学の著名な研究者が1970年代に刊行していた著作の翻訳版になる。ブルの研究書はコンストラクティビズム（終章を参照）や英国学派と呼ばれる研究につながる著名なもので，無政府

という意味でのアナーキーな世界にも社会があることを多面的に説明する。

ウォルツ，ケネス（河野勝・岡垣知子訳）（2010）『国際政治の理論』勁草書房
　▷ブルに対して，ウォルツの『国際政治の理論』はミクロ経済学の考え方を応用しつ
　　つ，ブルと同じく無政府という意味でのアナーキーな国際関係でいかに国家間の関
　　係を理解し，とくに世界大戦を予防できるのかを見通そうとする。有力な大国が複
　　数ある多極状態や圧倒的なパワーを持つひとつの国が存在する単極の状態よりも，
　　2つの大国がけん制しあう2極の状態の世界が安定することを論じた研究である。

モロー，ジェームス（石黒馨監訳）（2016）『政治学のためのゲーム理論』勁草書房
　▷同書は，すでに古典としての位置にある。よって，もはや先端的な研究の紹介では
　　ありえないが，国際関係論分野で安全保障をめぐるゲーム理論を専門としてきた著
　　者がわかりやすくゲーム理論を解説する書籍である。現在，英語では，アンドリュ
　　ー・キッドの教科書（Kydd, Andrew 2015 *International Relations Theory: The
　　Game Theoretic Approach*, Cambridge University Press）やスコット・ウォルフォ
　　ードの教科書（Wolford, Scott 2019 *The Politics of the First World War: A Course
　　in Game Theory and International Security*, Cambridge University Press）がよく
　　使われている。

## コラム 1-2　繰り返しの囚人のジレンマゲーム

　岡田章が言及しているように，1回で終了する戦略的相互依存関係として記述された囚人のジレンマゲームは，現実社会の多くの場合においては不自然なものである（岡田 2022: 118）。ゲームは一定の時間に連続して行われていると考えるのが自然である。終わりがみえない繰り返しが想定できる。つまり，ゲームをしている当事者はゲームの終わりを正確には知ることができない。こういった事情を勘案したのが繰り返しゲームと呼ばれるモデル群である。

　岡田によれば，有限回の繰り返しゲームは終わりが制度的に定められている「退職日が決まっている労働者や次の選挙には出馬しない政治家の行動の分析に適している」という（岡田 2022: 119）。国際関係では制度的に終わりを定めている場面は，安保理の非常任理事国の任期など相対的に限られている。これは，世界政府のないアナーキーな国際関係のある種の特徴だといえる。要するに有限回の繰り返しゲームを想定するよりも，終わりが定まっていない「無限回の繰り返しゲーム」が重要になる。

　この，最終回がいつ来るかわからないという意味での無限回の繰り返し囚人のジレンマゲームは多くの国際関係の場面に当てはめられる。そこでは，確率1でずっと関係が続くと想定するのは不自然で，何らかの0から1の間の正の値をともなう。つまり，いつかわからないけれどもどこかで終わる。そこまで繰り返しがあるというゲームにおいては，初回の利得1と将来のN回目の利得1は等価にはならない。将来が続いているのかの期待を踏まえ，何らかの割引をN回目の利得に与えるのが妥当だろう。

　ゲームが続く可能性をrとしておくと2回目のゲームの期待利得は1×rになる。これを割引利得と呼ぶこととしたい。rは0から1の正の値をとるため，現在からみて将来得る利得の割引の度合いを決めるものとして理解でき，これを割引因子と呼ぶ。rは，ゲームが終わる確率の表現であるとともに，将来に対してプレーヤーが持つ忍耐度を表現しているともいえる。たとえば，できるだけ早く利得を欲しがるプレーヤーは将来利得の値は小さくなる。逆に時間的に待つことができる忍耐強いプレーヤーはrを1に近い値として考えるだろう。

　こういった設定のもとで，無限回の繰り返しゲームを行うプレーヤーたちは

それぞれ割引利得の和を最大化すると仮定できる。毎回利得1を得られる場合には，割引利得の和（R）は，

$$R = 1 + r + r^2 + r^3 + r^4 + r^5 + \cdots\cdots \quad 式1$$

と表現できる。また，両辺にrをかけたら，

$$r \times R = \underline{r + r^2 + r^3 + r^4 + r^5 + \cdots\cdots} \quad 式2$$

となる。このとき，式2を式1に代入すると，$R = 1 + r \times R$ となる（狐に騙されたと思う方もいるかもしれないが，下線部分をもともとのRの式に代入したらよい）。$R = 1 + r \times R$ を変形すると，$R = 1/(1-r)$ という式が得られる。分子の1は利得1の1であり，利得3であれば，$R = 3/(1-r)$ になる。

　ここでこういった「繰り返し」の枠組みを囚人のジレンマゲームに当てはめてみよう。ここからのちは，利得の数字は先ほど本文で用いたゲームに準拠するので注意してほしい。4＞3＞2＞1で4がもっとも望ましい結果，1がもっとも避けたい結果となる。なお，【軍拡　軍拡】は2と2になる。

　まず，ゲームが有限回で繰り返す場合には，最終回のゲームから後ろ向きに現在までさかのぼるように考えれば均衡解がとける（これを部分ゲーム完全均衡という）。最終回のゲームは1回限りの囚人のジレンマゲームと同じなので，本文中の例にならって表現すれば，ナッシュ均衡は【軍拡　軍拡】になる。さらにひとつ前の時点を考えても最終回で裏切りが見えているのだから協力の誘因は働かず，相手の手に対する最適対応は軍拡になって【軍拡　軍拡】が毎回の均衡解になる。よって，有限回の繰り返しゲームでは協力の世界は生まれない。

　他方，ゲームが無限回で繰り返す場合を考えよう。仮にあるプレーヤーがすべての時点で毎回，軍拡を選ぶとしよう。この時の相手の最適対応は軍拡で，よって【軍拡　軍拡】は安定する。しかし，これだけが安定解ではない。仮に，基本的には軍縮を選ぶけれども相手が裏切ったら軍拡に転じるという戦略を考えよう（そして，2つのアクターが双方にこの戦略で国際関係に臨むと考えよう）。相手が軍拡という「引き金」を引けば，こちらも応じるということでトリガー戦略と名前がついている。この場合，毎回どちらかの裏切りがない限り，【軍縮　軍縮】が継続する。プレーヤーの割引利得が計算できて，等比数列の

公式から，$3/(1-r)$ がトリガー戦略で軍縮を選んでいったときの利得になる。$r$ は先ほど導入した割引因子である。このとき，どちらかが軍拡を選んだとするとそこでは4を得られるが，その裏切り以後はずっと【軍拡　軍拡】で落ち着くために2を得続けることになり（しかもそこには割引 $r$ の作用が加わるため），裏切ったプレーヤーの割引利得は，$4+2r/(1-r)$ になる。

　ここで，$3/(1-r) > 4+2r/(1-r)$ となる $r$ を求めると【軍縮　軍縮】がナッシュ均衡になる割引因子の条件を得られる。計算すると $r$ が0.5より大きい数字だと協力の組み合わせである【軍縮　軍縮】が安定解になる。将来がより割り引かれない（＝「将来の影」が大きい）と協力解が存在し，それが安定する可能性が出てくるのである。

## 第2章

# 国際社会の成り立ち

　第2章では，国際社会の成り立ちを中華，イスラム，ヨーロッパという3つの視座に立ち，記述的に解説する。国際関係をどう理解するかに影響を与える世界観の違いを3つの異なるコンテクスト（背景・文脈）から把握しようという試みである。国家とは何か，それぞれの関係をいかに整理して考えるのか，ヨーロッパから始まった近代国際関係秩序だけが国際社会のありうる形ではないことを強調したい。

## 1. 文明と文明間関係——征服による統治と約束による統治

　人類が共同体を作り，技術的な進歩によって長距離の移動ができるようになる。すると，異なる共同体社会を「発見」し，そこと何らかの関係を持つことになる。共同体の間では平和的な交易も行われたが，他方で相手を征服して服従させる戦争もみられた。交易はモノとモノまたはモノとカネの交換をめぐる「約束」に基づく行為であり，征服は何らかの「暴力」で成し遂げられる。

　世界史上で今のところ記録が確認されている，はじめて「国」と「国」の間で結ばれた**条約**は紀元前 13 世紀のエジプト第 19 王朝とヒッタイトとの間の国際約束で，「銀の条約」とも呼ばれる。今のシリア地域をめぐる戦争を終結させ，和平を約束するものだった。この和平条約は，ヒエログリフと楔形文字の両方の文面が現存しており，ヒッタイト側の文面では「エジプト側が請うて講和に至った」とされているのに，エジプト側の文面では逆の内容が書かれている。これは記述推論の難しさを語る上で示唆的である。なお，この条約は，領土不可侵，「海の民」に対する相互軍事援助，政治的亡命者の引き渡しと免責という 3 点が盛り込まれ，合意は拘束するという今の国際法に通じる，独立した政治主体の間の約束事であった。

　文字を操り，記録を残す文明は四大文明として日本では教えられることが多いが，それは必ずしも世界標準ではない（山本 2021）。中華，インダス，メソポタミア，エジプトの四大文明には，それぞれの地域の権力者たちの間での戦争と平和が記録されている。他方で，アンデスやメキシコ（アステカ），チベット，エチオピアといった高地にも文明社会はあったが，そこでの歴史は記録されずにいた。文字化されずに記録が継承されない結果，文明としての認知度が低く，いわば知られざる存在になっている。

　人々は地理の壁を克服し，文明内での関係性の構築だけでなく，文明間で交易や戦争を行い，原初的な征服と約束の国際関係が誕生した。異なる文字の間で交渉する結果，「外交」の起源が生じ，先ほど示したような 2 言語で記載された約束＝国際条約を見ることができる。

　本書では数ある文明の中でも，中華，イスラム，西欧という 3 つの異なる世

界をとりあげ，控えめに言って「きわめて大雑把な記述推論」をしていきたい（より詳細な議論として，Spruyt 2020 を参照）。これらは今の国際社会を理解するためには欠かせないコンテクスト（背景・文脈）であり，国際関係論の土台となる基礎項目である。

## 2. 中華国際秩序

　黄河文明を起点として始まった中華の文明圏は，漢字世界として考えることができる（鈴木 2018）。エジプト文明と同じように地理的に他の文明と隔離されていた時間が長かった結果，文字の独立性が高く，それにともなう思想体系も他とは独立している側面が強いのかもしれない。甲骨文字から転じて漢字を編み出したこの文明では，自らを世界の中心，いわば「華」として理解し，他者を周辺，すなわち「夷」として認識する**華夷意識**が生じていった。しかし，鈴木薫が指摘するように，領域区分の意識化は低く，夷も華化して文明化するという理解があったという（鈴木 2018）。

　中華を治める皇帝は，その権威を認めて入貢する夷の国々と**冊封関係**を結び，勢力圏として理解した。皇帝のいる中央という点と，入貢する国の首府という点との関係で国際約束が結ばれ，そこでは中央が周辺にさまざまな恩恵を与え，周辺は中央を覇として認めるという交換がなされた。中央である中華世界からはどのように都を作り，国家組織を作るのかのノウハウが伝授され，たとえば科挙のような制度はアジア地域に拡散した。そして仏教のように他者（インド）から輸入した宗教までもが中華たる隋や唐から輸出され，周辺で受容された。このほか，中華世界からは渡来銭として貨幣が輸出され，周辺地域の経済活動を支える時期があった。宋が建国されて日宋貿易が盛んになると，奥州・平泉で産出された砂金と引き換えに宋銭が流入して，それが人々の間で広く使われていった。日本で貨幣経済が成立していくのはこの宋銭を通じてであるという。漢字圏の広がりは，中華からもっとも外側にある大和政権による日本，琉球王国，ベトナム，朝鮮半島，チベットなどで，言語のほかには箸のような食文化にも影響が及んでいる。

　このような中華の優位性と力の源泉は，**正統と異端の認識化**にある。周辺の

王の正統性は中心にある皇帝から授けられ，それをもって交易＝貿易を許される相手になった。たとえば金閣寺を建立した足利義満は，明王朝に対して「日本国王源道義」と名乗って冊封を受けて臣下となる礼を示しつつ，貿易による実利を得ようとしたという（鈴木 2018: 169）。入貢しない異端な存在は貿易システムから外され，それゆえに異端側の勢力は海賊行為に及ぶしかなかった。いわゆる，鎌倉末期から，日明貿易が成立しなくなった戦国時代にかけて朝鮮半島や中国大陸沿岸を襲った海賊である「倭寇」はその典型で，朝鮮半島など大陸諸国の被害は大きかったという。なお，倭寇と呼ばれるが，時が経つにつれて遠洋航海を禁じられた中国の明の元遠洋船乗りたちがその大半を占めたという説明があるなど今の国と国民の境界にそって単純に理解してはならない人々であったことを指摘しておこう（マクニール 2014: 上 109; 村井 2016）。

　すなわち，この秩序では境界線が明示的になくともよいという面白い特徴があった。皇帝がその影響下においている世界は広いものの，その版図において明確な国境は引かれなくても構わなかった。入貢してくる周辺の首府と中華の中心との点と点の関係性，その安定こそが中華的な国際秩序の決め手であった。ここから，必ずしも空間的な領域線を持たず，他方で中心と周辺の上下関係をしっかりと意識化した世界の理解が中華のシステムだと理解できるだろう。そして重要なのは，中国が世界最大の人口を擁し，文明の程度もきわめて高い時代が長く続いていたことであり，欧米が大航海時代と産業革命を経て世界を席巻する勢力となる前は中国を軸にした中華システムには他を圧倒する力があったという事実である。イギリスもインドの植民地化が完了してアヘンを輸出できるようになるまでは中国に対して売る物品に困るほど，中国には圧倒的な富が集中していたのであり，イギリスといった交易相手は中国の製品を買うばかりであったことを覚えておく必要がある。

## 3.　イスラム国際秩序

　7 世紀になってアラビア半島のオアシス都市で一神教の新宗教が生まれた。今日，イスラム教として知られるものであり，その世界観は中華とも，欧米とも異なっている。イスラム教の認識では，世界は，「最後の預言者」があらわ

した神に絶対的に従う人からなる**平和の空間**（ダール・アル・イスラム）と，その外にある**戦争の空間**（ダール・アル・ハルブ）の２つに区別される（アンサーリー 2011）。当初アラビア半島の宗教であったものが，北アフリカ，中東・トルコ，さらにはスペインやポルトガル，インドやインドネシアといったアジア地域へと浸透し，大きな勢力圏となった。

　イスラムの教えによれば，イスラム教は一神教としてユダヤ教やキリスト教とは親和性を有するものの，「最後の預言者」があらわした神への信仰こそが**正統**で，その神に絶対的に帰依することが正しい。すべてを神にゆだねた人は自らを「ムスリム」と称することになる。他方，偶像崇拝や多神教者・無宗教者にとってはこの絶対的な信仰を開始することだけが正しく，**イスラムへの改宗・信仰を促す運動＝ジハード**がイスラム教徒の重要な責務となる。ジハードは必ずしもつねに武力によるのではない点には注意が必要である。

　しかもイスラム教に対する今日の一般的な偏見からすれば意外に見えるかもしれないが，キリスト教徒やユダヤ教徒といった他の一神教者には税金を課してその信教の自由を許す制度を持っていて，イスラム世界での共存が可能な時代があった。事実，ユダヤ教徒の多くはいわゆるレコンキスタ（国土回復運動）を経てスペイン・ポルトガルからイスラム教徒が追いやられた際，今の中東に流れてきてイスラム世界で税を納めて共存する道を選んだとされる。言い換えれば，キリスト教は他宗教に対してきわめて冷淡で厳しく，共存の道を許すものではなかった。

　７世紀から８世紀にかけて，「イスラム世界はひとつ」という建前は徐々に変化していく。アッバース朝はその前のイスラム世界を率いていたウマイヤ家に弾圧を加えて主な男子を殺害していった。しかしウマイヤ家のアブドゥル・ラフマーンはイベリア半島に逃れてそこで後ウマイヤ朝を立て，これによってイスラム世界の内部に２つの権力主体が並立する事態を迎えた。後ウマイヤ朝は「最後の預言者」亡き後のイスラム世界をつかさどる最高指導者である**カリフ**を名乗らずにアミール（太守）と自称したことで，名目上イスラム世界にひとりのカリフという体面は保たれたものの，イスラム世界内部での権力分立は進むほかなかった。

　実際，そののち後ウマイヤ朝，バグダッドのアッバース朝，北アフリカのシ

ー派ファーティマ朝の3カリフが成り立つ事態に陥り，イスラム世界は分断されることになった。これら分断された国をダウラ（王朝・国家）と呼ぶものの，「イスラム世界はひとつ」という理念だけは各所で継承されていった。**平和の空間（ダール・アル・イスラム）と戦争の空間（ダール・アル・ハルブ）**という区別はイスラム教徒にとって世界理解の基本形として存在しており，独自の視座だといえる。

## 4.　近代西欧と現在の国際社会

　最後に，今日の国際関係で一般的・普遍的に受容されている世界観，おそらく正統性がもっとも高いと考えられているものを説明しておこう。ヨーロッパ国際関係の世界観である。

　ヨーロッパ，とくに西欧諸国と呼ばれる国々は，大航海時代に使われた航海図であるメルカトル図法で見れば，グリニッジ線を中央に記すことで世界の中心にも見える。しかし，地球儀で見れば一目瞭然であるが，それは正確な地理理解ではなく，西欧は北半球の限られた一地域でしかない。そして，世界史的に見てもその存在は決して大きなものではなく，中国やイスラムに比べれば「辺境」であり，相対的に貧しい地域であった。

　長らくイベリア半島のイスラム勢力やオスマントルコ帝国の勢力に圧倒される存在であったヨーロッパが，農業生産力の向上をもたらす技術革新の結果，生産余剰を蓄積し，社会が豊かになる契機を得たのは13世紀から14世紀といったころであった。15世紀までに中国とイスラム世界から得ていた航海術と火薬を利用して大航海時代を迎え，たとえばラテンアメリカへ進出していく。

　大航海時代前のいわゆる中世ヨーロッパでは，人々はカトリック（キリスト教）を信仰し，教会が信徒に対するコントロールを模索するほか，領域ごとに暴力を有する騎士団・領主が秩序維持のために存在していた。ドイツ地域には神聖ローマ帝国があり，そこには皇帝がいたものの，その力は弱く，実力を備えた各地の諸侯がそれぞれの領域を治めるという分権的な社会があった。ローマのカトリックの宗教権威と，各地領域統治者の権威が重複して作用する世界で，今のような集権的で一元的な国家は存在していなかった。

　そういった時代を変えていくひとつの要素は，生産余剰の結果としての貿易の拡大であった（Spruyt 1994）。交易が盛んになって資本を蓄えた都市やその連合がドイツ北部やイタリアに出現した。ドイツ北部ではいわゆるハンザ同盟のように，商業都市が連合して貿易の安全を図るとともに度量衡の統一を図る動きがみられた。ただし，度量衡については各都市が協力することはできず，実質的には同盟の中の都市ごとに異なる尺度が用いられることになっていたという。いわば恋人ゲームのような状態だったのだろう（恋人ゲームについてはコラム 2-1 参照）。また，イタリアではジェノヴァやヴェニスといった都市が集権的な国家のように独立して存在感を示し，独自の海軍まで有して貿易船の安全を図った。

　他方，フランスやイギリスといった地域にはそういった集中的に富をもたらす都市国家と都市同盟は生まれなかった。なぜなら，交易の量が限定的で，交易で儲ける規模が相対的に小さかったからである。そういった小さな町々は，生き残るためにはより広い範囲で共同して連携するほかなかった。

　フランスやイギリスのような広域でまとまるしかない地域にあった王侯貴族は小規模都市を守るため，安全保障に従事するという建前で自らの存在を正統化していった。彼らはその安全保障に従事するという建前と権威をもって社会制度を整える存在となり，たとえば度量衡統一を試み，世の中の仕組みを整える存在になった。しかも度量衡統一には，その情報を伝達する言語の統一が付随して，その言語空間の統一には同様の課税といった権力行為の波及がともなった。これらの結果，後発的であったフランスのような地域に今の集権国家に近い仕組みが出現し，そこに大きな領域に一体的な社会をともなう**主権国家**（sovereign state）が生まれることになった。広い範囲で統合する必要性が低い強い都市国家と都市同盟があったイタリアとドイツでは，主権国家が遅れてやってくるひとつの理由がここにある。

　中世ヨーロッパを変えたもうひとつの要素は，宗教権威をめぐる変化である。カトリック教会は神と信者をつなげる媒体として独占権を有していた。その教会は自分たちの権威を高めるべく十字軍を編成して聖地の奪還をヨーロッパ全体に呼びかけ，今のスペイン・ポルトガルからはイスラム世界を追い出すべくレコンキスタ運動を主導した。そういった運動を支える資金を工面するために

---

## コラム 2-1　恋人（交渉）ゲーム

　囚人のジレンマゲームを第 1 章では説明したが，国際関係にはそれと異なった戦略と利得の組み合わせの戦略的相互関係ももちろん存在する。岡田章の著書には交渉問題とされて紹介される利害対立のある協調ゲームが解説されている（岡田 2022: 64）（なお，そこで紹介されている表 3-6 と以下の説明の利得は，あえて別のものを用いているので注意してほしい）。国際関係では国際標準をめぐる国家間関係を理解するのに役に立つ。

　A 国と B 国があって両者ともに国際標準の X と Y を提案している。世界で同じ標準が用いられるのは市場統合して円滑な経済活動をするのに大きな便益があるとしよう。このとき，A 国は自国の提案する X で標準が統一されることを，逆に B 国は自国の提案する Y で標準が統一されることをもっとも望ましい状態と考える。そして，標準が相手側のものであっても統一される状態はつぎに望ましく，他方で標準が達成できずに A 国は X を B 国は Y を用いていくのは 3 番目に望ましい状態である。最悪なのは標準もできないし，相手の提案する標準に切り替える，A 国が Y を，B 国が X を選んでいるような状態である。4>3>2>1 で利得を設定して自分で戦略型のゲームを作ってみるといい。どこにナッシュ均衡があらわれるだろうか。

も現世の罪をなくすと銘打った「免罪符」を信者に販売し，宗教ビジネスによって力を増していった。

　しかし，そういったあり方に疑問を持ったヤン・フスやマルティン・ルターといった宗教改革者たちが出現していく。そして，いわゆるプロテスタントとして知られる存在へと成長していった。このことが，ヨーロッパの社会秩序を変質化させる別の要因となった。

　このような 2 つの背景のもと，1618 年にハプスブルク家が支配する神聖ローマ皇帝領のボヘミア（今のチェコ）で事件が起きた。カトリックへの改宗が強制され，プロテスタント教会が閉鎖された。これに憤慨したボヘミア貴族がプラハ城へ乗り込んでハプスブルグの官吏 3 人を 2 階の窓から放り投げたこと

　答えは，2つのナッシュ均衡があらわれる（どこかは各自で考えてほしい）。大事なのはナッシュ均衡が複数あるとき，ゲームの中の仕組みでは2つの結果を弁別できない点である。どちらも同じように安定的な社会状態で，どちらに実際の社会の帰結があるかを説明するには，ゲームの外から説明要因を持ってこないといけない。いわゆる歴史的な経路依存性とされる要因はこういった複数均衡のどれが選ばれたかを語るためには欠かせないことがある。たとえば，日本の右側通行の交通ルールがなぜ人々におおむね尊重されるのか＝安定しているのかを説明するときにこの種のゲームは役に立つが，なぜ「右側」通行なのかを考えるときには歴史的な経緯をもって説明するほかない。

　なお，このゲームに恋人という言葉がついているのは，A国とB国をデートの待ち合わせ場所を考えている恋人に置き換えても同じ構造があるためである（片方は野球に行きたい，もう一方はショッピングに行きたいと交渉しているような場面を考えればよい）。携帯電話のある今，待ち合わせを前もって相談するなんてことは稀有かもしれないが，はるか昔の携帯電話がない時代，次のデートの待ち合わせを事前調整することは大事な問題だったはずである。おそらく，2つある均衡のどちらかにするためには，デートの約束をする公衆電話での会話の最後に，女性が「わたしはショッピングに行くから」と言ってガチャっと電話を切ることといった，ゲームに含まれていない要素が大事だったのかもしれない。

が，ヨーロッパ全体を巻き込む**宗教戦争（三十年戦争）**の引き金となった。この戦争は30年間続き，その終了時には，「線による境界と内政不干渉」という今の国際社会を形作る大原則につながる共通理解のゆるやかな誕生を見た。

　ここで，「ゆるやかな誕生」とあえて書いているのは，「線による境界と内政不干渉」という理解が1648年に当事者によってはっきりと合意され，確定したのではないということを強調したいからである。境界が生まれ，他の領域に過干渉しないという慣行は1648年以前にもあったし，それ以後もその原則が破られることはあった。大事なのは，1648年に宗教戦争を終わらせるために結ばれた2種類の講和条約（**オスナブリュク条約，ミュンスター条約**）が**ウェストファリア体制**の始まりとしてその後の世界で教育され，近代西欧国際関係

の始まりとされることにある。各領域で信仰されるべき宗教を各領域で決定する権利と，それに干渉しないことが内政不干渉の対象であった。そして干渉できない領域を決める線として国境が引かれなければならないため，線が決まらないことが不自然な状態となった。

　今も，国境線＝国家は分けられるべきという理解に加え，他国の主権に干渉してはならないという原理は守られ，正統ルールとして受容された近代国際法の大原則となっている。現在の国際社会の始まりが 1648 年にあるという話はそこからきている。ウェストファリア条約という国際約束は存在しないものの，ウェストファリアという地域のオスナブリュクとミュンスターで結ばれた 2 種類の和平条約がその起点だとする理解は国際関係論の通説であり，今の中国やイスラム教を信じる人が多数を占める国々でも広く受け入れられている。

## 5.　近代国家の成立原因をめぐるモデル──ティリーとスプルート

　近代主権国家がどうして今のように受け入れられた制度として定着したのだろうか。その原因を説明するにあたって，いくつかの理論が唱えられてきた。ここで理論というものの簡単な説明をしよう。

　理論とは，何らかの現象を説明すべく，何らかの原理や法則をよりどころとして筋道を立てて考えた認識（＝お話）のまとまりである。国際関係論の理論として知られるものに，たとえば第 1 章でみたリアリズムがある。国家の行動を説明するにあたって，リアリズムは国家生存を第 1 の行動原理としてとらえ（ウォルツ 2010），政府が欠如しているアナーキーの状況では国益最大化を狙う行動原理に従うと考える。その結果，各国は軍拡や同盟による軍事力強化に走り，時には国益最大化のために戦争に至る。理論とは，何らかの前提を踏まえ，結果を説明していく宿命がある。

　さて，近代国家の成立を説明する理論にはどういったものがあるだろうか。

　ひとつの説明は，戦争が現在の近代国家を作ったという説明である。中世以降，戦争は傭兵によって行われてきた。しかし，フランスで常備軍が編成されて以降，傭兵ではなく常設の戦士が戦う戦争が一般化し，ひいては国民が戦争に駆り出され総力戦で戦うこととなった。この過程で国家ではない存在は戦争

に弱く，制度として見捨てられてしまい，他方で国家はみんなが好んで望む制度となった。この説明はチャールズ・ティリーが行ったもので，その当時は説得的なものとして享受された（Tilly 1992）。

　しかし，そういった通説に反論を示したのがヘンドリック・スプルートである（Spruyt 1994）。スプルートは交易をめぐる競争状況が，主権国家を他の制度と比べて生存しやすいものにしたと論じる。先ほども指摘したが，農業の生産性向上の結果として余剰物を他の地域に売り，ヨーロッパにはないスパイスなどを得る交易が盛んになって遠隔地貿易に従事する商人が富を得るようになった。

　そういった商人はドイツでは都市同盟を作って商業圏を守るようになった。イタリアでは個別の都市が国家として機能し，力を持っていた。他方，フランスのような地域には毛織物で有名なフランドル地方以外に主な交易拠点は生まれなかった。フランスの商人たちは自分たちの弱い商圏をつないで薄く広く商業活動を展開する誘因を持ったため，度量衡統一を広く行うことができる政治的権威を必要とし，パリのカペー家由来の王族に頼ることになった。ドイツやイタリアではそういった政治的権威はなくとも，ドイツでは都市間の連合で問題を乗り越え，イタリアではより稼ぐことができたために一都市で問題を解決できる構造であった。そこでは周辺と協力して広く商圏をまとめたり，単一の統治制度を作ったりする必要性がなかった。つまり，主権国家を必要としたのは相対的に商業的な活動で劣勢におかれた地域（＝フランスやイギリス）で，しかし，そこで度量衡を整え，大きな市場を作ることに成功した結果，都市やその連合に圧倒できる政治制度である主権国家が生まれたとスプルートは説明する。

　どちらが正しいのか（または，まったく別の議論が正しいのか）をめぐる論争の決着は簡単にはつかないだろう。理論の妥当性を評価するにあたっては，さまざまな証拠を積みあげることが必要である。ある理論に整合的な証拠を，事例をあげてイラストレーション（例示）することもあれば，統計的に傾向を示すこと，さらに最近の社会科学の流儀にしたがって，因果推論の作法にのっとって厳密に A が B を起こしたことを示すデータを持ち出すこともできる。逆に，対抗理論の否定につながる重要事例を見つけることも理論をめぐる論争

## コラム 2-2　ユヴァル・ノア・ハラリの TED トーク

　TED トーク（https://www.ted.com/）は，さまざまなトピックについて無料で有益な情報を得ることができる。イスラエル・ヘブライ大学のユヴァル・ノア・ハラリは歴史家として「Nationalism vs. globalism: the new political divide」という対談を TED で披露している（2017 年 2 月）。冒頭で人間は歴史を理解する上で何らかの「お話」を必要とするのだという指摘をしている。これは重要な示唆である。国ごとに，時代ごとに信じられている「お話」が異なり，それは各文化や国・地域の世界観，国際秩序観と紐づいている。

　TED の素晴らしいところは，無料であるほか，字幕を選択できる点である。日本語を選択して意味を理解したら，ぜひとも英語に変え，ヒアリング力をつけるために活用するといい。何度も聞いていると字幕なしで理解できる段階にまでくる。そのころには初めて聞く英語も理解度が格段にあがっているだろう。国際関係論には英語が欠かせないので，時間以外の費用をかけずにそれを習得する術を知り，実践するとよい。

　URL：https://www.ted.com/talks/yuval_noah_harari_nationalism_vs_globalism_the_new_political_divide

を決着させていく可能性がある。

　著者が読者に期待したいのは，本書を通じ，国際関係論のさまざまな理論的な見立てに接し，しかもそれぞれの妥当性を自分自身の調査や分析で判断していくことである。

### ！ 要点の確認

**・中華国際秩序とはどんな特徴を持っているのでしょうか？**

　中華国際秩序では，覇権を握るものが自らを中心，いわば「華」として理解し，他者を周辺，すなわち「夷」として認識する世界観を重視する。よって，中華を治める皇帝は，その権威を認めて入貢する夷の国々と冊封関係を結び，勢力圏として理解する。中華の優位性と力の源泉は，正統と異端の認識にあり，この秩序では境界

線が明示的になくともよいという面白い特徴がある。首都と首都の上下関係こそが大事な論点になるのが中華国際秩序である。

## ・イスラム国際秩序とはどんな特徴を持っているでしょうか？

イスラムの教えによれば，イスラム教は一神教としてユダヤ教やキリスト教とは親和性を有するものの，「最後の預言者」があらわした神への信仰こそが正統で，その神に絶対的に帰依することが正しい。すべてを神にゆだねた人は自らを「ムスリム」と称し，その世界観がイスラム国際秩序を形づくる。世界を平和の空間（ダール・アル・イスラム）と戦争の空間（ダール・アル・ハルブ）という区別でとらえ，独自の視座を提供する。

## ・ウェストファリア体制（近代ヨーロッパ国際秩序）とはどんなものでしょうか？

宗教戦争を終わらせるために結ばれた2種類の講和条約（オスナブリュク条約，ミュンスター条約）によってもたらされたのが近代ヨーロッパ国際秩序だとされている。各領域で信仰されるべき宗教を領域の主が決める権利（主権）と，それに干渉しないことが誓われた（内政不干渉原則）。干渉できない領域限界を決める線として国境が引かれなければならなくなった。

> ### 🔖 第2章の文献ガイド

鈴木董（2020）『食はイスタンブルにあり——君府名物考』講談社
> ▷同書はもともと1995年に刊行されていた書籍を文庫化したものである。食を通じて，オスマン帝国やイスラム世界について理解できる。歴史に記録されにくい庶民の食についても史料をしっかり集め議論が組み立てられている様子は歴史家の仕事とはこうあるべきだという方法論上の学びにも通じるし，また，西欧化していくオスマン帝国のあり方を知るのは西欧国際関係のグローバル化というテーマにも通じる。

安達宏昭（2022）『大東亜共栄圏——帝国日本のアジア支配構想』中央公論新社
> ▷同書は帝国日本がいかに無計画にドイツやイタリアとともに世界分割をもくろんで第二次世界大戦へと突入していったのかが解説されており，その歴史的な叙述から日本の身勝手さが浮かび上がる。「アジア解放」のようなスローガンをかかげても，その内実を知ればそれがプロパガンダにすぎないことが実証的に理解できる。良質の歴史的研究を読むことの意味は，政府が嘘や誇張宣伝で事実を曲げようとすることを防ぎ，他時代の視点，他者の視座をわれわれに与えてくれることだろう。

ゴールドマン，スチュアート・D（2013）『ノモンハン 1939——第二次世界大戦の知られざる始点』みすず書房
> ▷同書は書き手の国籍がひとつのスパイスになっている研究書である。ノモンハン事件として知られる，国家間戦争状態についてアメリカ人が書いた書籍を翻訳したもので，戦争とはなぜ起きてしまうのかを知るケーススタディとして良質であるほか，

　　第三者がソ連側史料と日本側史料をあわせて評価を下していく姿勢を見ると，歴史的な実証がどこまで何を言うべきかのお手本を見ているように感じる。日ソというある 2 国間関係が英米や日中，独ソといった他の 2 国間関係にもどんどん波及していくさまは，ある国の組の戦略的相互作用が他の組の戦略的相互作用にも関連し，影響を互いに与えていくという基本理解の重要性をあらためて確認させてくれる。このほか，アジア地域での国境の意味がヨーロッパと大きく異なることなども理解できる。

# 帝国主義と国際社会の民主化

　第 3 章は，ヨーロッパの国際関係秩序がいかに世界全体へ広がっていたのかを，帝国主義と国際社会の民主化という 2 つの視点を軸に論じていく。時代としては 1648 年のウェストファリアの講和ののち，国民国家が生まれていき第一次世界大戦が起こり，国際関係を大きく変化させるまでを扱う。

## 1.　近代西欧秩序の成立と勢力均衡

　ウェストファリアの講和以降，ヨーロッパの国々は国同士の関係を，国境という線を引くのに加え，他国の内政への干渉を禁じ，**主権**（sovereignty）という考え方を共通の理解にして律していった。同じキリスト教を素地とした同質性は互いに利害調整を行う際に役立ち，それが制度として今でいう外交や国際法の原型となることで，徐々にヨーロッパ諸国の関係秩序として定着していった。国際法はキリスト教の共通の価値観に裏付けられた自然法として定義づけられることが多かったが，それは徐々に法に縛られる当事者＝国々の契約として実定法主義に基づくものへと変化していき，また自分たちの正統性と，ヨーロッパ域外の他者の異端性，とくにその非文明性を踏まえた国際理解がその後の帝国主義政策へとつながっていく。

　まず，ヨーロッパ域内の国際関係を展望しよう。

　宗教，より厳密にはカトリックとプロテスタントの宗派をめぐっての争いが収まっても，1648 年以降，西欧世界ではいくつもの戦争が起こった。争いのもとは，誰が正統に権力を継承するのかという論点にあった。ネーデルラント継承戦争（フランドル戦争）やスペイン継承戦争，オーストリア継承戦争などを思い起こせばわかるように，誰が王位を継承するのかをめぐって，血縁関係などがある他国の王が要求を行い，その要求について交渉が失敗すると戦争に至った。国際関係の当事者は王侯であり，彼らが外交官を派遣して交渉し，それが失敗すると戦争になったわけである。各国は同盟を頻繁に組み替えて勢力を均衡させて他者をけん制し，そのけん制の結果としての平和状態が続くこともあった。ただ，ひとたび戦争が始まると，講和するまでは相手に暴力を行使し，破壊行為が互いになされ，社会は混乱した。この時代，戦争の記憶は残さないものとされ，戦争での加害も被害も忘却するというのがこのころの常であった（小菅 2005）。

　戦争に勝つため各国は**官僚制**を設けて集権化を進め，**常備軍**を整えるようになった。フランス，プロイセン，ロシアなどの絶対王政では強い常備陸軍が強い君主の権威を支えることになっていった。他方，イギリスのような国は地理

的な要請もあり，常備海軍への投資と権威付けに力を入れた。常備軍を整え，ひとたび戦争を始めるためには王権のもとに資源を集める必要がある。課税によって行うこともあれば，また借財によってまかなうこともあった。ここで，議会の有無が各国政府の調達可能な戦費の大きさを変えていったという興味深い研究があるので紹介しておこう（Schultz and Weingast 2003）。

ケネス・シュルツとバリー・ワインガストによれば，徴税よりも戦債による借金のほうがより大きな金額の戦費をタイムリーに調達できるという。さらには国際金融市場も加味すると借財での調達はより有利となる。問題は借りたお金を返すとき利子を低く抑えられるのかどうかである。戦費をスピーディーに集めて圧倒的な資源で戦争に勝ち，利益をあげたとしても，そのあとで高い利子の支払いに悩まされるのでは借財をした意味がなくなってしまう。つまり，低い利子で資金を借りられる国際信用力が戦争に勝てる軍隊を作る上で大事な要素となる。そして，ここで議会の存在が重要となり，利子率を低くする制度的な効果を持っていたという。

絶対王政の場合，たとえばフランスでは当初順調に王政が戦債を発行して借財して大きな金額の予算を用意できていた。イギリスとの比較でも当初フランスの絶対王政は多額の借金ができ，そのために常備軍も強かった。問題はフランスの場合には戦争後に返済する段階で王政が借金の帳消しを発動してしまったことである。金利が高くないと貸し手がいない状態，もしくは誰も資金を貸し出すことがない状態に徐々に至ってしまった。これに対してイギリスの場合には立憲君主制のもとでの議会が予算権限を握り，国王が借財をした場合には必ず返済をさせるよう制度的な担保がなされ，その結果として金利は高くならず，継続的に戦債での戦費調達を 10 年，20 年といった単位でできるようになった。イギリスが 18 世紀後半から 19 世紀にかけて強い軍隊を備え，世界的な覇権を握っていくひとつの要因がここにあるとも言われる。

絶対王政から近代へと時代が変遷していくなか，各国の王や貴族が会社経営を担い，貿易を通じた富の独占にも走っていた。いわゆる**重商主義**と呼ばれるものであるが，そういった国家による商業活動がとくに**植民地主義**を生み出し，植民先での利害対立を生み，それが戦争を引き起こすといったメカニズムも生み出していく。

　この時代のヨーロッパは，**勢力均衡**（balance of power）に彩られていた。「勢力均衡」という専門用語は抑止という安全保障の基本メカニズムとの関連で重要なので，しっかりと紹介しておきたい。相手と自分の力が均衡していると，相手からの反撃や報復を予期して簡単には手が出せず，侵略されずに安全を保障できる。これは抑止による安全保障の理解であって，近代のヨーロッパではそのような理解によって各国はこぞって軍隊の整備にあたった。単独で対抗できない相手には，先ほども示したように同盟を組んで対抗した。この時期の同盟は今とは違って制度化の程度が低く，約束の内容も，相互に防衛しあうというよりも，互いに中立でいるとか，話し合いのテーブルにつくといったものもあれば，秘密条約として互いに協力して敵国へ攻めていくといった戦争時の連合協約などもあり，多岐にわたった。この時代，勢力均衡で互いにけん制しあい，外交を通じて戦争を回避するという意味での「平和」がヨーロッパの域内ではみられた。

## 2. 近代西欧秩序の拡大と植民地主義

　ヨーロッパでの国際秩序が確立していくのと同時に，ヨーロッパ大陸から世界への進出が徐々に始まっていった。大航海時代とその後の展開である。第2章にも書いたように，ヨーロッパは世界の先進地域ではなかったものの，探検家たちによる進出とキリスト教の伝道師たちの貪欲な布教活動を通じて徐々に域外の拠点が生まれていく。当初，圧倒的に強い存在であったアジア地域，そして中東地域では，ヨーロッパ側は相手の文化にしたがって接近し，権力者への贈答を行い，その恩恵として貿易する関係が下賜される相対的に弱い存在であった。

　オスマントルコの場合には，16世紀にフランスに対して，関税を支払う条件において外国商人に与えられる特許状である**カピチュレーション**が与えられた。これはスルタンからの格下のものへの贈与であり，ヨーロッパとイスラム世界の力の差を反映していた。同様の仕組みは，イギリスやオランダなどにも模倣的に認められ，定着していった。たとえば，イギリスは毛織物をレバント会社という重商主義の国家独占会社に占有させ，その富を得るメカニズムを作

った。しかしその後，ヨーロッパ各国での産業革命の進展で工業製品輸出など
が始まっていくと，力の差が逆転していき，その結果として下賜として始まっ
たカピチュレーションも変質した。1740年，フランスはオスマントルコに対
等な関係性を認めさせ，**領事裁判権の恒久的な制度化**のほか，**オスマントルコ
の関税自主権**を奪うことになった。オスマントルコが約束の内容を義務として
履行するように書かれている点も，もはや下賜ではない制度の性格をあらわし
ていた。

　東方のアジアに対しては，ポルトガルやスペインのほか，遅れてイギリスや
オランダが進出していった。たとえば，戦国時代の日本では織田家や豊臣家，
そして徳川家へキリスト教布教と交易を目的とする諸勢力が接近した。1644
年に明が滅び，清朝が生まれると，中国ではイエズス会による布教が継続して
認められ，1723年に布教禁止が定められるまでは宣教師が中国国内で活動し
ている状態にあった。ポルトガルはマカオ，スペインはマニラ，オランダは長
崎といったように交易拠点を軸に進出していった。ヨーロッパ側には日本や中
国といった国家を滅ぼすような武力はなく，その文化を受け入れ，その限りで
キリスト教の布教や交易といった関係性構築を申し込むほかなかった。

　他方，アフリカや南北アメリカでは各地の勢力を武力と疫病でヨーロッパの
勢力が圧倒することができた。その結果としてアフリカでは奴隷貿易，アメリ
カでは先住民族のせん滅とヨーロッパからの植民が行われていった。ヨーロッ
パ＝キリスト教価値の共同体は**文明**であり，それを広めて文明化することが重
要な任務だと考える傾向があった。とくにヨーロッパの勢力が圧倒できる相手
には**未開**というレッテルを張り，ヨーロッパ勢力が先占（せんせん）する権利を持つとされ
た。**先占**とは，誰も統治していない無主の土地を「発見者」が所有できるとい
う一方的な理解であり，植民地主義の根幹となる論理であった。ヨーロッパ各
国はこの論理に基づいて自らの勝手な都合で線引きを行い，たとえばアフリカ
ではその実情を無視した分割統治がなされていった。1990年代に起こったル
ワンダの大量虐殺やソマリアの内戦など，ヨーロッパの植民地化にその遠因を
問うことができる（服部 2009）。

　未開と違うのが**野蛮**の世界であり，オスマントルコや中国・日本といった一
定の力のある共同体のある地域が該当した。ヨーロッパが力をつけていくにつ

れ，こういった野蛮の国は自分たちよりも格下であり，不平等な条約を結んでもいい相手であるという差別的な認識へと変化していった。

　南北アメリカ大陸やオーストラリア大陸では，先にも示したように疫病の影響が大きかったほか，せん滅戦の結果として先住の民族が姿を消した。新大陸にはヨーロッパからさまざまな事情を抱えた人々が移住していく。ヨーロッパからの移民が大規模にわたった南北アメリカ大陸では，アメリカ合衆国，カナダそしてラテンアメリカの諸国が並び，比較的安定して秩序だった世界が生まれていった。他方で，アフリカでは奴隷貿易で若年層の人口が減り，その共同体の活力が失われた。ただし若年層がいなくなっても，まだ多くの人口は残っており，ヨーロッパからの移民による人口の置き換わりは南アフリカなどを除いて起きなかった。そのため，ヨーロッパ各国は現地の人々をわざと仲たがいさせ，分裂させて征服するという戦略をとって人為的に線引きをし，今も国際関係の不安定化要因になっている。

　こういった**植民地主義**は非ヨーロッパの野蛮の世界に「見習うべきもの」として広がり，その価値観を受容して世界に出ていった国があらわれた。その最たるものが明治日本である。中華の国際秩序のもっとも外縁にあり，よって天皇という中華皇帝と矛盾しうる権威をおくことができていた結果，ヨーロッパの模倣もしやすかった。言い換えれば，日本は中国の朝貢国ではない状態が長く続き，そこがベトナムや韓国と異なっていた。独自の武力政権が社会を安定化させ，江戸時代には分権的な幕藩体制において各地の共同体の力が高く，社会資本を蓄積した国であった。明治維新という一大転換の契機をもってヨーロッパ世界を全体として模倣できる好条件があり，近代化を一挙に推し進めた。

　ここで，日本はヨーロッパの植民地主義の模倣も行った。自国の勢力圏をいかに確保すべきかという思想にとらわれたのである。明治政府は琉球王国を「処分」という形で武力併合し，北海道ではアイヌの存在を無視して和人の植民を進めた。さらには台湾や朝鮮半島を植民地化した。そこでは多くの人々の人権を蹂躙し，独りよがりな拡張政策と日本文化の押し付けを行った。さらには，中国東北部への進出を目指して満州国という傀儡国家を作ることで，中国と対立するだけではなく，国際社会との決定的な対立を引き起こした。

　そこでは下剋上の思想に汚染された軍の存在があった。当時の日本政府は

五・一五事件や二・二六事件といったクーデターを通じて政党政治が終わり，軍部によってコントロールされてしまっていた。その結果，「一億玉砕」などという国民に死んで国に尽くせと命じる恐ろしいスローガンのもと，惨めな戦争に市民を駆り立てる存在へ転化してしまったことをわれわれは記憶せねばならない（ゴールドマン 2013）。まだその時代が終わってから百年たっていない。

## 3. 旧外交と新外交，第一次世界大戦

　17 世紀から 19 世紀にかけての国際関係において，国家間の戦争の頻度は今と比べて多かった。しかし，紛争解決手段として戦争よりも外交が効率的であり，よって外交が多くの問題を解決し，交渉による平和が国際関係の安定要因であり続けてきた。1648 年以降，19 世紀末まで，外交は今と異なる古典的な形態，いわゆる**旧外交**の形をとっていた。

　王や諸侯が国家において主権を一手に握る 17，18 世紀では支配者間の人間関係を軸にした**宮廷外交**が繰り広げられていた。職業外交官が担う近代的な外交とは異なり，宮廷外交では外交使節が母国から独立して行動することもあり，時に嘘や謀略を行うこともあった。国家間の約束は国民には**秘密**にされ，他国にも秘匿されることもたびたびであった。つまり，内と外の 2 重の意味での秘密が圧倒していた。その後，ナポレオン戦争の講和会議として，1814-15 年に行われたウィーン会議は大国を軸にした会議による利害調整，いわゆる**ウィーン体制**をもたらすことになる

　1870 年ころまではこの会議外交も機能したものの，徐々に紛争の解決ができなくなった。19 世紀には立憲君主制のイギリスの覇権，アメリカ合衆国の存在感の増大，フランスの共和国化などもあって，これまでの旧外交の形も変化していく。職業外交官が増え，外交制度が各国で整備されていく。ただし外交における秘密が是とされている時代は第一次世界大戦の終了時まで続いた。

　1914 年夏に勃発した第一次世界大戦は，旧外交と新外交を分け隔てる大事な分岐点になった。オーストリア＝ハンガリー帝国で起きた皇太子暗殺事件を発端にしてドイツやフランス，ロシアやイギリスといったヨーロッパの主要国が相互に同盟関係を利用して宣戦布告をした。この戦争は当初 12 月のクリス

マスまでには終わると信じられていたものの，戦車や機関銃の導入や化学兵器の開発と実戦配備などに代表される戦争技術の革新の結果として，そして，その革新を支える国家総動員が各国で推進された結果として，前線は膠着状態に陥り長期化した。塹壕戦では敵対しあう兵士同士が数百メートルの緩衝地帯をはさんで対峙し，お互いに一定のルール，すなわち双方ともに決定的な攻撃をしないという共通理解のもとで行動するようになり，結果として戦線が固定化された。

　ここで「国家」総動員と記述したが，植民地を抱える国，たとえばイギリスであれば，カナダやオーストラリア，ニュージーランド，そしてインドといった地域から大量の兵士を動員した。こういった植民地の兵士たちは危険な戦地へ送り込まれ，とくに戦死のリスクの高い状況で戦争を継続した。そういった危険性の高い戦闘に果敢にも参加した動機は，この戦争を終えて得られるべき自治や自立，独立の夢であり，この戦争は植民地の住民の独立運動や自治権への目覚めを促す力も持っていた。

　しかも，この世界大戦ではさまざまな秘密外交がなされ，それが将来に大きな禍根を残した。イギリスはフランスと戦後の中東における支配権について約束し，ロシアにも内密の形で共有した（**サイクス＝ピコ協定**）。それはパレスチナやイラク，シリア等に居住する現地の人々には知らされることはなかった。イギリスは**フサイン・マクマホン書簡**によってアラブ勢力に対してその戦争協力の見返りに独立を約束した。しかし，イギリスはユダヤ勢力の戦争協力を得るべく，パレスチナにユダヤ民族国家建設を認めると約束した**バルフォア宣言**を 1917 年に出していた。ロシア革命によってボルシェビキ政権が誕生し，それが王宮にあった秘密外交文書を暴露してその中にサイクス＝ピコ協定が含まれていた。秘密が露呈したことでイギリスが実は嘘をついていたことがわかり，アラブ，ユダヤの両勢力に大きな波紋を生むことになった。アラブ・パレスチナは独立を求め，ユダヤ勢力もイスラエル建国を夢見て，この禍根は今もパレスチナ紛争として続き，解決していない。

　なお，第一次世界大戦までは秘密外交の時代ではあったが，一般市民が対外政策に関して何も知らされていなかったわけではない。むしろ，戦争やその他の対外政策における「勝利」は，当時すでに存在していた新聞といったメディ

## コラム 3-1　塹壕戦をめぐるゲーム

　第一次世界大戦は総動員の戦争であった。しかも，いわゆる塹壕戦で戦線が膠着し，そこで多くの兵士が亡くなった。塹壕戦は英仏軍とドイツ軍の間で主に戦われ，兵士は塹壕を守るべく身を隠しながら，しかし相手の進軍を阻止するべく，威嚇のために敵側に向けての発砲を士官から命じられていた。問題は，兵士たちが士官からの命令にたびたび背いて，発砲をしなかったり，わざと外して発砲をしていたことにあった。敵対する兵士同士が相手をお互いに真剣に狙わない，発砲しないという実質的な協力が生まれていたという。

　この塹壕戦についてゲーム理論によるモデル的説明を当てはめたとして知られるのが，第1章で紹介した繰り返しゲームについて先駆的な業績を出したロバート・アクセルロッドである（Axelrod 1984）。アクセルロッドは，両陣営の兵士の間に，繰り返しゲームのメカニズム，しかも囚人のジレンマゲームの無限繰り返しがプレイされて，相互に打ちあわない（外す）という均衡が生まれ安定的であったと論じる。

　この研究は大きな影響力を持ち，多くの引用を得るものとなったが，しかし，反論も存在する。その典型例が，アンドリュー・ゲルマンの研究であろう（Gelman 2008）。アクセルロッドが設定した選好順序に疑問を呈して，兵士に「ジレンマ」がなかったことを指摘する。つまり，兵士は相手側を出し抜くようなインセンティブは持たず，そもそも撃たないという選択肢が他の選択肢に対して優越し，いわゆる支配戦略だった可能性を指摘している。というのも，相手を出し抜いて打つ行為には，相手に察知されて反撃されるリスクがあったからである。これを勘案すると出し抜きの構造はなく，相手を撃たないことが支配戦略になるという。

アで広く喧伝され，王政への支持を高めるために利用される側面があった。たとえば，大戦よりも前のいわゆる普仏戦争の時代，プロイセンも，フランスも，イギリスも，世論の評価に大きく関心を寄せ，その説得に腐心していた（飯田 2021）。各国が国民意識を高めて統合を進めていくさなかで，国民による対外

政策の評価は為政者にとって無視できないものになっていっていた。

　そんななか，1917年に革命を通じてロシアの王政が倒れ，革命政権は，旧外交でなされてきた各種秘密文書を暴露してしまった。秘密合意の内容はセンセーショナルに各国の一般市民に知られるところとなった。そして，その革命政権の動きを受け，アメリカ大統領のウッドロー・ウィルソンも同様に第一次世界大戦へと同国を誘導する議会演説を行った。**十四カ条の平和原則**として知られるこの演説の中で，ウィルソンは国際連盟の創設の提言や**民族自決**といった理念を提示したほか，公開外交と外交の民主統制を原則とする新外交の必要性を訴えた。正しい戦争の目的を提示し，国民を納得させて総動員の戦争へと国家をいざなう意図があった。

　そういった各国の動きに，市民運動のレベルで戦争への反対を訴える存在も散見された。戦争を完全に悪として理解し，絶対平和を訴える勢力である。ガンジーの非暴力不服従につながる考え方で，トルストイなどはそのような運動の中にいた（Moyn 2021）。しかし，戦争そのものを否定してなくすという運動よりも，戦争の悲惨さを抑制させることに重きをおく運動が提唱する国際人道法の論理が広まり，どのような理由であっても国家は戦争をしてもいいという**無差別戦争観**の中で，しかし人道的に戦闘をすることが国際法で求められるようになっていった。数あるジュネーブ法規，ハーグ法規はそういった人道的な戦争を担保する国際法であるが，しかし，それは戦争を禁止していない。戦争の禁止は，自衛戦争は例外的に許容されるという意味で，国連憲章でも完全に達成されてはいない。

　最後に，第一次世界大戦のさなか，世界大の疫病拡大（**パンデミック**）が起こっていたことを知っておきたい。今われわれがインフルエンザとして理解するウイルスで，中立国スペインで疫病報道が解禁された結果，いわゆるスペイン風邪として知られることになる。アメリカの陸軍基地から始まったとされる流行が，第一次世界大戦で兵士が大陸間を移動したことが原因で世界に爆発的に広まり，多くの犠牲者を出した。しかも，パンデミックはベルサイユ講和会議に出席したウィルソン大統領にも影響した。ウィルソン大統領は講和会議のために滞在したパリでスペイン風邪になり，後遺症も残ったようである。その結果，彼は持論を引っ込めドイツに対して巨額の賠償金をかけることを容認し，

その後，本国に戻っては議会多数の共和党と対立して国際連盟にアメリカが参加しないという帰結を生み，最後には心臓発作で帰らぬ人となった。

## 4. 国際社会の拡大と民主化

　第一次世界大戦を終結させるベルサイユ講和の結果として**国際連盟**ができ，日本もその理事会の常任理事国となった。理事会のほか，総会がおかれ，そこには創設時には 42 か国，1938 年の時点では 58 か国が参加した。これは，国際社会がヨーロッパだけのものではなくなり，しかも大国も小国も同じく一票を投じることができる点で，「世界大」の国際関係に一定の民主的システムが導入されたことを意味した。国際連盟事務局はジュネーブにおかれ，今の国際連合へと受け継がれていく**国際レジーム**の原型となった。国際レジームとは，国家間の制度やルールの総称であり，中央政府のない国際社会に一定の秩序をもたらす仕組みを指す（山本 2008）。

　たとえば，1919 年に**国際労働機関**（ILO）が設立された。これは労働問題を国際的に取り扱う制度であり，国際レジームのひとつである。その憲章の前文には「世界の永続する平和は，社会正義を基礎としてのみ確立することができる」と記され，世界的な労働基準を設定し，その実施に向けた各種協力・支援活動を行い，各国の労働条件と雇用環境の改善を図ってきた。特筆すべきは，加盟国の政府のほか，労働者および使用者の 3 者代表によって意思決定と組織の運営が行われている点である。いわゆる**非政府主体**が国際関係のあり方について意思決定できる余地が生まれていった。もちろん，非政府主体が国際政治を強く変える力となっていくのは，冷戦後のグローバル化した時代まで待たねばならないが，その萌芽がここに見られる。

　また，世論を巻き込んで，今でいう**パブリック・ディプロマシー（広報外交）**とほぼ同様の現象がみられていった。新聞やラジオという大衆にアクセスするメディアが発達し，電信によって他国の情勢がほぼリアルタイムで伝わる時代になったことがその背景にある。第一次世界大戦のさなか，日本が**対華21 か条要求**を行い，中国に対して受け入れがたい要求を武力の脅しとともに行ったが，それに対して中国政府側がとったのは国際世論を味方にし，そして

国内の世論を喚起して対日ボイコットのような形で対抗する態度であった。いかに世界の中で自分たちを良く見せ，国内世論をまとめあげるかが対外政策の一環として重要になっていく。

したがって人々の力をうまく制御できない政府と政治体制は窮地に陥っていく。たとえば，インドのガンジーはイギリス帝国政府に対して，**非暴力不服従運動**をもって対抗し，インドの独立を訴えた。その運動の帰結は，まったくガンジーの望んだ形とはならずにインドとパキスタンへの宗教的な分断をともなった独立国家の成立という姿になった。しかし，帝国という仕組みがうまく機能しないこと，民族は自決すべきという理念は国際社会に広まっていった（Miller 2020）。アジアやアフリカの多くの国の独立は 1960 年代まで待たねばならず，クルド人問題に象徴されるように今も解決していない民族自決問題が存在することも忘れてはいけないが，20 世紀の前半において，帝国主義の破綻が自明となり，国際関係は対等な主権国家による社会となった。

---

## 5. 国民と外交

ヨーロッパを中心に各国は国民が主権者と位置づけられる**国民国家**へと移行していく。そこでは一般の「大衆」が国民として主権者となり，最初は制限付きながら徐々に選挙権が与えられるなど，エリートだけが国家のあり方を決めることができる空間が小さくなっていった。もちろん，今もある専制国家や王政の国家では大衆の意向を反映した意思決定は限定的である。しかし，国民国家の理念を掲げる限り，主役である国民＝大衆を無視できない状態になり，国民国家はより正統性を持つようになっている。

ここで，大衆の平均的意見としての世論を政治エリートが作るという方向性（世論はエリートによって操作される結果という見立て）と，政治エリートは世論によって縛られるという逆の方向性（世論はエリートを操作しうる独立した存在という見立て）がある。プロイセンでは，フランスに対する敵対心を煽る方向で世論を動かして，大衆を誘導して戦争へと導くこともあったし，それはビスマルクの政権基盤維持のために利用された。他方，日露戦争終結時の日比谷焼き討ち事件のように対外政策について相手に譲るべきではないとする世

論に抗った結果，桂太郎内閣が退陣して交代するほかなくなるという事案もあった。民意を踏まえると自らの政治生命をかけて対外譲歩をするしかなかったのである。

　国民は国家のために戦士となる選択を迫られ，または銃後の社会を総動員で支える存在になると，政府の安全保障政策や外交にも是非を示し，不満があれば一定の声をあげるようになる。第二次世界大戦前の日本でもそのような大衆による運動はいくつもみてとれる。堺利彦や幸徳秋水たちは『平民新聞』を通じて社会主義の立場から，内村鑑三はキリスト教の立場から日露戦争批判を行い，平和主義を唱える運動が存在していた。また，実業家として知られる渋沢栄一などは第一次世界大戦後に国際連盟ができると，日本での市民の運動母体として「日本国際連盟協会」を作ってその会長として平和運動を行うとともに，渡米実業団を編成してアメリカへわたり，民間レベルでの人的交流を行い，今でいうところの**民間外交**を行っていた。国民が外交とかかわる余地は 20 世紀の冒頭から整いつつあった。同じような民間レベルの運動はアメリカやイギリス，ロシアなどでもみられた。

　これに対してエリート側も座していただけではない。むしろ，民意を政府側の立場に寄せるべく，**プロパガンダ**を行っていった。たとえば日本の場合，中嶋晋平の書籍が戦前の日本海軍が行った国内広報活動をとりあげ，どのように一般大衆を海軍の理解者として教育していたのかを論じている（中嶋 2021）。第一次世界大戦後の戦争反対・反軍の感情から，軍縮の世論に押されていた海軍は強い危機感を抱いた。そして，一般市民に対して海軍増強の重要性を説いていくため，学校に若手の士官を派遣する事業などを始めていった。とくに海軍は，日露戦争における日本海海戦にあたる 5 月 27 日を海軍記念日として講話事業を行い，世論の喚起をしていった。軍縮問題を討議する 1921 年のワシントン会議直前には 2 万 1000 人を対象とする規模だったものが，同会議によるワシントン軍縮条約締結後には 5 万 8000 人を対象にするまで拡充されるなど，海軍の組織的なメッセージを伝える手段として存在感を増していった。なお，海軍だけでなく，陸軍などの大戦前の広報や地域社会とのつながりは，荒川章二の著書にも詳しい（荒川 2021）。浜松の陸軍飛行第七連隊誘致問題を論じた箇所などは，NIMBY（Not In My Back Yard＝社会に必要だけれども我

## コラム 3-2　戦争とわれわれが他者に向けるまなざし

　2022年2月24日に開始されたロシアによるウクライナへの首都キーフを含めた全面的な軍事侵攻は，全世界にさまざまな波及効果をもたらし，戦争が国際関係論の主要問題であることを突きつけている。こういった戦争を開始するのは一部の政治エリートや軍の司令官たちかもしれないが，戦争に従事させられ，その攻撃対象になり，その損害をこうむるのはわれわれ一般市民である。

　戦争の映像を日々見ると悲観にくれてしまうかもしれない。戦争を前に僕らには何ができるのだろうか。まず，この教科書を読んで国際関係に関する理解を得ることが，今あなたにできる将来の戦争を防ぐための第一歩である。第III部では，戦争と平和をめぐる研究を紹介していく。戦争を防ぎ，いかに平和を安定的に保つのかをめぐるさまざまな知恵を得ることができる。それを理解する人が増え，相互理解と譲り合いの重要性のわかる社会の中核ができることは次の戦争を回避する大きな礎になる。

　つぎに，戦争をしているからこそ，ロシア研究が重要だと指摘できる。この戦争もどこかで終わる。ロシアは自らが起こしてしまった間違いを将来世代にわたって清算する重い課題を背負うだろう（同じく，ウクライナ側でも，とくにそれが健全な民主主義であれば，戦争中に問われなかった問題について調査報道がなされてこの戦争についての自己反省が起こるだろう）。そのとき，ロシアの人々がどのように国際関係を考え，他者と接しようとするのかを理解することは重要である。敵対的な相手だからこそそのロジックを把握しなければ

が家の裏には欲しくない）と，今も昔も基地問題は深く関係することを示している（NIMBYについては，Horiuchi and Tago 2023 も参照）。

　さらには，非政府主体である国際連盟も各国の世論に訴える活動を行い，いわば「平和のプロパガンダ」が行われた（Akami 2018）。国際連盟事務局は主要な都市に広報担当の部署を展開した。国際連盟の活動を説明し，国際協力や国際協調の重要性を唱える活動のほか，そういった拠点を活用して国際連盟がどのように受容され，理解されているのかを把握しようとしていた。ただし，

的確な次の手も打てない。戦争はどこかに偏って起きる，偏在する事象であり，この戦争をうまく着地させないといったん終了したように見えても再発する可能性はかなり高い。ゆえに，敵対的な相手の研究は相手との付き合い方が難しいからこそ奨励される必要がある。

戦争を回避するには，相手との誤解の解消が大事だという議論も第10章で行うが，その意味で相手側の考え方のわかる書籍，もしくはその手前の入門的な材料として他者理解を促進するマンガなどに手を伸ばす姿勢も大事かもしれない。マンガの「ゴールデンカムイ」（野田サトル作）は，暴力表現がやや強く，しかもその思考法や行動を看過できない危ない人物がたくさん出てくるが，国際関係論としては面白い材料・素材が詰まっている。

また，国際関係論は学際的な学問だと述べたが，近代文学者たちのロシア理解を比較文学研究者・ロシア研究者の松枝佳奈の著作のようなものから知り，日本の先人たちが他者をいかに知ろうとしてきたのかに思いをめぐらすことも学びが大きいだろう（松枝 2021）。国際政治学としての国際関係論を強調すると文学は遠く感じられるが，しかし，学際的な学問である側面にもぜひ目配りをしてほしい。

また，そもそも相手を敵と思うのは自明なことではない。国際関係に対していかなる不満を誰が持ち，それがいかに次の世代に継承されていくのか，もしくは敵対的な関係から不満をいかに解消していくにはいかなる条件が必要なのか。こういった問いを研究していくことは戦争に抗うわれわれにできる努力であろう。

平和のプロパガンダの限界は，受け手に対する理解不足にあった。たとえば，情報が専門家向けであったりしたために影響力が欠けていたとされる。

---

### ！ 要点の確認

・**重商主義と植民地主義との関係はどんなものでしょうか？**
　重商主義は，絶対王政から近代へと時代が変遷していくなか，各国の王や貴族が会社経営を担い，貿易を通じた富の独占に走り，いくつかの形態で発展した。イギリ

スやオランダの東インド会社が有名であるが，彼らは企業体として貿易に従事するだけではなく，進出先の地域の統治にまで手を伸ばした。重商主義に基づいた国家による商業活動は植民地主義をもたらし，進出先での利害対立を生み，それが戦争を引き起こすといったメカニズムを作り出した。

### ・旧外交と新外交はどんな違いを持つでしょうか？

1648 年以降，19 世紀末まで，外交は今と異なる古典的な形態，いわゆる旧外交でなされていた。王や諸侯が主権を握る 17，18 世紀では支配者間の人間関係を軸にした宮廷外交が行われ，そこでは外交使節が母国から独立して行動することもあり，時に嘘や謀略を行うこともあった。国家間の約束は国民には秘密にされ，他国にも秘匿された。これに対してレーニンやウィルソンが唱えたのが，外交の民主化として知られる新外交である。秘密外交を禁じ，条約を結べばその結果を公開する公開外交に転じ，その民主統制を推進することが新外交とされた。

### ・国民国家とはどんなものでしょうか？

国民から作られる国家が国民国家となる。総動員の時代になると，国民は国のために戦う存在であるべきだという思想が広まり，軍隊のプロパガンダで社会全体が戦争へ向けて準備を強いられるような世界があらわれた。現在，そういった世界観は時代錯誤であることは論を待たない。国民は教育によって再生産されるが，排他的なナショナリズムではなく，健全なナショナリズムをどう育むのかはつねに課題である（この点，さらに本書第 10 章を参照のこと）。

### 第 3 章の文献ガイド

小川浩之・板橋拓巳・青野利彦（2018）『国際政治史——主権国家体系のあゆみ』有斐閣
　　▷同書は，国際関係史をしっかり基礎から学びたい方向けの導入書である。バランスがとれており，いわゆる通説を押さえるのに適している。「主権国家体系のあゆみ」という副題が示すように，ヨーロッパ国際秩序を論じるにとどまり，中華やイスラムの視点が欠けていることは致し方ない。

高坂正堯（2012）『古典外交の成熟と崩壊』（Ⅰ．Ⅱ）中央公論新社
　　▷本章でテーマとなった旧外交や新外交，勢力均衡やウィーン体制について詳しい。宮廷外交の中でなぜ大国同士が協調できたのか，また，どのようにしてそういった旧外交の世界が崩壊したのかについて議論を提示している。国際関係史に習熟したい読者には強く推奨をしたい。

小熊英二（1995）『単一民族神話の起源——〈日本人〉の自画像の系譜』新曜社
　　▷最後に，小熊の著書は，日本の戦前における自己定義における多民族性を明らかにし，日本人が単一民族だとする言説を戦後のものだと指摘する。国民国家としての

戦前日本は多民族国家だったのである。もちろん，そこでは差別があり，戦前の日本はいくつかの層からなる国民を分け隔て，一等市民たる日本人を軸に「共栄圏」を作ろうとしていた。フェアな国民国家とは何かを考える上でも（分厚いので長期休暇の時に限るが）小熊の著作を読んでほしい。

第 4 章

# ナショナリズムとグローバル化
## ──今日の国際関係──

　第4章は，第一次世界大戦ののち，第二次世界大戦がどのようにして起こり，その大戦後の国際関係がいかに作られてきたのかを論じる。国際連合や冷戦を解説するほか，冷戦後の今の国際関係について概観する。われわれが生きる現在の国際関係の状況を理解しておきたい。

## 1. 第二次世界大戦と国際連合

　第一次世界大戦の惨禍は次の世界大戦を防ぐことはできなかった。この最初の大戦によってヨーロッパの諸都市は破壊され，1000万人近い戦死者が生まれた。さらに多くの負傷者が戦後の社会復帰において大きな壁に直面し，多数の戦争孤児が生まれた。戦争は相手に対する憎悪をもたらし，それは忘却されることなく記憶として次の世代へ引き継がれていった。

　第一次世界大戦は国民全体を総動員したもので，そこには科学者も多数含まれていた。彼らは毒ガスや戦車，飛行機など，新しいテクノロジーを戦争の現場にもたらした。その結果，戦前には国境を越えて一体化していた科学者たちは，1920年代以降は国境線をもって分断された。つまり，第一次世界大戦前までに存在したトランスナショナルな（国境を越える）科学者としてのつながりは消え，国籍によって世界の知的コミュニティへの復帰が否定される事態になった。とくにそれまで科学のメッカであったドイツの科学者が化学兵器など，非人道的な戦争協力を理由に国際的な科学コミュニティから除外される始末であった。

　第一次世界大戦はきわめて悲惨な戦争で，広く社会に巨大なコストがかかった破壊行為であったが，次の世界戦争を防ぐための十分なコスト認識は人々に生まれなかった。また戦後にできた世界平和のための国際組織である国際連盟は機能しなかった。むしろ，第一次世界大戦の終わらせ方は次の戦争の火種になるような問題を温存してしまった。

　第1に，アメリカ合衆国のウィルソン大統領は反対したものの，イギリスやフランスは多額の賠償金をドイツに課した。講和会議では，戦争責任は総じてドイツにあると認定し，よってその海外領土はすべて没収することとなった。また，アルザス＝ロレーヌやポーランド回廊などは割譲され，そしてドイツは賠償金として1320億金マルクの支払いを求められた。現在の価格で200～250兆円を超すような莫大な金額で，ドイツ政府が完済できたのは，2010年10月であった。

　第2に，アメリカ合衆国は議会上院の反対によってベルサイユ講和条約を批

准できず，大国アメリカ不在の国際秩序となった。なお，アメリカ合衆国はドイツとはベルリンで別の講和条約を結んだ。

　第3に，ヨーロッパ域外の植民地問題はまったく解決されず，日本政府の出した「人種的差別撤廃提案」も講和条約・連盟憲章に組み入れられることはなかった。ヨーロッパ世界のヨーロッパ域外に対するダブルスタンダードを抱えたままの問題解決がなされた。

　そういったなか，第二次世界大戦は1929年の世界大恐慌を遠因として引き起こされた。銀行の信用制度の弱かった日本では1927年に取り付け騒ぎが頻発して信用収縮の局面になっていたが，世界全体の経済停滞は1929年秋に始まった。

　1929年9月，アメリカ・ニューヨークで株価が大暴落した。同国の株価暴落は各国へ連鎖して世界的に深刻な不景気となり，1929年から1932年の間に世界の国内総生産（GDP）が推定でおよそ15％減少した。景気の深刻な後退局面を迎えて各国政府は連鎖的に輸出ができない状態に陥った。輸出不振となったことで各国政府は通貨の平価切り下げをして輸出を増やそうとしたが，互いに切り下げを進めていった結果として為替相場が激変して，安定的な貿易ができなくなってしまった。

　貿易は先細り，不況はさらに深刻になるなか，国内資源や植民地を有している「持てる国」は，それぞれ**経済圏＝ブロック**を作って生き残りを図った。主要国の決済通貨を軸として閉じた経済圏を作り，内側の関税を軽減して域内通商を推奨し，他方で域外からの輸入には高関税をかけて自国産業を保護するという保護貿易政策をとったのである。問題はこういった「持てる国」ではなかった国々であり，それがドイツや日本，イタリアであった。これらは第二次世界大戦を引き起こしていく挑戦国であった。

　つまり，第二次世界大戦は「持てる国」と「持たざる国」との対立軸で起こった戦争であり，ドイツと日本はそのヨーロッパとアジアでの主要な軸であった。言い換えれば，格差と不満が戦争を仕掛ける誘因となっていた。ドイツからすれば，第一次世界大戦の終戦処理において不当な賠償金をかけられ，植民地を放棄させられた。しかも再軍備も認められていない状況はドイツ国民にとって許しがたいもので，それらに対する不満が国際秩序に対する挑戦の動機に

なっていた。日本についてはアメリカ合衆国での日本人移民への排斥運動など
をもとに人種差別への関心が高まっていたが，国際連盟において人種的差別撤
廃提案が認められなかったという挫折のほか，東アジア地域における「勢力
圏」の拡大が自らが期待するようには認められないという不満を抱いていた。
そして，数々の和平への道を軍部が閉ざし，戦争へと突入していった。日独と
いったいわゆる枢軸国はそれぞれが抱える現状への不満をもとに戦争を仕掛け
ていた。

　そういった不満を背景に，各国の**排外的なナショナリズム**は戦争へと国民を
動員する重要な手段であり，ドイツであればナチ党がアーリア人の優位性を唱
え，ユダヤ人の大量殺戮を正当化した。また，日本では「神」である天皇をあ
がめ，そのために国民が殉じることは名誉なことだとされた。「神」たる天皇
が鬼畜米英をアジアから追い出して大東亜共栄圏というアジア人による世界を
取り戻すというプロパガンダが唱えられ，植民地の住民を含む「日本臣民」は
その虚構につきあうこととなった。こういった正当化やプロパガンダは人々を
洗脳（マインドコントロール）で制御し，数々の残忍な行為や非合理的な戦い
に人々を動員した。

　開戦当初，ドイツも日本も，勝利を収めていた。しかし，ドイツはソビエト
連邦への攻撃を開始して東西両面で戦う戦域拡大を図った結果，日本はミッド
ウェー海戦で敗北したのち他の作戦にも失敗して巻き返しが叶わなかった結果，
敗戦の色を濃くしていった。

　他方，戦局を徐々に有利に進めていったアメリカ合衆国は，戦争中から戦後
を見据えた取り組みを行い始めた。ルーズベルト大統領は 1943 年 11 月のカイ
ロ会談でイギリスと中国の首脳と話し合い，直後のテヘラン会議ではイギリス
とソビエト連邦の首脳と話し合いをもった。米英ソ中の 4 つの大国による紛争
解決のための調整機関を作るという「4 人の警察官」構想をアメリカが提示し，
それは国際連合の構想へとつながっていった。また，カイロ会談の結果として
公表されたカイロ宣言（Cairo Communiqué）では，日本に対して無条件降伏の
要求がなされ，占領した地域の返還のほか，朝鮮半島の将来的な民族自決と独
立が唱えられた。ドイツは 1945 年 5 月に降伏し，日本も同年 8 月に戦争終結
の意思を表明し，9 月に降伏文書に署名して第二次世界大戦は終結した。

　このように，第二次世界戦争はアメリカ合衆国とイギリス，中華民国といった民主主義国と共産主義を唱えるソビエト連邦が主導して勝利を収め，彼らが戦後秩序を設計した。それが現在，全世界を普遍的にカバーする国際組織として知られる**国際連合**（United Nations）になった。この，United Nations は第二次世界大戦の枢軸国に対する「連合国」であり，中国語では今も「聯合国」である。国際連合という訳語は日本の外務省が思いついた便利な言い換えである。国際連合とは連合国のことであるという理解は，第二次世界大戦の帰結とその後の国際秩序を特徴づける論点を理解する上で間違っていない。

## 2. 国際連合とブレトンウッズ体制

　国際連合（国連）は機能を失っていた国際連盟にかわり，第二次世界大戦後の世界を支える安全保障組織として生まれた。ジュネーブにおかれていた組織の本部機能はアメリカが引き受けることになり，ニューヨークに国連の恒久本部がおかれることになった。というのも，アメリカには第一次世界大戦後に孤立主義をとってしまったことがさらなる世界大戦への道をひいてしまったという反省があったためである。国連発足を見る前に死去したルーズベルト大統領の思想はトルーマン大統領にも引き継がれ，アメリカは積極的に世界の安全と安定に関与する政策へと大きく舵を切っていた。1944 年 8 月から 10 月にかけてワシントン DC 郊外のダンバートン・オークスで会議を開いて，国連憲章の原案となる「一般的国際機構設立に関する提案」を作成したのち，1945 年 6 月 26 日にサンフランシスコで国際会議を行い，51 か国を原加盟国とする形で国際連合が発足した。なお，国連には第 3 章に紹介した ILO といった専門機関の存在を中心に，国際連盟のレガシーは継承され，実際，第二本部とされるジュネーブの国連の敷地建物は国際連盟本部をそのまま利用している。

　国連憲章は侵略戦争を違法化し，もはや戦争は国際問題の解決手段ではないと宣言した。憲章 2 条では武力行使はもちろん，経済制裁も含めて他国への「力の行使」を否定し，そういった力の行使を侵略として定義した。国連のメンバーは「**平和愛好国**」として定義され，同憲章を承認することで平和に「コミット」することが求められた。

　国連には国際連盟と同じく，加盟国が一国一票を持つ総会（General Assembly）のほか，5つの大国が特別な常任の理事国としての地位を持つ安全保障理事会（Security Council）がおかれた。いわゆる国連安保理として知られる組織である。安保理は5つの常任理事国と複数の非常任理事国からなり，現在は非常任理事国の数は10か国である。国際の平和と安全に対して責任を負うのが安保理で，その決定と行動には加盟国を拘束する力があるというのが国際連盟との大きな違いとなった。

　そのため，憲章7章は強制行動として国連安保理が果たしうる役割を明示している。いわゆる**集団安全保障**（collective security）として平和に対する脅威，平和の破壊または侵略行為の認定（憲章39条），武力によらない外交や経済制裁といった強制措置（憲章41条），そして武力の行使をともなう強制措置の発動（憲章42条）を国連安保理が行うという仕組みを制度化している。つまり，この先に不満を抱えた挑戦国が出て平和を脅かし，実際にその破壊に及ぶのならば，国連の常任理事国すべての同意と非常任理事国のすべてまたは部分的な同意をもって国連安保理が強制行動を発動し，国際社会としてその破壊行為を処罰し撃退するというメカニズムである。

　このような集団安全保障は国連軍によって担われる計画であったが，現時点で国連軍は編成されてはおらず，憲章が思い描いたような制度にはなっていない。現実には，この7章を根拠にして国連平和維持活動の拡張的な強制行動（enforcement action）があったほか，有志連合（coalition）が平和の破壊や侵略への強制措置をとった事例が複数ある。広く知られる有志連合はほぼアメリカ合衆国が主導しており，第二次世界大戦の勝者の中でもアメリカ合衆国の影響力が飛びぬけていることがわかる。

　国際連合の現実は，憲章7章の強制措置がほぼ発動できずにきたことにあらわれている。安保理では5つの大国が拒否権を持ち，決議に圧倒的な多数票が投じられても常任理事国の反対票がひとつでもあれば，それをもって決議が不採択になるというルールがある。その結果，のちに記述するいわゆる冷戦の世界では米ソが拒否権行使の応酬に陥って侵略国の認定がまったくできず，さらには強制行動もできない状態が長く続いた。憲章51条に基づいた**個別的自衛**（individual self-defense）もしくは**集団的自衛**（collective self-defense）として武

力行使することが増えていき，戦争禁止・違法化には穴がある状態になった。個別的自衛は単独で自国防衛を行う権利で，集団的自衛は他国とともに防衛を行う権利を指す。後者は多くの同盟関係を法的に支える根拠として用いられている。

このほか，経済分野においては国連とは別の戦後秩序構想がアメリカ主導で進められた。アメリカのニューハンプシャー州ブレトンウッズで開催された国際合意に基づく仕組みがそれである。第1に，国際通貨基金（IMF）が創設され，為替の安定を国際的に保証する仕組みが設置された。また，第2に，貿易における保護主義を打破して自由貿易を担保するために国際貿易機関の創設が決定された。第3に，いわゆる世界銀行として知られるようになる国際復興開発銀行（IIBRD，いわゆる世界銀行）の設立が決まり，戦争で荒廃するヨーロッパの復興や途上国への援助を国際的に行う取り決めができた。

このうち，国際通貨基金と国際復興開発銀行はワシントンDCに本部がおかれ，機能し始めるものの，国際貿易機関はアメリカ上院の反対もあって頓挫した。貿易関係をめぐる暫定協定は1948年に急遽結ばれ，自由貿易を担保するための「関税および貿易に関する一般協定（GATT）」という制度ができあがった。詳しくは第5章で扱うが，大恐慌とその後のブロック経済化が戦争の遠因であったことを踏まえると，こういった経済領域での国際制度の構築は世界戦争を二度と起こさせないための戦勝国による手立てとして理解できた。

なお，1944年の交渉時点ではソ連ももちろん会議に参加をし，国際通貨基金と国際復興開発銀行に関する最終合意文書にも署名していた。文書はソ連国内で批准はされなかったし，両銀行に支払うべき資金も支払われず，英米に次ぐ出資国としての地位を確立することはなかった，しかし，1944年までは戦後の経済秩序にソ連も組み込まれようとしていたことは指摘しておきたい。

## 3. 冷　戦

第二次世界大戦後の世界構想を語るために開催されたヤルタ会談は，ドイツが全面降伏する前の1945年2月4日から2月11日にかけてイギリス・ソ連・アメリカ合衆国の3つの連合国の首脳が参加して行われた。国際連合の設立を

協議したほか，ドイツおよび中部・東部ヨーロッパの英米ソの利害を調整し，かつ日本に対するソ連の宣戦の条件を話し合い，秘密協定とした。大国主導で勢力圏を確定するもので，いわゆる冷戦の起源はここにあったのかもしれない。

　先にも指摘したように，ルーズベルト大統領は1945年4月に急死し，副大統領のトルーマンが昇格した。トルーマンは外交経験に乏しく，ソ連との交渉はルーズベルト大統領が独占的に行ってきたこともあり，新大統領とスターリンとは意思疎通のチャンネルが欠如していた。言い換えれば，不信を生み出すメカニズムが容易に米ソ関係に影を落としうる状況にあった。

　そんななか，1946年3月，直前の総選挙で首相の座を追われたイギリスのチャーチル前首相は，アメリカ合衆国にわたってミズーリ州の大学で演説を行った。それは，彼の対ソ不信を色濃く反映した「**鉄のカーテン**」演説として知られる（https://winstonchurchill.org/resources/speeches/1946-1963-elder-statesman/the-sinews-of-peace/）。

　　バルト海のシュチェチンからアドリア海のトリエステまで，大陸には鉄のカーテンが降ろされた。その背後には，中欧，東欧の古代国家の首都が並んでいる。ワルシャワ，ベルリン，プラハ，ウィーン，ブダペスト，ベオグラード，ブカレスト，ソフィア，これらの有名な都市とその周辺の住民はすべて，私がソ連圏と呼ばなければならない場所にあり，すべてが何らかの形で，ソ連の影響を受けているだけでなく，非常に高度で，場合によっては増大するモスクワの支配を受けている。アテネだけ，つまり不滅の栄光を持つギリシャには，英米仏の監視下で行われる選挙でその将来を決める自由がある。ロシアが支配するポーランド政府は，ドイツに巨大で不当な侵攻を行うよう奨励されており，数百万人のドイツ人の大量追放が，悲しむべき，想像を絶する規模で現在行われている。共産党は，これら東ヨーロッパのすべての国で非常に小さな存在であったものの，その数をはるかに超えて卓越し，力を持つようになり，どこでも全体主義的な支配権を得ようとしている。ほとんどすべての場合に警察政府が幅をきかせ，今のところチェコスロバキアを除いては真の民主主義は存在しない。

　　トルコとペルシャは，自分たちに対する要求と，モスクワ政府による圧力
　に，深い警戒心と不安を抱いている。ベルリンのロシア人は，ドイツの左
　翼指導者のグループに特別な便宜を図ることによって，ドイツの占領地域
　に準共産党を建設しようと試みている。……

　1947年3月，ソ連・東欧圏の共産主義勢力がギリシャやトルコに伸張するこ
とを恐れたトルーマン大統領はいわゆるトルーマン・ドクトリンを発表し，共
産主義国を封じ込めるという方針を明らかにした。同年6月にはアメリカは戦
後復興政策としてマーシャル・プランを発表し，それを受けてソ連は同年10
月に共産主義国の連帯の仕組みとしてコミンフォルムを結成して対抗した。
1948年2月，チェコスロバキアではマーシャル・プラン受け入れの是非を問
う路線対立を経て，共産党によるクーデターが起こって親ソ政権が誕生した。
この動きを受けたイギリスやフランスは警戒を強め，同年3月にはオランダ・
ベルギー・ルクセンブルクとともに西ヨーロッパ連合条約を締結して集団防衛
の仕組みを導入した。これは1949年にはNATO（北大西洋条約機構）へと昇
華する。トルーマンは「アメリカの生活様式を守る闘い」として共産主義と対
峙する姿勢を公式化していった。いわゆる東西の**冷戦**が始まった。
　東西冷戦はアメリカ合衆国とソ連という2つの大国が対峙し，競争するもの
の，決して両国の直接対決は起こらなかった点に特徴がある。キューバ・ミサ
イル危機のような戦争直前の高い緊張状態は時にあったものの，両国の対立は
朝鮮戦争とベトナム戦争といったように代理戦争で戦われた。そして1949年
にソ連が原子力爆弾を手に入れてからは両陣営で核兵器開発競争が激化し，そ
の運用手段としてのロケット開発に加えて，国威発揚の手段として宇宙開発競
争を引き起こした。両国は相手国への諜報活動のほか，プロパガンダ合戦に及
び，相互不信は両国の軍拡競争を助長し，「熱戦」は戦わないものの，両者は
多くの資源を軍事分野へ投下していった。
　米ソが冷戦に与していくなか，世界では**脱植民地化**が進み，米ソのどちらの
陣営にも属さない第三世界が出現する。1960年代から1970年代までアジアや
中東，アフリカの国々が独立し，植民地を抱えていたイギリスやフランスとい
った国の存在感は一段と低下していく。ただし，独立した国々はさまざまなハ

## コラム 4-1　統合をめぐる交流モデル

　国際関係において他者と何らかの交流を行って相互に依存関係におかれることは必然だと思われる。問題はどのくらい交流を行うのかであろう。山影進は交流をめぐる2アクター関係を定式化し，相互依存をめぐるどのような国際関係が論理的にありうるのかを示している（山影 1981）。山影は2つの国を想定し，そこに交流以外の条件を変えないという仮定のもとで以下のように議論を展開する（山影 1981: 14）。

　　アクターの純益（総合的に評価した利害の大きさ）は利益の側面と不利益の側面との差で表わせる。次に，現在は交流がないという極端な場合にアクターが交流を始めようとするのは，純益がプラスであると判断するからである。つまり交流が開始されると，利益の側面は急激に増すが不利益の側面はそれ程増さないことを意味している。また，交流のもたらす利害が問題になっているから，交流がない場合を基準にとり，その際利益も不利益もない（したがって純益はゼロ）と決めておく。

すると，以下の3つの特徴が見出せるという（山影 1981: 15）。

　（一）交流が増せば純益も増すという単調な関係ではない。ある所までは

ンディキャップをともないつつ国際関係の新しいアクターとして登場した。たとえば，アフリカ諸国の国境線は民族の分布を無視して旧宗主国によって引かれ，民族同士の対立は独立後の政治体制で先鋭化した。クーデターや内戦が多発して情勢は不安定な国が多数であった。しかも，モノカルチャー経済と呼ばれる特定の産品輸出に頼っている社会では富の蓄積とその活用による工業化は起こらず，産油国のような特殊な国々と工業化に成功するアジアの一部を除いて，第三世界諸国の経済的な停滞は続いた。

　このような脱植民地化の過程で，フランスはベトナムの支配をめぐって

交流が増すと純益も増すが，それ以上になると純益は減っていく。（二）したがって，交流には最大の純益をもたらすような最適交流量が存在している。（三）あるアクターにとって，その内部状態や交流をめぐる秩序が変わらない限り，そのアクターにとって一定固有な最適交流量が常に存在している。

　要するに，アクターが同じく交流が増えることに利益を感じる一定の点があり，そこまでは相互依存は深まる。しかし，一定の閾値を超えるとどちらか一方は交流を増やしても純益を増やせないために交流をめぐって相手と紛争を抱える。さらに交流量が増えるともう一方も純益を増やせない点が出てきて，そこまで来ると双方ともに交流量を減らすことに一致をみる。国内の内部状況や国際秩序が変わると最適交流量も変わるという指摘も重要で，相互依存や国際的な統合をどう理解すべきかを考えるにあたってこの論文はいまだ高い価値がある。さらに学びたい読者は，よりエッセンスを把握しやすい図表を参照すべくこの論文にアクセスするとよいだろう（同論文は，J-Stage というウェブサイトでフリー・アクセスになっている）。

　山影はこの設定からさらに興味深い秩序分類も行うが，紙幅の関係上その紹介はしないでおこう。両者の最適交流量があまり乖離しないといいが，そこに大きな違いがあると交流量をめぐる争いが紛争になり，貿易摩擦といった形で表面化していく。

1950 年代に大きな痛手を受けた。ディエンビエンフーの戦いでベトナム側に負け，事実上その支配を放棄し，ベトナムは北と南にわかれて独立した。アメリカ合衆国は北側の共産主義勢力に対抗する南ベトナムを支援し，1960 年代以降，1974 年まで続くベトナム戦争へと巻き込まれる。この戦争への関与はアメリカ合衆国の国力を損なう結果となり，1970 年代になるとドイツや日本といった敗戦国が奇跡の復活をとげたこともあって，アメリカの凋落が決定的になった。1971 年にはそれまでドル＝基軸通貨を支える金とドルの交換を保証していた仕組みを放棄し，世界は**変動相場制**へと移行した。アメリカは強いドルで世界経

済を支えてきたが，それが破綻してしまったのだった。

その後，複数の経済大国が並び立つ**多極化**の時代が訪れた。いわゆる先進国首脳会議（初回は G6，1976 年から G7 サミット）が始まったのは 1975 年であった。アメリカだけでは西側世界はまわらず，主要な経済大国が定期的に政策を議論し，国際協調で問題を解決する仕組みが生まれた。G7 サミットには，アメリカ，イギリス，フランス，カナダのほか，敗戦国から経済的な復興を遂げたドイツ，日本，イタリアが含まれた。変動相場制へ移行した国際通貨の安定のほか，途上国支援，環境問題への取り組みなど幅広い分野で国際協力が議論される場となっていった。

このような多極化時代である 1970 年代にはデタントと呼ばれる米ソの緊張緩和が進んでいた。核軍縮はその代表例であった。1972 年には，第一次戦略兵器制限交渉（SALT I）が行われ，迎撃ミサイル制限条約での戦略兵器制限が合意された。1973 年には核戦争防止協定が合意された。このほか，1975 年にはヘルシンキで東西両陣営の国々が集まり，**全欧安全保障協力会議**（CSCE）が開かれた。最終文書は**ヘルシンキ宣言**と呼ばれ，国際関係の行動原則と信頼醸成措置，経済・科学技術・環境領域の協力，人間的な緩和措置と情報交換について合意が成立した。ヘルシンキ宣言の中には，「人権はもはや国家の内政事項ではない」という規定が加えられ，国家を超えた人権の絶対的な重要性が国際法的に認められた。この規定の結果として東側諸国の政府は武力での人権抑圧がしにくくなり，ソ連・東欧社会主義体制の崩壊に一定の役割を果たしたといわれている。

しかし，1979 年にソ連がアフガニスタンに侵攻した結果，1980 年代は新冷戦と呼ばれる高い緊張関係が生まれた。レーガン政権は対ソ強硬路線を貫いていたが，1985 年にソ連の最高指導者がゴルバチョフにかわり，そのリーダーシップでソ連の政策が変化し始めた。ペレストロイカ（再建）とグラスノスチ（情報公開）という改革政策の結果，自由化が進み，東欧諸国にもその影響が及んだ。核軍縮交渉も進み，米ソは 1987 年，「中射程，及び短射程ミサイルを廃棄するアメリカ合衆国とソビエト社会主義共和国連邦の間の条約」（INF 全廃条約）に調印した。この条約は，米ソの核兵器全体の量からすると規模は小さかったが，史上初めての核兵器削減条約で，画期的であった。

　ソ連での自由化・改革政策の推進と西側からの人権をめぐる圧力もあり，1989 年に東欧諸国で起きた民衆の運動，そしてそれを発端とする革命は，それぞれの国の支配体制を崩壊させ，共産党一党支配から民主化への移行を可能にした。ドイツでは東西を分けていた「ベルリンの壁」の崩壊をもたらし，同年 12 月にゴルバチョフとアメリカのブッシュ大統領がマルタで会談を行い，両国は冷戦を終わらせることになる。

## 4. 冷戦後という現在地

　冷戦の終結は世界に新しい秩序が生まれたという認識を生み出した。しかし，1990 年 8 月に起こったイラクによるクウェート侵攻は国連憲章が侵略として想定する典型的な事例で，非常に大きなショックを世界にもたらした。国連安保理は過去は拒否権の応酬で強制行動をとれずにきたものの，冷戦が終わったことでソ連はアメリカ合衆国のイニシアティブに拒否権を行使することはなくなった。それゆえにアメリカが編成した多国籍軍はイラクへの武力行使を安保理の授権決議（authorizing resolution）をともなって実施した。1991 年 1 月 15 日に開戦し，アメリカ合衆国とサウジアラビアが多国籍軍の指揮をとり，成功裏にクウェートを解放した。この湾岸戦争は国連安保理が機能を回復したかのような印象を生み出し，冷戦後の世界が協調的で，明るいものだという希望をもたらした（Thompson 2009）。1991 年の国連総会での演説で，ブッシュ大統領は「**新世界秩序**」という言葉を使い，冷戦とは違う世界がやってきたと高らかに宣言した。

　国連がその存在感を高め，人々は期待をもって新しい世界がより平和で安全になると考えたが，そうはならなかった。1991 年に旧ユーゴスラビアで内戦が始まった。アフリカでも内戦は減ることはなく，増えていった。たとえばソマリアでは集団間の争いが激化して政府が統治能力を失い，干ばつもあって深刻な食糧難をもたらした。ルワンダではツチとフツという 2 つの社会階層集団の間で対立が煽られ，約 100 日の間にフツ系の政府とそれに同調するフツ過激派によって，多数のツチとフツ穏健派が殺害された。ルワンダ全国民の 1 割から 2 割が殺害されたという。国連はこれらの問題に平和維持軍を派遣して対処し

ようとした。しかし，旧ユーゴスラビアではスレブレニツァにおいて，物資の限られた国連平和維持軍がセルビアによる大量殺戮を許してしまう失態をおかし，同様にルワンダでも国連平和維持活動は無力だった（Kuperman 2001）。ソマリアでは国連とアメリカ兵が攻撃対象になり，無政府状態を放り出して撤退するほかなかった。国連への期待は急速にしぼんだ。

　国連にかわってアメリカが多用するようになったのが，湾岸戦争における多国籍軍のように有志諸国を集め，軍事作戦を行ったり，共同で外交圧力をかける**有志連合**（coalition）の枠組みであった（Wolford 2015）。1999年のコソボ紛争ではNATOを軸にした有志連合が，その後は2002年の対テロ戦争，2003年のイラク戦争・イラク占領，2011年のリビア侵攻などでも異なる連合が編成されていった。その際，国連安保理による正統性付与がある場合もあれば，それを欠くこともあった。安保理決議があれば連合への参加国が増える傾向があるが，それは因果としては両方向に矢印がありそうである。つまり，授権決議があるから参加する国が増えるという因果関係もあれば，逆に参加国が多いがゆえに授権決議が採択されているという因果関係もあるだろう。

　冷戦に勝利したアメリカは圧倒的な力を持ち，一強状態になった。1990年代から2000年代にかけてアメリカは唯一の超大国として，**単極**（unipolar）の世界にあった。そこに起こったのが9.11同時多発テロ事件であった。アルカイーダとして知られるようになるイスラム原理主義組織がアメリカの複数の空港から民間旅客機をハイジャックして，首都ワシントンDCのほか，ニューヨークのワールド・トレード・センターへ自爆攻撃をするという今までにないテロリズムをやってのけた。1941年12月の真珠湾攻撃と同じような，文字通りの「衝撃」をアメリカ社会だけでなく，世界各国に与えることになった。

　アメリカはこのテロリズムとの戦争に多くの資源を投じ，独り勝ちであった状態が徐々に変化していく。台頭する中国の存在に対してやや後手にまわった印象があるのは，アメリカがアフガニスタンとイラクという2つの大きな戦争・占領統治にかかわるほかなかったことに起因する。言い換えれば，その間に中国は着実に力をため，2010年代後半以降，世界第2位の経済力を持つようになってからは，さらにアジア太平洋地域の外洋へと打って出る海軍力を誇り，しかもアメリカの空母艦隊を近くに寄せ付けないような**接近阻止・領域拒**

否（anti-access area denial）兵器の拡充で地域におけるプレゼンスを増している。中国は単に軍事力だけではなく，一帯一路構想のように経済的な影響圏の構築も試みていると考えられている。とくに，アジア・インフラ投資銀行（AIIB）といった新しい国際制度の創設によって，アメリカの培ってきた多国間制度を軸にした国際秩序に挑戦する姿勢は多くの警戒心を生んでいる。

このほか，新たな衝撃は2014年のロシアによるクリミアの武力併合と，2022年2月のウクライナ侵攻である。国連安保理常任理事国であるロシアがあからさまな武力行使による領土奪取を試みたことは世界にきわめて大きな衝撃を与えた。国際社会は割れており，アメリカはまたも有志連合を編成してウクライナ支援に動いているが，これに同調しない中国やインドといった国がある。中国もインドもロシアの侵略行為そのものを肯定することはないが，しかし，明確にアメリカなどウクライナ側の連合諸国につくこともない。この問題がいかに解決されるのかが今後の国際関係のあり方を大きく左右することは間違いない。

2000年代以降の世界は，グローバル化とナショナリズムの緊張関係の中で揺れ動いてきた。冷戦後になって世界経済は一体化し，ロシアや他の旧共産圏諸国にも資本主義の波が押し寄せた。自由なモノ，ヒト，カネの移動が担保され，しかもインターネットで瞬時につながることができる世界では地球は一体的な経済圏になり，そこにつながっていない場所を見つけるほうが苦労するようになった。便益を受ける者が増えた一方で，世界でひとたび問題が起こるとその影響も瞬時に広まるようになった。いわゆるリーマンショックと呼ばれる2007年から2008年にかけての国際金融危機や，中国・武漢を発端とする新型コロナウイルスのパンデミックはグローバル化の負の側面である。なお，リーマンショックという言い方は日本だけのもので，英語では The global financial crisis of 2007-2008 といった表記しかしないので注意が必要である。

なお，図4-1は貿易自由度の時系列変化をとったものであるが，現在はいわゆる戦間期以来，初めて自由貿易の指標が減少傾向に転じた時代になっており，データを作成したシンクタンク（Peterson Institute for International Economics）はグローバリゼーションがスローダウンしているとして，これを**スローバライゼーション**と呼んでいる。この減少傾向でトレンドが固定化するのか，または

## コラム 4-2　ナショナリズムとサッカー

　アンドリュー・ベルトーリの研究は，いわゆる社会心理学の内集団びいき・外集団差別の論理を用いる形で，サッカーのワールドカップにおける自然実験的なデータを用いて，サッカーで世界大会に出てナショナリズムが高揚しすぎる結果，国際紛争の確率が高まることを示している非常に面白い研究である（Bertoli 2017）。

　回帰不連続（regression discontinuity）デザインという方法を用いて，以下のように考える。ワールドカップ出場によってナショナリズムが高揚して国際紛争が起こりやすくなるという因果を証明するにあたって，比較すべき国をうまく選択する必要性を論じる。ベルトーリは，予選通過をかろうじてできた国と惜しくも予選通過できなかった国は格好の比較群になると指摘する。なぜなら，それらの国は，「かろうじて」「惜しくも」とあるように勝ち点がごくわずか上回るか否かという部分において違いがあるだけで，たまたまワールドカップに出られた国と出られなかった国となる。言い換えれば，大会出場という点を除くほかの要因がかなり似てくることになる。実際，事後的に比較するとさまざまな条件がほぼ平均して一致し，比較対象にワールドカップ参加以外の違いがシステマティックにはないとわかる。

　ベルトーリは，論文の中で，勝ち点2以下の差で予選落ちした国（＝これを比較対象となる「統制群」と呼ぶ）を集め，それに対してワールドカップにかろうじて出場した国（＝これをワールドカップ本選という刺激を受けた「刺激群」と呼ぶ）を対照させてデータを集計し，それぞれの経験した国際紛争の数を比較した。図C2にあるように，決勝出場国（刺激群）と予選敗退国（統制群）の始めた武力紛争の数は，大会前にはほぼ差がないのに，大会後において平均値が統計的に有意に異なる形で違いが出ている。

再度，世界経済が自由化を推進していけるのかは大事な論点である。

　グローバル化はそこから得をする人々と損をする人々を各国で作り出し，損をする人々をターゲットにしたポピュリズム政治家の台頭を許している。アメリカのトランプ元大統領を筆頭に，ヨーロッパ各国で排外主義の政党が得票を

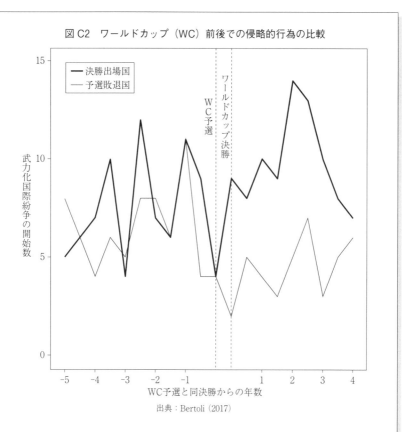

図 C2 ワールドカップ（WC）前後での侵略的行為の比較

出典：Bertoli（2017）

　サッカーと紛争については，自然実験のフレームワークを用いた菊田恭輔と上杉衛による実証論文が *International Organization* 誌に掲載されている（Kikuta and Uesugi 2023）。因果推論で国際関係論の議論を組み立てる上でお手本となるだろう。

伸ばしてグローバル化に否定的な政治勢力が存在感を増している。彼らは自国第一主義を掲げ，国際協調路線を拒絶する。こういった勢力が各国で政権をとるようになると国際関係はさらに困難な状態に陥るかもしれない。なぜなら，温暖化など早急な対処が必要な**地球規模問題群**は国際協調なくして解決はでき

図 4-1　1870 年から 2021 年までの貿易自由化度の時系列変化：スローバライゼーションの
　　　　時代

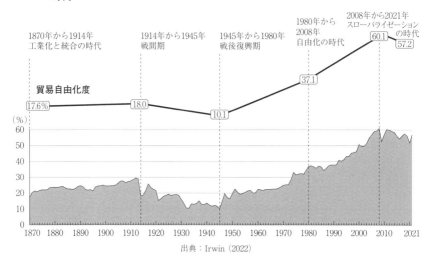

出典：Irwin（2022）

ないからである。われわれは 100 年前のように大国同士が戦争に踏み切って世
界大の総力戦が起こった悪夢を繰り返さないよう，過去から学び，理論から示
唆を得て，平和を維持できるように選択を積み重ねていかねばならない。

### ✏ 要点の確認

・**総力戦としての第二次世界大戦を説明してください。**

　総力戦はすでに第一次世界大戦から見られていたが，第二次世界大戦ではその範囲
がアジアまで到達し，南半球などの一部を除いた，文字通り（北半球中心主義にお
ける）「世界」が総動員されて総力で戦いあう戦争となった。戦争が総力戦として戦
われる結果，統計が整備され，国家がさまざまな人々の生活空間への統制を行うこ
とがあった。日本の戦中の隣組制度は戦後の町内会となり，それは社会資本になっ
たという主張もある。

・**冷戦と冷戦後の違いはどう説明できるでしょうか？**

　米ソの 2 大国は戦後，直接には戦わないけれども高い緊張感をもって対峙しあう関
係になった。それを冷戦と呼び，1940 年代末から 1980 年代末まで続いた。冷戦中
は東西に分かれてそれぞれの陣営に属する国同士でも交流は限られた。冷戦後はア

メリカが一極となる世界になったが，現在の世界はアメリカの相対的国力の弱体化と中国や他の新興国の興隆によって新しい関係の時代に入ろうとしている。

・グローバル化とスローバライゼーションの関係を教えてください。

1980 年代以降，グローバル化は深化を進め，貿易の自由化だけではなく金融や人の移動も自由化していった。世界はあたかもひとつの経済に統合するような予測さえ存在した。しかし，2008 年のいわゆるリーマンショック後はグローバル化の夢は消え，ゆるやかな経済統合へとフェーズが移行している。

## 第4章の文献ガイド

マクマン，ロバート（青野利彦監訳）（2020）『冷戦史』勁草書房

▷アメリカの冷戦構想に加えてソ連の構想を比較させ，その上で冷戦がどんなものであったのかを歴史記述する。また，分析的に国内における資本主義と共産主義の対立の様相を解説し，冷戦を理解する上で良書である。原書の副題が「A Very Short Introduction」となっているように，手際よくきわめて端的にまとめられており，入門として適している。

小林啓治（2016）『総力戦体制の正体』柏書房

▷総力戦そして国家による戦争動員とはどういうものなのかを理解するために具体例を提示してくれる。京都府の京丹後市のある村に残された行政文書を手掛かりに，地域から戦争動員を浮かび上がらせる研究書である。社会が，そして京都の小村がどのように戦争を支えるメカニズムの「部分」になっていったのかが実証的に示される。

ロドリック，ダニ（柴山桂太・大川良文訳）（2018）『グローバリゼーション・パラドクス——世界経済の未来を決める三つの道』白水社

▷経済の自由化と統合が市場の論理で進むばかりでは立ち行かず，市場は何らかの形で統治されねばならないという見解をもとに，グローバル化の論理とその問題点を明らかにしようとする。ロドリックは，「世界経済の政治的トリレンマ」というオリジナルな議論を展開していて，グローバル化と民主主義，主権国家による統治をすべて同時に達成することはできないと論じる。よって，われわれは，どれかひとつをあきらめるほかないと主張する。グローバル化をどう理解し，どう政治の対象として考えるのか，道しるべとなる。

第 **II** 部

# 国際政治経済

第 5 章

# 貿易とグローバル化

　第 5 章は，国際政治経済の先鋒として，国際貿易とグローバル化を扱う。第 4 章では，第二次世界大戦の原因を後発先進国の格差の認知と不満の蓄積，とくにブロック経済化，すなわち自由貿易の破綻としてとらえていた。しかし，なぜ貿易において各国が閉じてしまうことが大きな国際問題となりうるのかを論じてはこなかった。また，どうすれば自由貿易体制を維持することができるのかは理論的に検証され，議論されねばならない。そういった課題を念頭に本章を進める。

## 1. 国際貿易の歴史

　交易は古くから営まれてきた人間の集団的な活動である。交易は単にモノの移動だけでなく，文字文化の移転や導入をともない，さらには数学や航海術といった科学技術の伝達によって世界をつないでいった。円滑に交易をするためにさまざまな制度ができ，今の外交制度の根幹をなす大使や公使といった仕組みも交易と深くかかわってきた。

　ヨーロッパが国際的な覇権を握るきっかけとなる大航海時代の背景にも貿易がかかわっている。ヨーロッパ地域とアジアとの貿易をイスラム地域による「仲介手数料」を排除して直接的に行いたいという動機は，ヨーロッパ各国に域外への冒険を促した。ポルトガルやスペイン，オランダ，イギリスやフランスといった国々がヨーロッパ外への進出を果たし，アメリカ大陸，アフリカの海岸線，アラビア，インド，東南アジア・中国沿岸，オーストラリア，そして日本にも到達した。日本では戦国日本との貿易と人的な交流をみる。鉄砲が持ち込まれ，キリスト教の布教のための宣教師があらわれ，日本からは銀が輸出されていく。

　こういった対外進出と貿易は16世紀から18世紀にかけて，国家が免許を与えた東インド会社のような独占企業体によって管理され，国家の財政を支えるものになっていく。これは，いわゆる**重商主義**（marchantarism）として知られる。

　鉱山経営をして銀や金そのものを収奪してくるスペイン型の重金主義ともいわれる初期の試みのほか，オランダやフランスは特権的大商人を保護して王族の宮廷会計の維持を試みる形態，またイギリスのように自国の産業資本保護を促すような形態があり，一口に重商主義といっても多様性があった。共通項はいわゆる**保護主義**の側面で，高い輸入関税をかけて他国からの輸入を管理して税収をあげ，他方で自国の輸出産業を育てようとする点である。たとえば，イギリスの場合はオリバー・クロムウェルが航海法を定め，イギリスに商品を運ぶのを同国船か産出国の船に限定し，オランダの中継貿易を妨害するような政策をとって，自国の海運産業を保護した。また，穀物の輸入量の制限を行い，

それは19世紀初頭には穀物法として知られる，外国産小麦への高関税政策となった。

　しかし，こういった保護主義政策は自由主義に転換していく。18世紀後半から19世紀にかけて，イギリスの産業革命の影響もあって中産階級である産業資本家たちから自由な貿易を求める声が高まり，保護主義に対する批判が生まれた。それは従来の重商主義に対して代替的な思想として**自由主義**を生み出す。アダム・スミスの『国富論（*The Wealth of Nations*）』（1776年）による自由放任主義の主張はその代表的なものだった。重商主義による保護貿易政策は自由な競争による経済発展を阻害するとして徐々に否定されていった。

　具体的には，イギリスで穀物法（1846年）や航海法（1849年）が撤廃されていく。その背後には，スミスのほか，次節でその理論を紹介するデイビッド・リカードの『経済学及び課税の原理』（1819年）があった。リカードは，同書で**比較生産費説**を唱え，自由貿易が経済全体の発展をもたらすことを理論的に示した。

　イギリスは他に先行して1830年代には自由貿易政策に転換したが，他のヨーロッパ諸国は工業力で劣った結果，高い関税を設けて自国産業を保護する政策を続けた。しかし，このような保護貿易では自国産業を守ることができず，むしろ経済発展を阻害することに気がつき，各国は自由貿易政策を導入していく。

　フランスではナポレオン三世が1860年に英仏通商条約を結び，関税引き下げと輸入禁止措置の撤廃に応じた。イギリスはこれに対してワインに対する関税撤廃で応じて双方ともに自由貿易の利益を得ることになった。フランスは1861年にはベルギーやプロイセンとも同様の2国間通商条約を締結し，さらにイギリスやイタリアも相互に自由貿易的通商条約を結んだ。1860年代から70年代にかけてヨーロッパの主要国間における自由貿易体制が秩序として成立した。

　このような推移による経済的な発展の成果は数字にもあらわれ，ジェフェリー・ウィリアムソンのまとめでは，西ヨーロッパの1700年から1820年までのGDP成長率は年率で0.58%であったのが，1820年から1913年は同1.93%に増えた（Williamson 2011: 22）。同じ時期の生産高は，1900年のイギリスを100と

したときに，1700 年には 34，1830 年に 73 であったのが，1913 年には 863 に
なり，自由貿易の恩恵がヨーロッパ各国を潤していたことがわかる。

　しかし，1914 年から第一次世界大戦が起こり，各国の経済は切り離され，
総動員によって生産活動は軍事部門主体になり，貿易も敵陣営との間では停止
した。しかも，戦後は戦争からの復興が進むなか，1929 年に世界大恐慌が起
こり，それが各国の貿易政策を大きくシフトさせる。主だった国は自国の経済
圏を守ることを念頭に，関税引き上げを行うなど保護主義政策を採用した。そ
の結果，世界はいわゆる**ブロック経済**と呼ばれる状態になった。

　ここでブロック経済について，その当時の資料をもとに説明をしておこう。
第二次世界大戦前に日本の首相をつとめた近衛文麿らがかかわった昭和研究会
という私的な政策研究団体が『ブロック経済に関する研究――東亜ブロック経
済研究会研究報告』という書物を作った（昭和研究会編 1939）。これは国立国会
図書館のオンライン公開資料になっていて，当時の認識を理解し，どのような
問題意識を日本の知識人や政策決定者が持つようになったのか知るための材料
となる。たとえば，同書の 21 ページ以降によれば，世界には「持てる国」と
「持たない国」があり，世界恐慌で持てる国が保護貿易をした結果，持たない
国が経済活動を狭小化するほかなくなり，そこに対立が生まれたという。持た
ない国は経済的な成長が制約されてしまう現実を前に「その活動領域拡大のた
めに，強い要求を提出せしめ，この要求の貫徹を期する上において，軍備の拡
大を行う理由となる」という。要するに，平和的な手段ではなく，暴力を用い
てでもその勢力圏を拡大させ，自らのブロックを作ろうと試みるという。

　こうした考えをベースに，「持たない国」であるドイツや日本，イタリアは
枢軸国としてまとまり，アメリカやイギリスといった「持てる国」と対峙した。
1939 年にはドイツのポーランド侵攻を契機に勢力圏をめぐる本格的な戦争が
始まり，その後，1941 年 12 月の日本の真珠湾攻撃という奇襲戦によって戦域
はアジア太平洋にまで広がり，保護貿易が遠因となって再度の世界大戦を起こ
してしまった。「持てる国」である連合国と「持たない国」である枢軸国が勢
力圏を争ったのが第二次世界大戦である。本書が鍵概念として示した格差と不
満の顕在化が戦争を引き起こしたのである。

　この世界大戦が枢軸国側の敗戦で終わったのち，戦後の貿易体制について連

合国側は国際会議を開き，戦争の遠因となった保護貿易との決別を宣言する。世界各国がブロックを求めて勢力圏争いをすることのないように，世界の交易を自由貿易体制で保証し，資源なども武力ではなく経済的な取引で安定的に入手できる世界経済の仕組みを整えることとなった。ここで生まれたのが，関税および貿易に関する一般協定（GATT）であった。同協定は1995年に世界貿易機関（WTO）となって強化され，各国は最恵国待遇というルールに基づいて低い関税率を差別なく当てはめ，自由化を促進することで一致している。

　このように，自由貿易が世界にとって望ましいとされている。しかし，なぜ，どういう理由で自由貿易が保護貿易よりも望ましいのであろうか。以降，理論的な説明を試みてみよう。

## 2. リカード・モデルと政治的な示唆

　自由貿易が世界全体により多くの富を生み出すことをモデルとして示したのは，18世紀後半から19世紀初頭にかけて活躍した自由主義の経済学者であった。その中でも，リカードの示唆は**リカード・モデル**として知られ，それは以下のようなものである。

　単純化のために世界にA国とB国という2つしか国がないことを想定しよう。そして両国は近接していてA国からB国へ，またはその逆向きの財の移動にはコストがほとんどかからない（＝輸送費は無視できる）としておこう。もちろん，これはテクノロジーによって決まるし，ゼロにできるというのはあくまで単純化のためであるから，割り切って考えてほしい。なお，ウィリアムソンの歴史統計の紹介によれば，19世紀末の自由貿易への移行期には交通革命が起こって輸送コストが大きく減っていたことがわかる。

　このほか，自動車とコメという2財しかない状態を想定しよう。これも単純化のためである。

　ここで，A国は産業資本もあって工業化しているとしよう。ゆえに，自動車生産をより効率的にできて，人口5名で1台の車を作ることができる。これに対して，コメ生産には1トンあたり8名の人口が必要とされる。その一方で，B国は自動車生産には技術力が不足しており，人口40名で1台の車を作るこ

## コラム 5-1　経済制裁

　国際政治経済において，他国との貿易の停止，とくに戦略物資の輸出禁止など，経済制裁を行う場面がある。国際連合憲章でも，憲章第 7 章で経済制裁は軍事制裁とともにあげられ，強制措置（coercion）のひとつと理解されている。ウクライナ戦争でもロシアに対して各国は制裁を科しており，その効果が期待された。つまり，武力行使をとめるために経済分野における制裁を行った。日本の場合，戦略的な物資の取引を禁じ，単に貿易だけではなく銀行の国際送金の制限を行うなど，戦争が継続しにくい手立てをとっている。

　しかし，経済制裁の効果には長らく疑問が呈されてきたという（van Bergeijk 2021）。相手国に対して政策をあきらめさせたり，または何かをさせるために，経済制裁が発動されるものの，制裁発動後も相手国は政策変更をしないことのほうが多いようである。その背後にあるのは，サンプル・セレクション・バイアスの存在である。たとえば，制裁を発動してしまうケースは，制裁の脅しだけで実際に制裁が起きる前に問題解決した場合を除外する。制裁の脅

とができる。コメ生産には 1 トンあたり 10 名の人口が必要になる。設定からわかるように，A 国は先進国で B 国は相対的に技術力の不足している途上国である。ただし，B 国では生産に必要になる労働力量が相対的に少ないという意味で，自動車よりも効率的にコメを生産できている。ここで，自国の中でより効率的に生産でき，機会費用（ある経済行為＝ここでは車ないしコメの生産をしないことでこうむる損失）が小さいものに比較優位があると考える。

　このとき，A 国の人口が 200 万人，B 国の人口が 1000 万人だったとしよう。どういった条件で世界はもっとも多くの生産を実現し，モノがたくさんあるという意味で世界の幸福度が高まるであろうか。なお，モノがたくさんあれば価格も下がるので，消費者の幸福度も高まると考えることができる。

　両国ともに貿易をせずに人口の半分が自動車とコメを生産するとしよう。A 国では 100 万人が自動車を作るので，20 万台の車を生産し，ほかの 100 万人がコメを 12 万 5000 トン生産する。これに対して B 国では 500 万人が 12 万 5000

しに屈して政策変更があった場合をカウントしていない問題があるかもしれない。また，データセットの問題もある。経済制裁をめぐるデータセットは最近になってかなり整備が進んでいるが，しかしターゲットを絞った制裁（いわゆるスマート制裁）が増えるなどその性質が変質する中で妥当性の高いデータを構築して提供することは容易ではない。研究成果の間の結論の不一致については今後研究が期待されている（van Bergeijk 2021）。

なお，制裁の副作用としてよく知られるのは，リーダーには影響が少ないのに，一般国民に害が大きく，非制裁国の意思決定権を握っていない低所得者層をきわめて厳しい生活に追いやる点である。とくに民主主義ではない場合，政策変更を求められているリーダーやエリートへの圧力にまったくならないわけで，問題がきわめて大きい。これを受け，エリート層や大規模ビジネスへ対象（ターゲット）を絞った制裁，いわゆるスマート制裁の必要性が唱えられている（Biersteker, Eckert, and Tourinho 2016）。

また，周辺地域で禁止された物品が闇取引で価格が大きくあがり，マフィアやギャングといった犯罪組織の資金源になってしまうといった指摘がある（Peter 2010）。

台の自動車を作り，500万人が50万トンのコメを生産する。保護貿易をしていると両方の財を作るほかない。

しかし，A国とB国に自由貿易があって財を国境をまたいで自由に行き来させることができると考えれば，A国は自動車生産に特化し，B国はコメの生産に特化するほうが世界全体の生産量をあげることができる（自動車は40万台生産され，コメは100万トン生産される）。自動車は7万5000台，コメはなんと37万5000トンも生産量が増えており，より多くの人が財を手にし，しかも価格は保護貿易時代よりも下がる。これらが自由貿易が世界にもたらす果実である。

このリカード・モデルにおいては各国は他国の自由貿易に対する約束を信用し，相手も自分も互いに輸出入を阻害しないという政治的な前提が必要だった。この例では比較優位のある自動車生産にA国は特化し，逆に同じく比較優位のあるコメ生産にB国は特化していた。つまり，A国では農家が失業者とな

り自動車産業への移転を，B国では自動車産業従事者が失業して農家への移転を迫られる。果たしてそんな簡単に人々が仕事を変えることができるのか，相当に怪しい。実際には多くの国で転換への反発が生まれ，政治的な圧力団体が自由貿易反対，保護貿易支持を表明して運動することがある。

## 3. 生産要素モデルと政治的な示唆

　リカードの説明は，セクターといわれる産業業種への特化を論点にしていた。つまり，自動車生産であれ，コメ生産であれ，何らかの産業が特化によって自由貿易の利益を受け，逆に自由貿易で転換を余儀なくされる産業があることを意味した。これに対して，生産要素が豊富に存在することこそが鍵になるという説明がある。この説明を生んだ研究者の名前を組み合わせ，**ヘクシャー＝オーリン・モデル，ストルパー＝サミュエルソン・モデル**として知られる。詳しくは国際経済学の教科書を参照するのがよいが，財の生産に用いる生産要素があって，資本や労働，土地がそれに該当する。財の生産量はそういった要素がどのくらいあるのかに依存するという。たとえば先進国では資本がたくさんあり，途上国には土地や労働がたくさんある。

　ヘクシャー＝オーリン・モデル，ストルパー＝サミュエルソン・モデルは，産業業種＝セクターではなく，資本や労働といった**生産要素（ファクター）**の豊かさ（または乏しさ）が比較優位と特化を決めるという。つまり，資本が豊富にある先進国は資本をたくさん使う財を生産することに特化する，逆に労働力が豊富にある途上国は労働力を必要とする財を生産することに特化する。もっといえば，資本や労働自体が財だとすると，資本が豊富にある先進国は途上国に資本を輸出し，労働力が豊富にある途上国は先進国に労働力を輸出する。そういった組み合わせでの自由貿易が世界の財の生産量を最大化するという。

　この特化が起こると，先進国の資本家はその資本を用いた生産で利益を上げ，途上国の労働者も雇用機会を得て得をする。逆に先進国の労働者は途上国の労働者との競争にさらされて賃金の低下や労働力流入のあおりをうけて損をする。途上国の資本家は先進国の資本が流入してくるという特化の影響で損をする。

　この議論によれば，保護貿易主義を支持して圧力団体を形成するのは，先進

国の労働者であり，途上国の資本家だといえる。

## 4. 新貿易理論と新・新貿易理論

　これら古典的な説明に対して，エルハナン・ヘルプマンとポール・クルーグマンらの異なる説明がある（Helpman and Kruguman 1985）。以上の説明は，基本的には先進国と途上国の間で貿易が生まれることを説明していたが，むしろ先進国間での貿易が世界全体の貿易の多くを占めるという現実があり，それがパズルとして存在していた。しかも，先進国間の貿易は似た工業国同士の類似性の高い工業品の「産業内貿易」という特徴があり，これが説明されねばならなかった。

　これを踏まえ，ヘルプマンやクルーグマンは，嗜好や技術，生産要素の分布が同じである2つの国の間でも貿易が生じる理由を探求した。伝統的貿易理論のうち，リカード・モデルは技術の相違が貿易の原因であったし，ヘクシャー＝オーリンの貿易理論は相対的な生産要素の分布の違いを貿易の原因としていた。しかし技術のレベルの違い，または相対的な生産要素の違いが先進国間の産業内貿易の進展を説明することはできなかった。すなわち，自国と人口規模以外まったく同じ外国が存在するときに貿易は生じるのかという問いが説明される必要が存在していた。

　この点，ヘルプマンやクルーグマンは，規模の経済が生じるために産業内でも国際貿易が起こると論じている。規模の経済とは，初期投資で固定費を支払ったあとは生産を増やせば増やすほど，つまり規模が大きくなればなるほど利益があがるようなメカニズムを指す。固定費を回収してしまえば作ったぶん輸出してたくさんモノを売れれば儲かる。よって自由な交易機会があれば，輸出する。しかも，一般的に消費者たちは「さまざまな財」を消費するほど高い満足度を得がちである。外国の生産者は自国の生産者とは異なる製品を作ることから，外国製であることが消費者に魅力として感じられ，その商品の需要が高まる。このように新貿易理論では，消費可能な製品種類の増加に利益があることが論じられ，それが自由貿易を促進すると議論する。

　さらに最近は新・新貿易理論として，異質的企業の貿易モデル（The heterogenous firm model）というものが出現しつつある。新貿易理論ではすべての企業が輸出するというような予測が出てきてしまうが，現実はそれとは異なる。輸出を盛んに行う企業はアメリカのデータでも上位数パーセントに限られ，いわゆる多国籍企業として認知される一部であった。マーク・メリッツはこの様子をモデル化することを試み，企業にも異なる規模と生産性の程度の違いがあることに着目した（Melitz 2003）。そして，輸出に耐える大規模な固定費用を負担できる体力のある企業は数が限られるという前提をおいたモデルを作った。具体的には，海外にも生産拠点をおくなどして自由貿易下で大規模な生産に従事するための固定費用を支払える生産性の高い大企業だけがグローバル化の淘汰の過程で生き残り，その恩恵を受けることが可能であると示した。

## 5. モデルによる保護貿易支持の説明

　ここまで①リカード・モデル，②ヘクシャー＝オーリン・モデル，ストルパー＝サミュエルソン・モデル，③新貿易理論および新・新貿易理論を紹介した。それぞれ自由貿易を支持する人々，保護貿易を支持する人々の予想が異なることを説明した。ここで大事なのは，民主主義国において，自由貿易から恩恵を受ける人々が政治的な力を持ちにくい構造が存在することである。言い換えれば，保護貿易政策を支持するグループが政治圧力をかけるようになり，それに押された政治家が保護主義を標榜する状況である。

　たとえば，①のリカード・モデルでいえば，消費者が最大の恩恵をこうむるが，保護貿易を回避することで各個人が得られる利益は消費者全体＝国民全体で頭割りをすれば小さく，利益の認知度は高くない。つまり，自由貿易要求運動へ参加する人々は多くないだろう（みんな，自分は負担をせずに他人の努力による恩恵を受けようとする「ただ乗り（＝コストを負担せずに財を利用すること）」の誘因を持つ）。これに対して比較優位を失った産業の人々は保護してもらえることの恩恵を強く認識し，組織化した保護貿易支持運動を展開し，政治家に圧力をかける。

　②のモデルでは，先進国においては次のように考えられる。まず消費者は利益を得るが，先と同じく頭割りをすれば利益の認知度は低い。また，自由貿易

で恩恵を受ける資本家の数は限られ，その自由貿易支持運動の裾野は広がらない。これに対して自由貿易によって流入する外国の労働者と競争状態におかれる先進国の労働者たちは，保護貿易的な政策を支持することになる。民主主義国の政治家のうち，ポピュリスト政党は排外主義的なスローガンを掲げ，保護主義を標榜して運動を行う。それが労働者たちの支持を得ることで保護主義的な傾向が増す。

　③の新貿易理論や新・新貿易理論は，先進国間の貿易を説明し，自由貿易の恩恵が先進国と先進国の組み合わせでも生じうることを示している。そして，そこで利益を受けるのは産業内貿易で，多国籍企業ほど自由貿易の支持者であることを示唆する（Kim 2017）。しかも，多国籍企業でも国際貿易で恩恵をこうむるほどの規模を誇る企業は最大手に限られ，産業内でもトップの大企業だけが自由貿易の利益を独占しがちになることが知られている。したがって，保護貿易はそれ以外のアクターによって支持されやすくなり，政治リーダーに対して要望されることになる。

　これらを踏まえると，保護貿易支持派が民主主義国で顕在化し，政治家がその票を狙って保護貿易支持の政策綱領を唱える誘因を持ってしまうことが予測できる。また，実際に昨今の先進諸国での保護貿易主義勢力の台頭とポピュリズム政治家の言動を見ていると，その予測の妥当性が（残念ながら）確認できてしまう。

## 6. 貿易をめぐる国際組織の役割と国家の行動

　これまでの説明をみると，自由貿易は生産量を増やして財の価格を下げて，世界全体の厚生を高めることは明らかである。しかし，特化を促すことを通じて自由貿易の恩恵を受ける人々とそうではなく損をしてしまう人々を生み出し，結果的に貿易政策をめぐって社会に分断ももたらした。権威主義国は一般的に保護主義的であるほか，民主主義国では政治家が国内で顕在化してしまう保護貿易支持派の後押しで保護政策を唱える可能性がある。

　ここで，自由貿易と保護貿易に関する囚人のジレンマゲームを考えてみよう。国家間では，国家Ａと国家Ｂが相互に戦略的相互作用をし，そこで自由貿易

図5-1　自由貿易と保護貿易をめぐる2国間ゲーム（同時手番，1回限り）

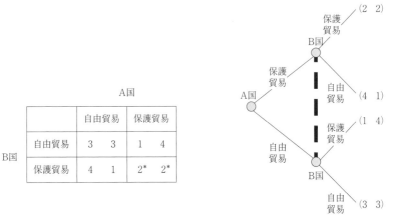

A国

| B国 | | 自由貿易 | | 保護貿易 | |
|---|---|---|---|---|---|
| | 自由貿易 | 3 | 3 | 1 | 4 |
| | 保護貿易 | 4 | 1 | 2* | 2* |

出典：著者作成

政策をとるか，保護貿易政策をとるかを選ぶ。自由貿易は，保護貿易を双方が
とっている鎖国状態の世界に比べ，世界全体において財の供給量が最大になっ
て，かつ価格が下がるという意味で恩恵がある。つまり，世界全体が自由貿易
である状態（【自由貿易　自由貿易】）はA国にもB国にも世界全体が保護貿
易である状態（【保護貿易　保護貿易】）より望ましい。他方，自国だけが関税
を課すといった保護貿易政策をとって比較劣位にある産業を守るような行動を
とる抜け駆け行為は，相手が自由貿易政策をとってくれる限り，世界全体が自
由貿易である状態（【自由貿易　自由貿易】）よりも望ましいと考える可能性が
ある。逆に自分だけが自由貿易政策をとって相手が保護貿易をして抜け駆けさ
れてしまうのはもっとも望ましくない。

　このような利得構造を設定すると，自由貿易と保護貿易をめぐる2国間ゲー
ムは囚人のジレンマ構造になっていることがわかる（図5-1を参照）。そして，
同時手番で1回限りのゲームを想定をすると，ナッシュ均衡は世界全体が保護
貿易である状態（【保護貿易　保護貿易】）で安定してしまう。1回限りのゲーム
という想定は現実からかなり乖離しているが，言い換えれば短いスパンでし
か考えない状況だといえる。つまり，長い将来に目が向かず，次の期に得られ
る利益を最大化するようなアクターはこのモデル表記に合致するだろう。民主

主義国でポピュリズム政治家が短期的な利益を追求して人気取りの保護貿易政策を唱えれば，相手もそれに応じて保護政策をとり，世界はたちまち負の安定解に陥る。

これに対して，自由貿易の長期的な恩恵を理解し，いわば「将来の影」を意識して選択を行えば帰結も異なる。相手から裏切られないという安心を何らかの手立てで得られれば，世界全体がもっとも得な自由貿易の状態（【自由貿易自由貿易】）に移行して安定できるのである。

そこで注目されるのが裏切り行為を監視する，また，そもそも裏切り行為を認定する機能を持つ国際組織である。関税および貿易に関する一般協定（GATT）を引き継いで 1995 年に発足した**世界貿易機関（WTO）**は，自由貿易を保つために 2 つの重要な役割を持っている。第 1 に，各国政府に貿易政策に関する報告を定期的に行わせ，自由貿易にそった行動をとっているかを自己申告させる。第 2 に，各国は他国の違反について紛争解決機関（DSB）に申し立てを行い，第一審として審査を行う「パネル」のほか，二審の役割を担う上級委員会が判断を行うという制度ができている。WTO 加盟国すべてからなる紛争解決機関は，遅くともパネル設置要請が行われた会合の次の会合で，パネルを設置しないことについてコンセンサスが存在しない限り，パネル設置の決定を行わなければならない（これを**ネガティブ・コンセンサス方式**という）。紛争の当事国は，パネルの判断に不満がある場合には，さらに上級委員会に申し立てをすることができる。これらの制度によって出された勧告を履行することができなかった場合には，申立国は代償を求めることができる。

一定の期間の間に代償について合意ができない場合は，申立国は対抗措置をとることについて紛争解決機関の承認を求め，再びネガティブ・コンセンサス方式で決定しない限り（もしくは申請された対抗措置について被申立国が異議を申し立てて仲裁に移行しない限り），一定期間内に対抗措置を承認することになっている。このように，裏切り行為への制度的な是正が担保されていて，保護主義の応報を未然に防止し，負の均衡に陥ることを回避しようとしている。

この WTO の紛争解決制度について，ローレン・ペリッツの研究によると，国内に拒否権集団（veto players）が多いほど，勧告の履行ができない，もしくはできても大幅に遅延するという（Peritz 2020）（図 5-2）。なお，ペリッツが

---

### コラム 5-2　自由化と民主主義

　経済の自由化と民主主義が連関しているという指摘は長くなされてきた。ヘレン・ミルナーらの研究紹介によれば，民主化が自由貿易や自由な資本移動を促すものの，その逆は確認できなかったという（Milner and Mukherjee 2009）。*Annual Review of Political Science* 誌は，アメリカで刊行され，英語圏の研究動向をある論点についてまとめている良質の論文が掲載されている。研究動向を手軽に理解するのに便利である。なぜ，政治体制が自由化して民主主義に変質すると経済政策において自由化が進むのに，逆に経済政策の自由化は政治体制に影響を与えにくいのだろうか。ぜひとも理由を考えてみてほしい。

---

用いている分析方法は，合成統制法（synthetic control method）というもので，特筆しておきたい。この論文の冒頭で紹介されている事例によると，韓国と日本はそれぞれ国内産の蒸留酒であるソジュと焼酎に対して低い税金を課し，ヨーロッパのウィスキーには高い課税を行っていた。ヨーロッパ各国は 1995 年にこれを差別的な保護主義政策として WTO へ提訴し，専門家の審議が行われ，結果的に日韓両政府は敗訴する。その後，韓国は早期に WTO の裁定を受け入れて政策変更をし，日本はなかなか勧告を履行できなかった。

　ペリッツは，早期に履行した実際の韓国と比較できる「仮想の韓国」と，履行が遅かった実際の日本と比較できる「仮想の日本」を統計的な処理を通じて他国のデータの合成から作り，比較する方法をとっている。裁定を受けて以降，図 5-2 の（a）では実際の韓国ではヨーロッパからのウィスキーの輸入が増えている（図 5-2（a）の実線）。他方，**反実仮想**（counterfactual）＝実際には起きていないが起こりえた状態（これをポテンシャル・アウトカムと呼ぶことがある）として，合成によって作られた「裁定を受け入れていない架空の韓国」（合成韓国）では輸入が増えない（図 5-2（a）の破線）。図 5-2 の（b）では，反実仮想として合成された日本にあっても（破線），実際の日本でも（実線）ウィスキー輸入が増えず，むしろ実際の日本での落ち込みが激しい。韓国は拒否

図 5-2　合成統制法による合成韓国／合成日本と実際の韓国および日本の比較

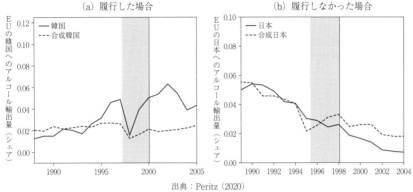

出典：Peritz（2020）

注：灰色の部分は WTO での係争が続いていた時期を示している。

権集団指数が 0.4 で，日本は 0.6 と日本のほうが焼酎への低課税政策継続を求め，WTO の裁定へ反対する勢力の力が大きかった。この点に着目して各国の拒否権集団指数を説明変数にして回帰分析をしたところ，指数が大きい国ほど WTO の裁定履行をしにくい傾向がみられるという。

　このように，国際制度によって囚人のジレンマを克服する試みはあるが，世界貿易機関への期待は一時期よりもしぼんでいる。むしろ，地域的な自由貿易協定を各国が結びあい，世界貿易機関よりも進んだ自由貿易協力を約束する場面が増えている。環太平洋パートナーシップ（TPP）協定は，その一例である。当初，オーストラリア，ブルネイ，カナダ，チリ，日本，マレーシア，メキシコ，ニュージーランド，ペルー，シンガポール，ベトナム，アメリカ合衆国で交渉が行われ，2016 年 2 月に**経済連携協定**（EPA）に合意する。しかし，2017 年 1 月にアメリカのトランプ政権は同協定から離脱し，アメリカ抜きで 2018 年から包括的及び先進的な環太平洋パートナーシップ協定（CPTPP）が発効している。幅広い関税撤廃が決められたほか，著作権をめぐる協定や投資規定を含む包括的な経済協力の枠組みになっている。

## ⚠ 要点の確認

・**リカード・モデルについて簡単に教えてください。**

比較優位のある産業業種（セクター）における生産に特化することで，完全自由貿易の世界で輸送費を無視できる限り，世界全体の生産を最大にできてモノの価格を下げ，消費者が恩恵を受けることができると考える。自由貿易が望ましいと考える論拠のひとつとなっている。先進国と途上国の間での貿易を説明しやすい理論である。

・**生産要素モデル（ヘクシャー＝オーリン・モデル，ストルパー＝サミュエルソン・モデル）について簡単に教えてください。**

リカード・モデルが産業業種（セクター）を重視するのに対して，資本や労働といった生産要素（ファクター）の豊かさ，またはその乏しさが比較優位と特化を決めると考える。資本が豊富にある先進国は資本をたくさん使う財を生産することに特化する，逆に労働力が豊富にある途上国は労働力を必要とする財を生産することに特化する。リカード・モデルと同様に先進国と途上国の間での貿易を説明する。

・**新・新貿易理論について簡単に教えてください。**

リカード・モデルや生産要素モデルと異なり，貿易を行う企業の特質に着目して議論をするのが新しい貿易理論で，その中でも新・新貿易理論は輸出企業がとくに高度の生産性を有する企業に限定されると論じる。先進国間の貿易を説明する点でほかのモデルと差異がある。グローバル化の恩恵がごく一部の大企業に集中してしまうメカニズムを示している点でも重要な理論である。

## 👈 第 5 章の文献ガイド

久米郁男編（2023）『なぜ自由貿易は支持されるのか──貿易政治の国際比較』有斐閣

▷久米らの研究チームは同書でサーベイ実験を駆使してなぜ自由貿易が国民によって支持されるのかを多面的に，かつ国際比較で示している。前半の日本に軸足をおいた研究の知見を，後半のドイツやイタリア，アメリカとメキシコ，エストニアとラトビアといった国々での研究と比較する試みは面白いもので，国際比較実験研究を志向する者にとっても有益である。

田中鮎夢（2015）『新々貿易理論とは何か──企業の異質性と 21 世紀の国際経済』ミネルヴァ書房

▷クルーグマンの新貿易理論の解説（第 1 章）から始まり，簡潔ながら，しかし新しい新貿易理論の体系を解説してくれる邦語の数少ない教科書である。第 8 章の「新しい展開」にあるような付加価値貿易の議論など，国際経済学の動向を理解するのは国際関係論にとって大事であり，つぎに読むべき文献としてあげたい。

福永有夏（2022）『貿易紛争とWTO──ルールに基づく紛争解決の事例研究』法律文化社

　▷具体的な紛争事件を扱いながら，WTOが自由貿易体制を維持するために果たしてきた役割を論じている。パネルや上級委員会といったWTOの中の仕組みがいかに役割を果たしてきたか（もしくは果たせなかったのか）が論じられており，国際制度の可能性と限界について理解を深めることができる。

## 第6章
# 通貨と金融

　貿易の次は，通貨と金融をめぐる国際関係を学びたい。モノの移動にはつねにカネの移動もついてくる。そして，カネのめぐりが悪いと国際通貨危機が起こり，世界の政治過程にも大きな影響を与える。通貨はどのような場合に安定するのだろうか。各国の通貨の価値をあらかじめ固定しておけば安定するように思えるが，そうは問屋はおろさない。事実，今日の先進諸国間の通貨は日々変動している。なぜ変動相場制がとられているのだろうか。安定的な変動と，通貨危機に至るような急激な変動はどうやって起こり，どう防止できるのだろうか。国際政治が通貨と金融にどう関係しているのかを解説していこう。

### 1. 国際通貨をめぐる歴史

　モノを物々交換するところから交易は始まったが，近代以降の交易＝国際貿易では通貨がそこに介在し，すなわち異なる国のカネを交換できないといけないことになった。すなわち，為替制度の整備が国際関係において重要な論点になった。1856年に日本が鎖国状態を脱して日米修好通商条約を結ぶときにも，問題になったのは貨幣をどのような交換比率で取引するのかであった。

　腐食しにくくて薄く延ばすことができ，比較的簡単に分割できるところから，金は何とでも交換可能なものとして世界的に理解され，広く貨幣として使われてきた。他方，世界的に大規模な経済を有していた中国は銀を通貨として活用する文化があり，明代や清代において銀を基軸の貨幣として扱う**銀本位制**が採用されていた。清朝では税として銀が国庫に納められ，国民は銅銭を用いていたために納税義務を果たすにあたって銅銭を銀貨に換える必要があった。

　ヨーロッパでは，中世以降は新大陸での銀産出もあり，銀を軸にして交易を行っていた。しかし，17世紀半ばになると，アメリカ大陸のスペイン領で銀の生産が大きく減っていく。他方，ポルトガル領のブラジルでは金の生産が行われ，結果として貨幣素材としての金と銀の需給が変化し，金に有利な状況が生じた（鹿野 2011）。この変化を受け，ヨーロッパ諸国では金を貨幣素材として使う誘因が高まり，1816年にイギリスでは**金本位制**が採用されるに至った。「貨幣法（Coinage Act）」が制定されて金貨を本位貨幣として定めた。その上で，この貨幣を自由鋳造・自由融解を認めた唯一の無制限法貨として位置づけて，市場に流通させた。ここで，自由に鋳造や融解ができるということは，金そのものに価値をおき，含まれる金の純度と重さで通貨の価値が決まることを意味した。実物の金をカネ（貨幣）として扱う制度であり，これは各国の通貨が金を通して固定相場制になっていたことになる。なお，日本も明治政府のもとで近代的通貨制度が整備され，日清戦争の賠償金をもとに1897年に金本位制を採用した。

　金本位制の強みは貨幣の価値が金という物理的存在で裏打ちされている点であり，弱点は金の量以上の貨幣が世界に出回らないということであった。たと

図 6-1　対米ドル，対英ポンド円相場の月次平均値（1902 年から 1937 年）

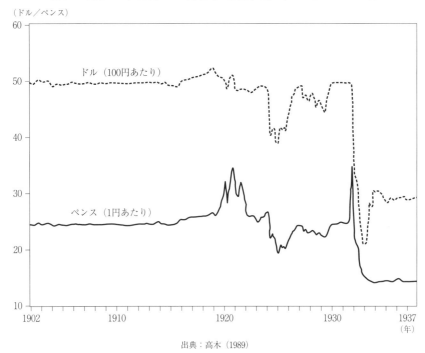

（ドル／ペンス）

出典：高木（1989）

　えば，日本の場合，日銀が正貨準備として持っていた金と在外正貨として持っていた金を用いて外国通貨とのやりとりをするほかなかった。なお，在外正貨はすべてロンドンにあったが，金本位制では，日本の輸入はこういった実際に保有している金の量に束縛されてしまうことを意味した。

　しかし，このような金本位制は，第一次世界大戦によって機能不全に陥った。というのも，各国は戦費を調達するために貨幣を増やさねばならず，したがって紙幣と金の兌換を停止するほかなかったからである。紙幣を刷って一時的に政府のカネを増やし，兵器を買い入れて戦争に勝たねばならなかったのである。その間，各国の通貨は変動相場制（管理フロート制）で交換された。

　図 6-1 にあるように，対米ドルおよび対英ポンドでの円相場は，1910 年代後半からの管理フロート制の時期において大きく変動する。第一次世界大戦中は

日本は輸出国側にまわることで為替がイギリス・ポンドに対して強くなるとき
があったが，輸出が必ずしも大きく増えなかったアメリカ・ドルに対しての円
高はそこまで進まなかった。むしろ，戦争が終わってからは円安傾向が続き，
さらには1931年の満州事変のころから大きく円貨が暴落し，価値を下げてい
ることが理解できる。

　第一次世界大戦後，ヨーロッパ各国が金本位制に復帰するものの，1929年
に世界大恐慌が起こり，各国で金本位制が維持できなくなった。恐慌では銀行
に対する信用不安が紙幣を売って金に交換する動きを生み出し，各国で金が流
出してしまう事態となった。金の流出を止めるために各国政府がとらざるをえ
なかったのが金本位制の撤廃で，各国は管理フロート制度への移行を余儀なく
されていった。

　第二次世界大戦後，戦争によって本土をほぼ傷つけられることがなかったア
メリカ合衆国は圧倒的な実物の金の保有を誇る状況になった。保有する金が支
えになり，米ドルに対して各国通貨が紐づけられる新制度に移行することにな
った。金をドルと交換する約束を備えた「ドル金兌換」を核にする**ドル本位制**
が資本主義諸国で採用される。日本は1ドル＝360円という固定相場制が1970
年代初頭まで適用された。

　ドルが金に交換できる結果，米ドルへの高い信用が失われてしまうと，アメ
リカから金が海外に流出していくことになった。とくに，アメリカが貿易赤字
を積み重ねるほど金が相手国へ流れ出し，ドルの信用問題が顕在化していく。
アメリカ政府はドルを自由に金に交換できる約束を履行できないと判断した結
果，1971年8月15日（日本標準時1971年8月16日）にそれまでの固定交換
比率（1オンス＝35ドル）による米ドル紙幣と金の兌換を停止した。この，い
わゆる**ニクソン・ショック（ドル・ショック）**と呼ばれる政策変更は世界に大
きな影響を与えた。

　現在，先進国の大多数の通貨は変動相場制である。ヨーロッパ連合で使われ
るユーロについては，域内加盟国の通貨を1つにしている点で域内で相互に固
定相場制をとっていると解釈できる。この点，後述するようにユーロという固
定相場制をとっている以上，ドイツとフランスの金利は同一にしていないと，
自由な資本移動を担保できない。なぜなら，ドイツとフランスで金利差がある

---

## コラム 6-1　直接投資と政治

　国境を越える資本移動には，短期的なものと長期的なものがある。前者は，外国の短期債券を購入したり，または相手国の通貨を購入するようなものが該当する。後者には，外国の長期的な債券を購入することのほか，いわゆる直接投資（FDI）が含まれる。このような FDI と政治学的な条件がどのように関連しているのかについてさまざまな実証分析がなされ，多様な因果関係の可能性が提起されてきた。

　クアン・リーらの研究チームは過去に刊行された同じ分析単位をともなった42 の研究論文を集め，そこから 279 の回帰分析を集めてきた（Li, Owen, and Mitchell 2018）。それをメタ分析と呼ばれる考えにそって，研究の知見の頑健性（ロバストネス）を確かめた。すると民主主義国がより多くの FDI を受け取る背景にあるのは，安定した財産権の存在，変動為替レートの安定性，政治的統制という 3 つの媒介変数の存在だとわかったという。過去に行われた研究のデータをまとめ，それをメタ分析という形で再検証するようなスタイルは近年増えている。

---

場合，より高い金利を求めてカネがドイツからフランスへ，またはその逆にも動き，金利差がなくなるまで続くことになる。

---

## 2. 多様な国際通貨政策の分布

　為替制度は政府の意思決定で決まるとともに，市場の圧力でその維持することが難しいものでもある。市場がそう判断すれば，その貨幣は他の通貨に対して相対的に価値を失う。為替安定を任務とする国際通貨基金（IMF）の協定第 4 条 2 項には，為替取極に関する義務が書かれている。「一般的為替取極」として為替政策を IMF に通告する義務が記載され，いわゆる法的な為替制度を各国は選択する必要がある。しかし，法的な制度と現実が一致する保証はまったくない。

　というのも，1ドル＝360円というような一定の交換比率を定めた固定相場制を政府が宣言しても，市場で円を売りドルを買いたい圧力，もしくはその逆の圧力が高まれば，法定の交換比率を無視してドルと円を交換し始めて実質のドル円レートが270円だったり，400円といった形で決まってくるかもしれない。実質的に日々為替レートが市場の需給動向で変わる変動相場制になってしまうこともありうる。

　デイビッド・ビアースの研究によると，民主主義国は選挙を通じて国民に対して応答する必要に迫られるほか，輸出企業などの圧力団体からも影響を受ける（Bearce 2014）。他方で独裁国はそういった国民からの圧力はなく，圧力団体の影響力も限られ，為替制度でどのような方針をとろうとしても国内からの反発はないという。つまり，民主主義国は国内にいる人々の声に応じて為替制度の選択が変わってくる可能性が高い。したがってビアースによると，民主主義国は固定相場で恩恵を受ける多数派に向け，公式に固定相場制の選択をIMFに対して通告して「コミット」する。しかし，実際には固定相場をあきらめ，変動相場を実質的に導入し，それによって利益を受ける人々に配慮した政策をとるという。公式には固定，実質的には変動という，いわば二枚舌のような状態を選択しやすいのが民主主義国だという。ビアースは計量データ分析でその仮説が支持されることを確かめている。

　こういった固定相場制と変動相場制の選択のほか，ユーロ圏のような単一貨幣を導入したり，自国通貨を発行するのをあきらめて米ドルを通貨として認めることもある。たとえば，エクアドルは米ドルを自国通貨として使用しているし，キリバスはオーストラリア・ドルを紙幣では使用し，硬貨だけを自前で鋳造している。こういった制度選択において重要なのは，固定相場制の場合，投資家の為替リスクがなくなり，各国ごとに異なる金利があるとその金利差を用いた投機ができる点である。政府が保証する固定相場があるならば，100円で1ドルを得ることができ，仮にアメリカの金利が年率2％で，日本の金利が同0.5％であれば，誰もが米ドルを購入してアメリカの債券に投資するだろう。変動相場であれば，そうは簡単にいかない。

　固定相場制度がとられていて，金利差があり，しかも国際的な資本移動の制限がないと短期的な投機の動きでカネが国境を越えて動き，急激に大きなカネ

が流入してバブル経済が起きてしまうこともあれば，逆に信用不安からカネが急激に国外に流出して経済破綻が起こる。なお，ユーロのような単一貨幣の場合，域内には固定相場制が，域外には（EUが域外通貨に対して変動相場を選択する限り）変動相場制がとられていると理解するとわかりやすい。

## 3. 国際金融のトリレンマと政治的な示唆

　各国は為替の安定性を求めるために固定相場制を実施したいと考えるかもしれない。しかし，そのような決定をするならば，金利設定の自由を失うか，もしくは資本の自由移動をあきらめねばならない。

　つまり，固定相場制・金利設定の自由・資本の自由移動は同時には達成できない。これは**国際金融のトリレンマ**として知られる。固定相場であると，為替リスクがないので，金利が違う国に投資して利益を得ようとカネを動かそうとする。資本移動の自由が担保されているならば，金利を他国と同一にして金利差がないような状態にしない限り，カネの移動は阻止できない。金利を自由に設定したいならば，資本の自由移動をあきらめ，規制をかける必要がある。さらには，金利を自律的に決定して，かつ資本の自由移動を認めるならば，固定相場制をあきらめ，変動相場制にするほかない。

　金利は経済政策において停滞する景気の浮揚を図り，または加熱した景気をおさえるためにきわめて重要な政策手段である。よって，自律的にその値を決めたいと考える政府がほとんどだろう。他方，資本の自由移動は直接投資を盛んにし，グローバル経済で生き残るために採用したい政策である。そして固定相場制は為替リスクをなくす意味で利点が大きい。

　これら3つの要素は，すべてを同時に達成しようとするとほころびが生まれる。市場の力で3つの安定は崩されてしまう。金利が違い，自由にカネが移動でき，かつ為替が固定されていれば，金利差がある限りカネは他国へ出ていくだろう。カネを保有している人々が利益を得ようとする限り，3つの要素は同時達成できない。

　政治学的には，とくに先進国の場合，金利は中央銀行が自律的に決定し，資本移動の自由は担保され，それゆえに固定相場制は採用できず，変動相場制が

選択されている。そのかわり変動相場といっても一定の限度があり，行き過ぎた為替変動には政府が介入を行って変動の幅を抑えようとする動きがなされる。

## 4.　通貨危機にみる国家の行動

固定相場制であれ，変動相場制であれ，急激な資本移動が国際経済の不安定化をもたらす。資本の自由移動が認められる限り，金利差といった理由をもってカネは国境を越えて移動し，それが各国の貨幣価値に作用する。カネの移動の勢いが大きければ大きいほど，いわゆる国際通貨危機といった事態につながる。

たとえば，ドルへの需要が高まって円を売る圧力が高まったとする。固定相場制であればこの圧力をおさえるだけの円買いを日銀が行わない限り，その制度の維持はできない。変動相場制であれば，需給のバランスにもよるが，急激な円安になって大きな社会的な影響が出る。こういった為替の変動がきわめて大きくなり，通貨への信用がなくなってしまうと，国際通貨危機となる。

1997年5月中旬，ヘッジ・ファンドといった機関投資家によるタイ・バーツの大量の売りが始まった。タイ経済のバブル化が懸念され，不良債権の問題などが顕在化しつつあった。タイの中央銀行は，為替レートをドルに対して一定に保つペッグ制を維持すべくバーツ買いの為替介入を実施するものの，しかし同国外貨準備のドルが枯渇し，7月2日にはドルペッグ制をあきらめ，変動相場制（管理フロート制）への移行を決断するほかなかった。要するに，固定相場制の維持にタイ政府は失敗し，それを見た市場はさらにバーツ売りを加速させて，バーツは対ドル相場で急落した。バーツがいっせいに売られたのは，アメリカのドル高政策に連動してドルペッグ制のバーツが高くなり，タイの輸出が伸び悩み始めてもさらにバーツ高が進行したことに対して，投資家が貨幣価値の過大評価を疑ったためであった。

通貨の急落は同じくドルペッグ制を採用していたマレーシアやインドネシア，韓国に波及した。1997年9月末の為替相場をみると，同年6月末比でタイ・バーツは29.1％，インドネシア・ルピアは25.7％，フィリピン・ペソが23.1％，マレーシア・リンギットが22.1％の「切り下げ」になった。なお，切り下げと

## コラム 6-2　直接投資と排外主義

　サラ・アンドリュースらの研究によると，外国人に対する排外主義の地域的な高まりにはFDIを減退させる負の効果があるという（Andrews, Leblang, and Pandya 2018）。この研究チームはアメリカのギャラップ社による世論調査から，地域の排外主義の程度を計測するために適した複数の質問をとり出した。それを各州への外国からのグリーンフィールド投資（外国に投資をする際に，新たに投資先国に法人を設立する形態で，まっさらな土地＝グリーンフィールドから生産工場や施設を作ったり，インフラを作るといった内容をともなうFDI）の大きさと比較することを試みた。2004年から2012年までの投資額のデータを用いた分析の結果，次のことがわかったという。地域の排外主義の程度について，標準偏差ひとつ分の変化（平均からおよそ34％分のデータの変化）があると229万ドル（換算レートにもよるが，3億円）を超える投資額が減ってしまい，それは180人の雇用喪失を意味するという。排外主義は経済的な損失であることを理解するべきだろうが，それはひとたび排斥的な感情を抱くようになった人々には容易ではないのかもしれない。

は，価値が他の通貨＝ここでは米ドルに対して下がることを意味する。

　自国の外貨準備が枯渇してしまった状態で，各国政府は**国際通貨基金のコンディショナリティ（支援条件）**を受け入れて，その監督のもとで政府が支出を大幅に削る緊縮政策を採択し，経済立て直しを図ることになった。

## 5.　国際金融における非国家主体の存在感

　国際通貨危機においては，国際通貨基金という国家ではない国際制度の存在感はきわめて大きく，ときに主権国家と対等もしくはそれ以上の影響力を発揮するという評価を受けている。ある国が短期的な資本流出に直面した結果，通貨が暴落し，通貨危機に瀕したとしよう。その国の政府は個別に他国政府に支援を依頼することもできるが，支援は一国の外貨準備では足りないかもしれな

い。国際通貨危機の支援をとりつけることは，国際通貨を融通してもらい，国際的な信用を回復する意味で価値が高いとされる。よって，政府の支出を絞り，補助金などをやめるといった国民が反発する支援条件を受け入れてでも，国際通貨基金の支援を受けるほかない。ある種の強制を受ける形でその管理下に入ることになるだろう。

　よって国際通貨基金への不信は被支援国で大きい。たとえば，1997 年のアジア通貨危機で国際通貨基金から支援を受けた韓国は，Ｖ字回復を達成するものの，同国でその後広まった貧富の差の原因は徹底的な経済の自由化を推し進めた国際通貨基金のコンディショナリティにあるという指摘がある。

　唯一世界全体をカバーする国際金融・通貨をめぐる国際制度である国際通貨基金には，国際社会で独占的な存在である意味から生じる正統性が備わり，その影響力と存在感は大きい。コンディショナリティを受け入れさせて危機を乗り越えるパッケージを発表すると多くの場合には為替相場は安定し，通貨危機は沈静化する。急速な通貨安に見舞われた国の政府は急場をしのぐことができ，デフォルト（債務不履行）を回避できる。しかしながら，国際通貨基金によって設定された条件に対する国民の不満は蓄積し，同基金に厳しい見方をする人々も少なくない。

　たとえば，ロイター通信の記事（2012 年 10 月 15 日）によれば，「ギリシャのスカイ TV と主要日刊紙カティメリニの委託によりパブリック・イシュー社が実施した世論調査で，ギリシャ国民の間に自国の将来に対する悲観的な見方が広がるとともに，国際経済支援に対する反感が強まっていることが分かった」という（ロイター 2012）。景気の後退に加えて，ヨーロッパ連合と国際通貨基金の支援の条件として実施されている緊縮財政の結果，ギリシャ国民の生活水準は大きく下がっているという。「調査では，支援に反対との回答が 72％で，9 月の 68％から増加」したという。増加幅は 4％ポイントゆえ大したことはないが，しかし国民の 7 割強が国際通貨基金などの進めている支援策に不満を表明していることには留意すべきであろう。国際的な支援に対してここまで強い反発を生んでいることは極端なナショナリズムを唱える政党への支持者を増やし，ひいては極端に排外的な態度をとる国民の増加を生み出す可能性を否定できない。国際制度への不信は他の分野での国際協力に対する不信にも飛び

火するかもしれない。

　第一次世界大戦後，ドイツにおいて 1923 年のミュンヘン一揆でナチ党が台頭し，その後に勢力を拡大させていった背景には，通貨をめぐる危機状況（1923 年の急激なマルク安とハイパーインフレーション）とそれに対する国際支援の失敗があったことを思い出すべきである。

### ！ 要点の確認

・**ドル本位制とはどんなものでしょうか？**

　銀や金を市場の基軸の通貨として用いる銀本位制や金本位制と異なり，金をアメリカ・ドルと交換する約束を備えた「ドル金兌換」によってドルを国際的な基軸通貨とする制度がドル本位制で，多くの資本主義国で採用されていた。1970 年代初頭まで適用されていたが，いわゆるニクソン・ショックでドル金兌換の仕組みは終焉を迎える。現在は多くの国がドルを使って決済をするがその価値は変動相場で決められていて，先進国の金融協力がドルの信用を支えている。

・**国際通貨基金は国際経済でどんな役割を果たしているのでしょうか？**

　国際通貨基金（IMF）は，ある国の通貨 A の国際的な信用がなくなり，通貨 A の急激な減価が起きて国際金融危機に陥った際に「最後の貸し手」として登場する国際制度である。その際，コンディショナリティと呼ばれる条件を設け，貸し手国の経済政策に介入することが知られている。日常では経済対策について政策提言を行い，各国の経済予測を発表するようなシンクタンク機能も備える。

・**国際金融のトリレンマとは何でしょうか？**

　固定相場制・金利設定の自由・資本の自由移動は同時には達成できないこと。固定相場では為替リスクがなく，金利が違う国に投資して利益を得ようとカネが動く。資本の自由移動が担保されているならば，金利を他国と同一にして金利差がないような状態にしない限り，カネの移動は阻止できない。逆に金利を自由に設定したいならば，資本の自由移動をあきらめ，規制をかける必要がある。または，金利を自律的に決定して，かつ資本の自由移動を認めるならば，固定相場制をあきらめて変動相場制にするほかない。

### 🗨 第 6 章の文献ガイド

田所昌幸（2001）『「アメリカ」を越えたドル——金融グローバリゼーションと通貨外交』中央公論新社

　▷残念ながら絶版になってしまっているが，国際政治経済学者として知られる著者に

よる通貨外交と金融グローバル化の関係性を論じる名著である。ドル金兌換の停止
以後もアメリカ・ドルが国際通貨としての地位をなぜ守り続けているのかをオイル
ショック後の国際金融の動向，グローバル化によって解説し，民営化された国際通
貨システムという概念で示している。

奥田宏司（2020）『国際通貨体制の論理と体系』法律文化社
　　▷同じくドルが国際通貨として機能している様態を国際経済学者の立場から議論して
　　おり，初学者にもわかりやすい解説になっている。ユーロや中国人民元などとの関
　　係性，アメリカ・ドル体制の脆弱性の解説など，国際関係論を学ぶものにとって有
　　益な書籍である。

田渕直也（2019）『この1冊ですべてわかる 金融の基本 新版』日本実業出版社
　　▷本書で詳しく説明できなかった，金融市場の基礎知識を解説し，国際関係にどうい
　　った波及効果を持ちうるのかについても説明をしている。一般向けで学術的な色合
　　いが乏しいものの，必要な内容をカバーしており，本書の補完として読むべき文献
　　としてあげておきたい。

# 貧困と開発援助，人の移動と難民

　国際政治経済の部の最後の章では，貧困と開発援助そして人の移動と難民について取り扱う。世界には多くの国々があるが，先進国と途上国という区別があるように，国同士で大きな貧富の差＝経済格差があり，それは往々にして固定化されてしまっている。開発援助でその固定化を打破する試みはなされているが，その成功例は限られ，よって多くの途上国は途上国のままであり続けている。そういった途上国の国民はより豊かな生活を求めて国外に移動をすることもあれば（＝経済移民），当該国で政治的な迫害などにあって「難民」となり国外へ出ていくこともある。彼らの動きは国際政治に大きなインパクトをもたらす。

## 1. 貧困と開発援助をめぐる歴史

　ジェフェリー・ウィリアムソンによれば，19 世紀においてヨーロッパの中核（コア）にあるイギリスやフランスといった国々が工業化した（Williamson 2011）。そのため中核国の交易条件は，工業製品を大量生産で安く売ることができた結果，他に対して圧倒的に良くなり，イタリアといったヨーロッパの周辺のほか，ラテンアメリカ，アジア，アフリカの国々といった周辺地域の交易条件が相対的に悪化したという。とくにアジアやアフリカでは植民地化を経て，鉱物資源や農作物といった生産へ特化することになり，後述する「**オランダ病**」のメカニズムもあって工業化できなかった。

　例外的に日本は，英仏といったヨーロッパの中核の国々に対して遅ればせながらも工業化に成功し，比較的有利な交易条件を得て，加工製品の輸出もできるようになった。日本ではそこから得られた富が社会に還元されて人材育成のために投資がなされ，技術の蓄積もできて先進国になるのに必要な条件が整っていった。しかしその後，沖縄・北海道における同化政策と台湾・韓国の植民地化や日中戦争といった拡張主義，そして第二次世界大戦という間違った選択をし続けた。しまいには国土の焦土化を見たものの，第二次世界大戦後には過去に蓄積した人的資本や技術力のおかげで高度経済成長を達成することができた。

　ここで，世界で途上国と分類される国々の交易条件悪化のもとにあるのは，いわゆる「オランダ病」と呼ばれる現象だということを説明しておこう。オランダ病とは，資源輸出の急激な増大が貿易黒字の増大をもたらし，それが実質為替レートの切り上げ＝増価をもたらし，対外交易条件が悪くなることを指す。というのも，自国通貨が強い状態は自国加工産品の輸出には不利に作用し，資源以外の貿易財の国際競争力を低下させて，その産業の縮小と失業を招くからである。

　1960 年代にオランダの北海海底で天然ガスが発見され，これを機会にオランダの資源輸出が大きく拡大した。その輸出拡大を受けてオランダの通貨ギルダーの価値は相対的に高くなり，労働者の賃金が高くなり，またオランダ製品

は他国で割高になって輸出加工製品の国際競争力がなくなった。結果としてオランダの国内製造業は競争力を失い，衰退してしまうことになった。イギリスのエコノミスト誌がこれを「オランダ病」と呼んで，天然資源の輸出拡大によって経済が悪化する現象の名称として知られるようになった。別名では「オランダの罠」とも知られ，ヨーロッパの周辺のほか，ラテンアメリカ，アジア，アフリカといった周辺地域で発生したとウィリアムソンは論じる。

さらに，アフリカについては奴隷貿易の国々によって若者がいなくなる状況が生まれたことは社会の健全な継続性という点で断絶をもたらし，その後の経済発展には大きな足かせとなった。ヨーロッパ諸国が世界の中心になって経済をまわし，その周辺が翻弄される結果として多くの地域が途上国という立場に甘んじていることについては，ヨーロッパ各国は多くの責任を負っている。

そのような認識もあって，先進国は途上国への開発援助を長らく実施してきている。**政府開発援助**（ODA）として知られるものがその典型例で，経済協力開発機構（OECD）の開発援助委員会（DAC）が作るリストに掲載された被援助国・地域に対して，公的機関から供与される資金（贈与）のほか，条件がゆるやかな貸付が含まれる。

日本は第二次世界大戦の敗戦直後は援助を受ける国であった。高速道路網も新幹線も世界銀行（World Bank）の支援を受けてこそ実現できた。援助がその国の成長につながる場合もあれば，どうしてもつながらない場合もある。この差を生む背景には，何があるのだろうか。

## 2. 移民と難民をめぐる歴史

貧困の偏在は人の移動を生み出す。豊かな地域で仕事を得て高い賃金を得ようとする誘因は誰にでも生まれうる。ヒトの移動の説明要因として，経済の要素はきわめて大きい。他方で政治的信条などの理由から難民として国境を越え，自国に戻れないがゆえに諸外国の庇護を求める場合がある。さらには，ユダヤ人がかつてそうだったように，離散していた民族が自分たちの国を建国しようとする社会運動も存在した。経済的な動機によって国境を越えようとする移民と政治的な動機によって国境を越えようとする難民とはしっかり区別をしない

といけない。

　この 1，2 世紀の間，ヨーロッパの近代国家システムの定着と世界的な伝播にともなう国境管理の厳格化の裏返しとして，ヒトの移動が国際政治の問題になってきた。パスポートが政府によって発行され，国境を越えるたびにその審査を行うという今日の世界で当たり前の国境管理制度の歴史は，それほど古いものではない。今の手帳型のパスポートが国際的に認められていくのは 20 世紀になってからで，日本の場合には，1926 年 1 月 1 日であった。それ以前は，一枚の紙で作られた「賞状型」の形態であった。1920 年にフランスで開催された「パスポートに関する国際会議」において，手帳型が承認され，厚紙の表紙に「大日本帝國旅券」の文字と菊の紋章が金文字で刻字されることになった。

　なお，本人証明となる写真添付は，1917 年から実施された。第一次世界大戦が契機になって旅行者や滞在者の身分証明の必要が生じた。このため，1914 年にイギリスが採用したのち，世界各国でパスポートに写真が貼られるようになった。1914 年 12 月にはアメリカがイギリスに追随し，日本も 1917 年に旅券規則を改正し，パスポートに写真を貼付することを定めている。

　このように国境を越えるヒトの移動の管理が厳格化されていくなか，誰が国民になるべきかの議論も深まった。日本は二重国籍を認めず，しかも植民地化した韓国や台湾の人々を「内地人」としては扱わずに差別していた。前者については在日韓国・朝鮮人という存在を生み出し，日本社会はその方々に対して心から恥じるべき不当な扱いをしてきた。今も多くの課題が残っていることを忘れてはいけない。

　日本は移民を積極的に受け入れることなく，これまでやってきた。しかし，労働力不足を理由にして正規の移民制度ではない「外国人技能実習制度」が設けられ，ベトナムやほかのアジア諸国，ブラジル等から実質的な経済移民を受け入れている。他方，日本政府が認定した難民の数は限られる。日本が過去に難民申請を却下し続け，外務省のデータによると，「令和 3 年までの申請数は87892 人で，うち難民と認定されたものは 915 人，難民と認定しなかったものの，人道上の配慮を理由に在留を認めたものは 3289 人となって」いるという（https://www.mofa.go.jp/mofaj/gaiko/nanmin/main3.html）。政治的な原因による難民の認定は日本ではきわめて厳しいことがわかる。

　国連難民高等弁務官事務所（UNHCR）の年次レポート「数字で見る難民情勢（2021年）」によれば，大量のウクライナ人避難民が生まれたロシアのウクライナ侵攻前にあって，世界には9000万人近い保護対象者がいて，そのうち難民（refugee）にあたるのが2710万人，国内避難民（IDP）が5320万人，庇護希望者が460万人，ベネズエラ国内の混乱でコロンビアなど近隣諸国などへ逃れた人が440万人だという（https://www.unhcr.org/jp/global_trends_2021）。

　難民の出身国は，その69％がシリア，ベネズエラ，アフガニスタン，南スーダン，ミャンマーの5か国に集中していて，受入国は上から，トルコ（380万人），コロンビア（180万人），ウガンダ（150万人），パキスタン（150万人），ドイツ（130万人）となっている。近隣諸国へ大半が逃れていることがわかる。なお，難民としての認定を待つ，庇護申請を新たに行ったのは140万人で，その申請先上位は，アメリカ合衆国，ドイツ，メキシコ，コスタリカ，フランスの順番であった。

　このほか直接投資にともなう経済進出が原因になって移民が増えるケースもある。たとえば中国の習近平政権が肝入りで行っている「一帯一路」政策では，中国人労働者がアフリカやアジアの各国へ移住し，現地での開発プロジェクトに従事するケースが増えている。アジア経済研究所の山口真美の研究によると，10万人単位の労働力の国外派遣が行われ，毎年，年末時点で100万人単位で中国人が外国で働いている（山口 2022）。なお，こういった急激な外国人労働者の拡大は現地住民との軋轢を生み，中国人への嫌がらせや反中国運動が高まっている。最近は中国の企業や大使館，中国人ビジネスパーソンをターゲットにした暴力的な破壊行為や誘拐事件までもが起こるようになっており，中国政府は警戒感をあらわにしている。しかも，そういった攻撃に対抗するために中国の民間警備会社が各国に拠点を作るケースが増えているという。そのような反応がさらに現地の住民との問題を悪化させるような負のサイクルに陥ってしまう可能性さえある（Yang 2018）。第4章のコラム4-1で紹介した山影進の「統合をめぐる交流モデル」の示唆はこの場面でも役に立ちそうである。

## 3. 援助と移民・難民保護をめぐる政治力学

　先進国が工業化し，交易条件を有利にするのに対して，途上国は典型的には
いわゆるモノカルチャー経済として知られる状況に陥り，交易条件を改善する
ことは難しかった。というのも，彼らはコーヒーやカカオといった一次産品の
生産に依存し，その価格の暴落や環境変化による不作によって経済が大打撃を
受けてしまうような脆弱性を抱えていたからである。ひとたび打撃を受けると，
途上国は無償の援助を得られない限り，資金繰りのために外国の有償の（＝利
子付きの）支援に頼るほかなく，債務を抱えてしまう。仮にここで一次産品の
価格が上昇すればよいが，そうはいかないかもしれない。ひとたび対外債務を
返済できないと，**リスケ（債務返済繰延べ）**を試みるほかなくなってしまう。
しかしリスケという「解決策」は，債務が帳消しになるわけではなく，単に借
金の返済時間を長くし，より返済しやすいよう調整を行うことにとどまる。な
お，リスケができるかどうかは資金の貸し手である先進国の，国際協調の場を
通じた政治的同意が不可欠である。

　また，昨今のアフリカやアジアへの中国によるインフラ投資は，第三者の目
の入らない2国間の中国政府から被支援国への貸付（ある種の援助）として行
われる。経済発展のために投資をし，港湾や鉄道，道路を整えて工業化するき
っかけを作ることは重要であるが，そこに思いがけない落とし穴がある。とい
うのも，2国間の債務で債務国が返済に困ると，建設したインフラ施設を債権
国に引き渡したり，軍事基地の使用権を債権国に認めさせるなど，主権の事実
上の譲り渡しが起こるという。これを「債務の罠」と呼ぶ。

　国際制度を用いた多国間の援助であれ，中国のような2国間の援助であれ，
援助は短期的な経済危機を乗り越えるためには不可欠である。しかも，そうい
った資金が社会全体にまわるのであれば大きな意味がある。

　ただし，援助する側にも資源制約があり，よって無尽蔵に他国へ資金を送る
ことはできない。各国はそれぞれの考え方で，さまざまな制約条件のもとで途
上国への援助を行っている。そこでは，政治力学として，影響を与えたい相手
に対してだけ援助を手厚く行い，自国とは関係が小さい国々には援助を出さな

## コラム 7-1　世界の貧困の変化

　国際連合の持続可能な開発目標（SDGs）の第1の目標が「貧困をなくそう」である。2030年までに1日1.25ドル以下で生きることを強いられている人々を根絶することが謳われている。国連統計局のウェブ・サイトを見ると，最新のデータを用いて現状の貧困問題とそれに対する政府の対応について理解ができる（https://unstats.un.org/sdgs/report/2021/goal-01/）。

　以下の図にあるように，開発目標の制定にともなって順調に貧困は減っているように思われていたものの，新型コロナウイルス感染症の広がりがあって，予測値ではあるが，貧困人口が上昇するものと考えられている。同サイトの解説によると，2020年には世界の貧困人口は1億1900万人から1億2400万人ほどに増加し，そのうちの60％が南アジア諸国に出現するという。図C3にもあらわれているように，もっとも貧しいカテゴリーに属する人々の割合が1998年以来初めて上昇することとなり，2019年の8.4％から2020年には9.5％と1％近く増えてしまうという。現在の予測に基づくと，2030年の世界の貧困率は7％（約6億人）となり，貧困撲滅の目標に届かない悲観的な見解が示されている。

図C3　一日1.90ドル以下で暮らす人の数（2017年以降は予測値）

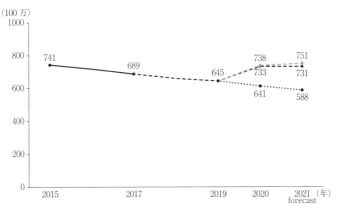

出典：United Nations Statistics Division, Development Data and Outreach Branch（ND）"End poverty in all its forms everywhere," https://unstats.un.org/sdgs/report/2021/goal-01/

いといったことが起こる。たとえば，アメリカなどでは，援助を利用して被援助国の国連での投票をアメリカに近い立場に変えさせよといった圧力を議会が歴代政権にかけ，とくに 1980 年代はそれが政治的に顕在化した。中国による，いわゆる一帯一路政策には「裏がある」といった邪推が各国から投げかけられるのには，こういった政治力学の存在がある。

　援助は途上国の政策変更を迫るツールであったり，または国際組織での彼らの票を買う道具であるといった解釈が存在し，それは主に **2 国間主義（バイラテラリズム）** の中で実施される。他方，**多国間主義（マルチラテラリズム）** においてはある国の影響力は相対的に低くなり，より中立的な援助が実現されやすいと考えられている。

　さらには，どういった種類の援助であれ，先進国から途上国への援助がどこまで効果的なのかについては議論がある。ジェフェリー・サックスのような援助効果肯定派に対して，ウィリアム・イースタリーのような援助効果否定派が挑戦している（Sachs 2005; Easterly 2006, 2014）。広く知られた研究者同士の議論で，サックス・イースタリー論争と呼ぶこともある。

　サックスは，国連の**ミレニアム開発目標**（MDGs）策定にもかかわり，大規模な先進国から途上国への援助＝ビッグプッシュが貧困を改善し，途上国が低成長の罠から抜け出せると論じる。貧困の撲滅は第 1 の課題とされ，ミレニアム開発目標の「ターゲット 1」には，1 人 1 日 1 ドル以下を基準にして定義される世界の貧困人口の比率を 1990 年の 28% から 2015 年までに 14% に半減することが定められていた。

　これに対してイースタリーは，今まで 60 兆円を超える援助が過去 40 年以上にわたって先進国から途上国へと投下されてもその効果が十分に発揮されなかったことを指摘しつつ，トップダウンの援助の問題点を列挙する。援助は腐敗した政治体制ではむしろ汚職を生み，競争を阻害して貧しい人々をさらに貧しくする効果さえあるという。イースタリーの著書では，移民できることのほうが貧困を減らすのには効果が高いと断じている（Easterly 2014）。つまり，国境があってザンビア人がザンビアから出られないことこそが問題だというのである。移民が国境を越えて移動できるようになれば，たとえばアメリカ合衆国の西バージニア州の鉱山が閉まっても同州の労働者が（州を越えて自由に移動で

きるので）他州へ移動して職にありつけて貧困を免れたのと同じように，人々はどこかで職を得て貧困状態を回避できると考える。

イースタリーが問題視する援助と汚職の相関と腐敗政治の弊害は世界銀行といった開発援助を主導する国際組織も認めている。したがって，国際社会が効果的に援助を行い，途上国の開発を成功させる上で，いかに被援助国の政府に民主化の道を選択させ，透明性の高い援助分配を実現させられるのかが重要な課題となっている。世界銀行のような存在が大きなリソースを割いて民主化支援を行っている背景には，援助を受け取る政府が一般国民への配慮を制度的に行うよう動機づけられる民主主義体制でないと，汚職で援助資金が一部政治家や官僚の懐に入って成果をあげられないといった経験知がある。

さて，違う国への移住が貧困撲滅のひとつの解決策だというイースタリーの提案は一理あるが，現実的ではないように感じられるのではないだろうか。というのも，難民や移民を受け入れる国が少数派だという推測が成り立つためである。おそらく，人道的な見地から難民は救うべきという議論や，イースタリーの唱えるような経済的な理由からの移民の推進論は一般原則として各国は同意できる。しかし，誰が受け入れるのかをめぐっては各国は意見を一致させられない。つまり，現実の難民や移民の受け入れには難色を示す国が少なくないはずなのである。NIMBY（Not In My Back Yard）といわれる現象で，自分のところには来てほしくないという声は大きい。難民にしろ，移民にしろ，社会的な摩擦を生むし，その教育コストはゼロではなく，人材不足ではない社会であるならば，とくに積極的に受け入れる誘因はない。

よって，開発援助を行うにしても，難民の保護を行うにしても，先進国同士はある種のジレンマを抱えることになる。というのは，誰かに負担をさせて自分だけその負担から生まれる恩恵を得ようとする「ただ乗り」の誘因を持つと考えられるからである。

## 4. 援助と移民・難民保護をめぐるジレンマモデル

ここで，援助と移民，難民保護をめぐる簡単なゲームのモデルを考えてみよう。先進国が2国あって，開発援助を行う，開発援助を行わないという2つの

選択肢があるとき，両国の戦略的相互作用は囚人のジレンマの構造に当てはめて解釈できるだろうか。

　おそらく解釈可能である。つまり，先進国同士が同時に開発援助を行えば世界全体で大規模な援助ができ，サックスの処方箋からすれば貧困撲滅につながる。しかし，相手を出し抜く誘因＝片方の先進国だけに援助をさせておけばよいという考えがあると，自国は援助をせずにいることが支配戦略になってしまう。つまり，相手の選択にかかわらず，自分から援助を行う誘因がない状態が考えられる。こういった構図の中で，将来の影がないと想定すると援助は双方の国から実施されずに【援助せず　援助せず】で均衡する。難民保護もこれに近いモデルで考えられるだろう。難民保護も世界で一致して実施できればよいが，自国だけ低水準の受け入れで逃れられるのであれば（相手の手にかかわらず）受け入れの枠組みから逃れたい。よって「受け入れず」という選択肢が支配戦略になってしまい，【受け入れず　受け入れず】で安定してしまう可能性が高い。

　この予測は実際の難民・避難民のデータと合致する。第2節で，難民発生の起因国がシリア，ベネズエラ，アフガニスタン，南スーダン，ミャンマーの5か国であったことを説明した。そして，主な受入国がトルコ，コロンビア，ウガンダ，パキスタン，ドイツであることも指摘した。ドイツを除けば，難民や避難民を受け入れているのは地理的近接国である。このような結果であるのは，トルコやコロンビアといった国々が受け入れたくて受け入れているのではなく，難民がたどり着いてしまい，仕方なく保護をしているという構図があることを示唆している。

　実際，紛争が起こっている国内で避難している国内避難民（IDP）の人数は5300万人を超えており，難民より2倍近い規模である。国際社会は危険から避難したいと考える人々に十分には手を差し伸べてはいないのである。

　難民や移民の人々が，受け入れてくれた国・社会に害悪をもたらすことがまったくないとは言わない。しかし，多くの難民や移民は社会をより豊かで多様なものにする存在である。助けられた人はその庇護国へ恩返しをするものだろう。難民や移民の異質性に目を向けて排除する短絡的な思考には陥るべきではない。たしかに短期的には教育や受け入れコストの負担があるかもしれないが，

「将来の影」を意識し，長期的にとらえれば国際社会が避難民を受け入れるのは合理的な解であろう。

## 5. 援助と移民・難民保護をめぐる国際組織の役割と国家の行動

　開発援助は各国が率先して実施しあえない可能性が高いジレンマ構造をともなっていた。ゆえに，各国が相互に協力を約束する仕組みとして経済協力開発機構や世界銀行，国連のイニシアティブが存在する。相互に国際的に公開の場で援助をめぐる政策コミットメントを行い，自国の行動について毎年報告できるような機会を設ける。場合によっては，他国の協力行動を国際制度に監督させることもできる。**非政府組織**（NGO）もこういった公開のセッションにオブザーバーとして参加して履行状況の報告などを行い，透明性のある中で国際的な開発援助が実施されていく。

　なお，国際制度を通じた多国間援助は2国間援助とは異なり，被援助国に対して特定の国が影響力を行使して「援助の罠」のような状態を作るのを防ぐ効果がある。すなわち，相手を援助依存体質にさせて影響力を行使するような構図は相対的に多国間援助では生まれにくい。他方，多くの国が2国間援助を用いる誘因を持つ。各国ともに多国間援助の金額は2国間援助の金額にまったく及ばない。これも囚人のジレンマの問題として理解できるだろう。

　多国間援助は匿名の支援となる。2国間援助は相手に対して恩を売ることができる援助である。その意味で，多国間援助重視と2国間援助重視の2選択肢のモデルを考えたとすると，先進国Aと先進国Bのゲームはどうなるだろうか。多国間援助だけで両者が合意できると匿名の援助だけとなり，国際社会には影響力行使を狙った支援はなくなり，純粋に必要性に応じた支援が実施されるのだろう。その意味で社会全体にとって望ましそうである。しかし，ここでもやはり，（自分は負担をしないで他者の努力で生まれる協力のパイ＝恩恵にあずかる）「ただ乗り」の誘因が存在する。自国だけ2国間援助重視にシフトして被援助国に恩を売って影響力行使をしたいと思うかもしれない。「将来の影」を国々のリーダーが意識できずに相手を出し抜こうとしあう場合には，【2国間援助重視　2国間援助重視】で世界が安定してしまう。それは「援助の罠」

## コラム 7-2　難民の移動をめぐる政治学分析の例

　東島雅昌とウ・ユジンの研究は，難民が国境を越えてどこへ向かうのかを説明しようと試みたもののひとつである（Higashijima and Woo Forthcoming）。難民の受入国の国内政治体制に着目するのに加え，難民がどこへ行きたいと希望するのかという選好の重要性を論じる。つまり，難民がどこへ行こうとするのかを決定するのは，受入国政府と難民の双方の誘因に影響を与える要因，とくにここでは政治体制であると論じる。東島らによると，政治体制と難民の流入量には「逆 U 字型」の関係があるという。受入国の権威主義の度合いが高い場合には，難民の受入量は小さくなる。というのも，入国後の処遇が不透明なため難民は移動先として好まないからである。また，受入国が高度に民主的な政治体制である場合，難民の数は再び減少するという。というのも，民主主義の政治リーダーたちは，難民に対する否定的な国内世論の存在に制約されるためである。さまざまな政治体制をめぐるデータセットを用いて計量分析を行い，理論的予想を支持する頑健（ロバスト）な証拠が得られたという。民主主義の国はより多くの難民申請者を惹きつけるものの，これらの国が正式に難民を認定する可能性は低く，庇護希望者に正式な難民資格は与えられにくい。そして難民たちは権威主義体制を目指そうとはしない。

を生んでしまう。これに対して，国際制度を設けて匿名の援助を増やし，互いに協力を約束することは先ほどの負の均衡を回避するひとつのやり方である。

　これとは別に，国境を越える人の保護をめぐる国際組織としては，国連の難民高等弁務官事務所がある。この組織名については，やや違和感を感じて立ち止まってほしい。国連にはさまざまな組織があるが，難民問題を扱うこの組織は「弁務官事務所」と訳されている。これは実は国際連盟からの名残である。フリチョフ・ナンセンが 1921 年に難民高等弁務官に就任してソビエト政府との交渉を行い，捕虜交換帰国プロジェクトで 45 万人以上の帰還を成功させ，第一次世界大戦によって生まれた難民のために「ナンセン・パスポート」として知られるようになる証明書を発行した。ともあれ，この組織は恒久的にある

べきものとは理解されていなかった。ゆえに「事務所」であった（ほかの国際組織が，多くの場合には機関という単語を付されていることを考えると事務所というのは臨時のものと感じられるだろう）。避難民が生まれたことに対して急遽国際社会が生み出した解決策であった。

　同じように，国連難民高等弁務官事務所も国連創設時には想定されていなかった。あくまで臨時の組織であった。第二次世界大戦後，避難を余儀なくされていた100万人以上の人々を援助するために1950年に設立され，当初は3年の設置を予定していた。しかし，その後5年ごとに更新されてきた。つまり，難民問題が解消すればただちに店じまいする組織であったのである。結局，冷戦が終わっても避難民の問題は解決することはなかった。むしろ，国内避難民を中心に多くの人々が長らく住んでいた土地を追われ，難民申請をする人も減ることがなかった。その結果，2003年には国連総会が「難民問題が解決するまで」その設置期限を延長するという決議を行うことになった（A/RES/58/153）。難民問題の現実の継続が，臨時組織であったはずの国連高等弁務官事務所を恒久化したのである。

　ここまで見てきたように，国際的な経済格差の存在は，先進国から途上国へと資本や技術を移動させていく開発援助の問題と人の移動の問題をもたらした。しかし，それでも解決されない貧困や格差の存在は，人々の不満へとつながっている。

　次の章以降でみるように，そういった不満は国家間の対立につながり，最悪の場合には国際戦争をもたらし，または国内での内戦の原因となっていく。国際関係における重大課題として，いかに経済的な格差問題を解決できるのかがきわめて重要な論点であることを忘れてはいけない。

　第II部の国際貿易，国際金融，そして人の移動と援助という各分野を通じて読者にわかっていただきたいのは，日々の国際関係の大半の活動はこういった事案をめぐるものだという点である。いわゆる**国際政治経済学**（IPE）が対象にしているテーマは国際関係の日常のほとんどである。

　各国は国際社会で貿易をするために協力し，その決済手段を考えたり，必要なモノをやりとりし，より豊かな世界を作るべく活動をしている。そこには本来，敵はいない。商売敵はいるかもしれないが，それは競争相手で，消えてし

てしまえと思うような存在ではない。根源的に国際社会でみな共存して繁栄するための協力相手＝仲間だという意識をもって日々過ごしたいものである。

　しかし，繁栄の恩恵を受けていない仲間も多い。とくに過去の歴史的背景が影響して大きな格差に直面し，貧困の常態化が進んでしまい，余裕のある者の支援を待つ人々は少なくない。援助は，出し惜しみによって不足気味になり，または援助を得た側の腐敗や不正の問題で機能しないこともあった。ただし，この問題は改善できる。「人間」という内集団意識をもって助け合いをできるわれわれでありたい。

　にもかかわらず，現実には内集団意識が人類全体に芽生えることはなく，むしろ人と人の集団の間に境界線が生まれ，そこに敵と味方の区別が生じている。味方との間には同盟といった国際協力をめぐる国際関係が生まれるが，敵に対しては今までとは異なる戦略的相互作用が生まれる。したがって敵となる相手との国際関係を論じることも「国際関係論」の教科書として重要である。よって次の第Ⅲ部からは，他国を敵と考えてそれと対峙する国際関係の場面，いわゆる戦争と安全保障について考えていこう。

---

### ❗ 要点の確認

・**2国間主義と多国間主義の違いを教えてください。**
　国際関係は基本的に2国間のやりとりからなり，それを2国間主義として表現する。他方，国際組織などを通じた国際関係もあり，それを多国間主義として表現することが多い（なお，マルチラテラリズムと表記することもある）。多国間主義はパワーの大きさの限られる中小国が政治的影響力を発揮しやすくしたり，または，匿名性を与える効果がある。

・**ミレニアム開発目標と持続可能な開発目標とはどんなものでしょうか？**
　2000年の国連ミレニアム・サミットで採択された「国連ミレニアム宣言」をもとに，2015年までに達成すべき国際社会共通の目標としてまとめられたのがミレニアム開発目標（MDGs）で，極度の貧困と飢餓の撲滅，普遍的初等教育の達成，ジェンダーの平等の推進と女性の地位向上，乳幼児死亡率の削減，妊産婦の健康の改善，HIV/エイズ，マラリアその他の疾病の蔓延防止，環境の持続可能性の確保，開発のためのグローバル・パートナーシップの推進という8つの目標が立てられた。その後，2015年の国連総会で持続可能な開発目標（SDGs）が採択され，17の国際目標が立てられている。

・**開発援助・難民支援と囚人のジレンマについて教えてください。**

開発援助や難民支援は囚人のジレンマの構図をともなう可能性がある。難民問題であれば NIMBY（Not In My Back Yard）の論理で「支援しない」が支配戦略になってしまう可能性が高く，そして協力の呼びかけに対する「不信」が支援をめぐる国際協力を不可能にしてしまう。同様のことが開発援助をめぐる，2 国間主義や多国間主義の選択についても当てはめられる。

## 第 7 章の文献ガイド

サックス，ジェフェリー（鈴木主税・野中邦子訳）（2014）『貧困の終焉——2025年までに世界を変える』早川書房

▷援助の重要性を唱える，開発援助支持派の議論を展開する 2005 年に英語で刊行された著作の日本語版である。まだ翻訳されていないイースタリーの *The Tyranny of Experts: Economists, Dictators, and the Forgotten Rights of the Poor* も参照し，比較して評価をするのが大事なのは論をまたない。

ベッツ，アレクサンダー／コリアー，ポール（滝沢三郎監修／佐藤安信ほか監訳／金井健司ほか訳）（2023）『難民——行き詰まる国際難民制度を超えて』明石書店

▷オックスフォード大学に在籍する研究者による書籍で，難民問題への国際的な制度対応の破綻を指摘した上で，自助努力による問題解決を模索する。9 割の難民がとどまっている周辺国で難民に対して就労機会と教育を提供し，難民の自立を推進することを重要な施策として提案している。

コリアー，ポール（中谷和夫訳）（2008）『最底辺の 10 億人——最も貧しい国々のために本当になすべきことは何か？』日経 BP

▷援助にかかわる国や国際組織，NGO などへの批判的な議論で知られ，一般向けの書籍ながら統計的なデータを駆使し，最貧国が最貧のままであることの原因を論じようとする。紛争の罠，天然資源の罠，内陸国であることの罠，劣悪な統治（ガバナンス）の罠という 4 つの原因を示して，われわれが世界の貧困問題と開発援助問題をどうとらえるべきかに示唆を与える。

.

第 III 部

# 安全保障

# 国家間戦争と同盟・有志連合

　国際関係にはさまざまな格差が埋め込まれ，そういった格差は他国に対する不満を芽生えさせる。第 5 章で見たように，経済ブロックが生まれて貿易をしてもらえない状況は，資源のない国にとっては悪夢であろう。通常，われわれは市場では相手を商売の対象として理解し，その意味で協力者としてとらえ，戦略的相互作用をしている。しかし，あることがきっかけで相手が紛争の当事者となり，ひいては敵になり，戦争によるほかないという状況へ落ちていく。

　国際関係論においては，戦争と安全保障という問題を避けることはできない。このあとの 3 つの章では国家間の争いのほか，内戦やテロリズムといった問題に焦点をあてて解説をしていこう。そこでは，国際政治経済における相互作用の結果として生まれた不満と格差の問題に加え，「信頼と不信」という鍵概念がたびたび登場することになる。

## 1.　戦争をめぐる歴史——戦争観・帝国主義・イシューの変化

　戦争の歴史は古い。そして，国家と国家の戦争はさまざまな理由で行われてきた。古くはどの王族が主権者として王位を継ぐべきかをめぐり，すなわち政体の正統と異端をめぐる争点で戦争が起きた（たとえば，1701年から1714年までのスペイン継承戦争）。領土をめぐる不満も戦争を引き起こしてきた。ある土地を自国が領有すべきか，または相手が領有すべきかをめぐり争いが起こった（1962年の中印国境戦争など）。国境線をいかに引くのかについて交渉は妥結しにくいことがたびたびあり，戦争が起こった。

　また，**聖戦**として（少なくとも表向きには）宗教をめぐる戦争もあった。キリスト教徒による十字軍の派遣があり，イスラム勢力をヨーロッパから追い出そうとするレコンキスタにともなっても戦争が起きた。宗教の教義をもとに人々が結集して異教徒への暴力行為が正しいものとされた。同じキリスト教徒の中で行われたいわゆる三十年戦争も宗教的な教義をめぐる争いで，聖戦のひとつであろう（第2章参照）。

　これに対して，18世紀中葉になると，**無差別戦争観**という戦争の考え方が広まる。宗教とは切り離された王権を軸にした近世の国家がヨーロッパで成立していくにつれ，国益にかなう理由で戦争を行うことが妥当なことと理解されるようになった。戦争の理由に正しいも間違いもなく，どんな理由でも国家は戦争を行使できるという考え方である。この時代にはヨーロッパ各国は植民地化にともなう戦争にも及び，相手の武力が乏しいことをいいことに多くの人々を虐殺するような事案も多発した。

　無差別戦争観の世界では，戦争開始の宣言（宣戦）を行うことが慣行化されていった。戦争を宣言することで戦時に移行して，相手国の兵士たちを殺害することに合法性を得た。なお，1907年の「開戦ニ関スル条約」でこの慣行が条約化され，明示的な表示方式のみを戦争開始の方式にすると決められた。さらに同時並行的に，戦時国際法として戦争中に守るべき最低限のルールが決まっていく。捕虜の文明的な扱い，戦争に対して関与しないと表明した中立国の商業活動を擁護することなどが規範化していった。今では，捕虜や傷病兵の待

遇，民間人や文化財の保護，無差別攻撃の禁止，毒ガスなど特定兵器の使用の禁止といった交戦法規として条約化されている。このような戦争観は第二次世界大戦まで存在していた。

　その後，徐々に大規模戦争への深い反省とその共有知化を経て，第二次世界大戦の終結をもって，国際連合憲章による**戦争の違法化**が大きく前進する。なお，それ以前にも 1928 年（昭和 3 年）の不戦条約（ケロッグ＝ブリアン条約）で一般的な戦争の禁止を定めてはいた。その第 1 条では「国際紛争解決のために戦争に訴えることを非難し，かつ，その相互の関係において国家政策の手段として戦争を放棄することを，その各々の人民の名において厳粛に宣言する」と定められた。戦争の違法化のルールとしてはかなり踏み込んだものであったが，原署名国が 15 か国，加盟国は 63 か国にとどまった。

　今日，国連憲章第 2 条の第 4 項が，以下のように戦争違法化を規定している。


　　　すべての加盟国は，その国際関係において，武力による威嚇又は武力の行使を，いかなる国の領土保全又は政治的独立に対するものも，また，国際連合の目的と両立しない他のいかなる方法によるものも慎まなければならない。


　第 2 条には，国連加盟国が組織の目的を達成するにあたって守るべき義務として，このほか主権平等や内政不干渉といった基本的な国際関係の原則が列挙されている。

　ともあれ，国連憲章において，戦争は法的に禁止されている。すなわち，国連加盟国が憲章を尊重しているのであれば，自ら宣戦を行う場面は想定できない。しかしながら，戦争に相当する事態は今も法的には 2 種類の形態で存在しうる。ひとつは，国連憲章第 7 章の強制行動として加盟国が武力制裁を行う場合である。たとえば，朝鮮戦争の際に編成され，国連旗をかかげることを許された朝鮮国連軍（オーストラリア，ベルギー，カナダ，コロンビア，デンマーク，フランス，ギリシャ，イタリア，オランダ，ニュージーランド，ノルウェー，フィリピン，韓国，南アフリカ，タイ，トルコ，イギリス，アメリカで編成）はその典型例ではないとしても一例である。そのほかには，湾岸戦争で編

成された2つの多国籍軍も国連安保理のお墨付きによる懲罰的な武力行使である。

　もうひとつは，自衛権の行使としての戦争であり，それは国連憲章の51条に規定されている。

　第51条
　この憲章のいかなる規定も，国際連合加盟国に対して武力攻撃が発生した場合には，安全保障理事会が国際の平和及び安全の維持に必要な措置をとるまでの間，個別的又は集団的自衛の固有の権利を害するものではない。この自衛権の行使に当って加盟国がとった措置は，直ちに安全保障理事会に報告しなければならない。また，この措置は，安全保障理事会が国際の平和及び安全の維持又は回復のために必要と認める行動をいつでもとるこの憲章に基く権能及び責任に対しては，いかなる影響も及ぼすものではない。

　国連安保理の決議は複数国の決定で行われることを踏まえれば，ある国が1か国として戦争を行うにあたっては7章の強制行動ではなく，自衛権に依拠するほかない。なお，その際には，自衛権は安保理が措置をとるまでの暫定的な措置であるほか，自衛行為の安保理への通報が義務化されているように読み取れる（Tago 2013）。

　戦争を行う目的は，歴史的に見てさまざまであったが，無差別戦争観の時代にはどのような理由であれ，国益を根拠として発動ができるようになった。また，戦争の目的は自衛だけとされる今も，戦争に至る理由にはさまざまなものがありそうである。しかし，重要なのは戦争が効率的ではない紛争解決手段だという理解が広まりつつあることだろう。国家間戦争の数は減っており，国際社会の構成員の数が増えているのにもかかわらず，国と国同士の戦争の数は限られてきている意味は大きい。なお，それは組織的な正規軍同士の戦闘で年1000人以上の戦死者数が出た場合を戦争として括る**戦争の相関研究**（Correlated of War）**プロジェクト**のデータによっても裏付けられる。

## 2. 抑止——軍拡と同盟・有志連合

さて，このような国家間の戦争を防ぐためには何ができるのだろうか。

ひとつの考え方は，安全保障をめぐる基本概念である**抑止**（deterrence）である。抑止は攻撃をされたら反撃するという能力と意図を見せ，相手に攻撃を思いとどまらせるというメカニズムを指す。根源的に暴力を抑制させるのは暴力であるという思想が埋め込まれている（これと異なり，敵を作らないという思想の安全保障政策もあるが，これは後述する）。ゆえに自衛能力を示す意味での抑止政策は安全保障の肝だとされる。政府がない以上，自分で自分の身を守るのは各国おのれの責任というのはわかりやすい。

そのような責任を果たす意味で，各国は自ら軍備を整えて軍拡し，または信頼できる安全保障上のパートナーを仲間とする政策をとる。軍拡のデータについては，ストックホルム国際平和研究所（SIPRI）のまとめるデータがよく知られている。アジアでは昨今，各国が軍備の増強をしており，残念ながら軍拡競争（arms race）の様相をみせている（図8-1参照）。

また，同盟政策も自国の抑止力を強化する手だてである。自らは相手に対抗できる軍拡をできなくとも，信頼できる同盟関係を構築し，友軍に支援してもらう仕組みを設け，敵国の攻撃を断念させるという取り組みである。同盟のデータは，ライス大学のATOP（Alliance Treaty Obligations and Provisions）プロジェクトがもっともよく知られている（http://www.atopdata.org/data.html）。このATOPプロジェクト以降，同盟は条約がともなった安全保障協力を指し，そこには共同防衛を約束する防衛同盟，共同攻撃を約束する攻撃条約，相互の有事における中立を約束する中立同盟，両国間での協議を約束する協議同盟などがある。抑止をする上では，主に防衛条約が問題になり，今の国際社会ではほとんどの同盟関係は何らかの防衛条約だと考えてよい。これは，同盟条約が国連憲章上，公開外交で各国に公表されるという仕組みと関係しているだろう。つまり，秘密条約であれば攻撃条約は意味を持つが，公開外交の原則があるこの国際社会では攻撃条約は相手に伝わってアドバンテージがなくなり，むしろ公表して価値の生まれる防衛同盟が主流になるという事情がある。

図 8-1　世界の軍事費（地域別）
1988 年から 2021 年まで

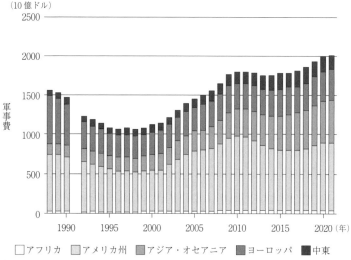

（10 億ドル）

軍事費

□アフリカ　■アメリカ州　■アジア・オセアニア　■ヨーロッパ　■中東

出典：SIPRI（2022）"World military expenditure passes \$2 trillion for first time" 25 April.
　　https://www.sipri.org/media/press-release/2022/world-military-expenditure-passes-2-
　　trillion-first-time
注：2020 年のアメリカを基準年とした実質値

　たとえば，*Science Advance* 誌から 2017 年に同盟条約のネットワーク分析の研究結果が刊行されている。紛争の生起データと組み合わせて，どういった同盟ネットワークにあるもの同士が戦争をしやすいかを検討している（Li, Bradshaw, Clary, and Cranmer, 2017）。なお，同盟のネットワーク分析は同盟の関係性を示す統計技術で，ある国と間接的に同盟になっているような状態，すなわちアメリカと同盟を結んでいる日本と同じくアメリカと同盟を結ぶ韓国は 2 の度合い（次数，degree）でつながっていると示すことを可能にする。他方，日本と中国の間には共通の同盟相手はなく，少なくとも 3 以上の次数分，離れている。こういった同盟ネットワークにおける次数は紛争の生起確率に影響し，紛争になりうる事案を抱えやすい地理的近接性の高い国々のダイアッドで考えた場合，4 次数以上で紛争の起こる確率が統計的に有意に高まるという。同盟の関係性がなくなると紛争が起こるというのは直感的に理解できよう。次数 4

まで差がないというのは，ほどほどの距離（＝ある国の同盟の相手のその同盟相手で，自分とは直接の同盟関係はない国）であっても紛争はかなり起こりにくいという解釈もできるのかもしれない。たとえば，リビアとトルコは次数3，トルコとエジプトは次数4で，紛争確率は相対的に前者は後者よりも統計的に有意に低い。

　なお，最近では同盟よりも次元の低い防衛協力に焦点をあてたデータも出てきており，日本に関しては，日米同盟ほどのコミットメントがともなわない，日米豪印のクアッド（Quad）のようなものを含めて分析に役立てようとする動きもある（Kinne 2020）。

　同盟は抑止力として機能しうるが，それには同盟相手国が安全保障協力の約束を履行する信頼できる国だとの期待が関係者によって共有されていなければならない。約束をめぐる相手のコミットメントに疑義が生じれば，抑止力もそれだけ不安定化する。よって，同盟関係にはつねに裏切られる恐怖が埋め込まれている。

　そして，同盟関係が自国の独自の軍備拡張と違ってやっかいなのは，同盟相手にしてみれば自分がそもそも関与しなくてすんでいた紛争への巻き込まれを懸念しないといけない状況が起こること，そして，同盟相手国との関係で（とくに相手がより強い国でその要求を受け入れないと同盟が維持できないような力の差がある場合）自国の主権を放棄するような対応を求められることの危険性である。日本の場合，アメリカの紛争に巻き込まれる恐怖を持ちうるし，アメリカに対してアメリカ軍基地受け入れにともなってさまざまな主権の放棄をしている（沖縄の基地問題の根底にはこの主権放棄の話が横たわっているし，また，関東であればいわゆる横田空域の管轄の話が該当する）。同盟は約束がかかわるゆえ，その信頼性が重要な鍵になり，同盟に対する不信が紛争のエスカレーションにも関係してくる。

　さて，最後に有志連合（coalition）という概念について紹介しておきたい。従来，同盟は広い概念で，条約をともなわない一時的な国家間の安全保障協力関係をも内包していた。しかし，昨今，同盟は狭義の解釈を当てはめられ，同盟条約をともなうことが重視される。防衛協力のような条約に基づかない非公式の約束ごとのほか，具体的な危機や戦争における協力関係を有志連合という

呼び方で区別するようになった。本書の著者の本丸の研究は国連のお墨付きを受けた（もしくは受けなかった）多国籍軍・有志連合である。アカデミアで多用される検索エンジンである「Google Scholar」で検索すると，いくつかの研究群が見つかるだろう。たとえば，アメリカのような軍事的な超大国があえて有志連合を作るのはなぜか，そこに加担する国はどういう国々で何が参加を促し，さらにはそこからの早期離脱はなぜ生じるのかといった問いに政治学的な解答を付与してきている。まだまだ未解決の問題は多く，若い研究者の参入が必要な，ニッチのある分野である。

## 3.　安全保障のジレンマ

　軍拡または同盟政策を通じて抑止を実施する場合の「問題」とは何であろうか。よく知られるのは，いわゆる**安全保障のジレンマ**と呼ばれる現象である。A 国と B 国という 2 つの国について考えよう。

　A 国は B 国と領土紛争を抱える。その領土問題については現状維持で非公式の合意があって，双方で原則論のぶつけあいはするものの，現状を大きく変えようとする政治的意思はないと理解されてきた。しかし，あるとき A 国の政府が抑止政策として軍備拡張または同盟強化をとったとする。A 国はハト派で知られる首相が率いていて，あくまで自衛のために防衛費を今までの 2 倍にするという。繰り返すように，自衛のためだと説明をしている。どうなるだろうか。

　おそらく B 国は A 国の動きをみて動揺するだろう。A 国は自衛のためだと説明しているけれども，A・B 間の領土紛争をめぐる現状変更のためかもしれないと邪推するだろう。しかも，なんと A 国は今まで保有していなかった敵基地攻撃能力，もとい，反撃能力なるものを保有することになって B 国を射程にする新型ミサイルを国境に近い南西地域に配備するという。でも，あくまでも A 国いわく，自衛のためだという。

　B 国はこれに対して静観してくれるだろうか。

　B 国の国民にも A 国の動きに脅威を感じる勢力が増えるのではなかろうか。たとえば，B 国の議会は同国政府に対して何らかの対処を求め，最終的に B 国

も防衛費の増強と，Ｃ国との同盟を視野に入れた安全保障協力を立ち上げることを発表すると予測できる。なお，Ｂ国の大統領ももちろんこの措置は自衛のためだと説明する。さて，これを受けてＡ国はどうするだろうか。

　ここまで指摘すれば想像がつくと思うが，Ａ国はさらに防衛のための軍拡を行うだろう。この負の連鎖はエンドレスに継続しうる。というのも，防衛目的である＝攻撃には使用しないというコミットメントに信用がともなわないからである。相手への不信が安全保障をめぐる負の連鎖を引き起こす。このように，防衛のためだとして抑止力を高めることが相手国のさらなる軍拡ないし同盟強化を生んで，もともとの抑止力強化政策がある意味無効化されてしまう様子を安全保障のジレンマと呼ぶ。

　ゲーム理論的には，囚人のジレンマではなく，「鹿狩りゲーム」と呼ばれる形で理解できる。鹿狩りゲームは，猟師２名が山で協力して大物の獲物である鹿をつかまえようとしているなか，ウサギがあらわれる場面として説明される。ウサギは自分一人でも容易につかまえられるがそれを追うと鹿は得られず，またウサギは小さくてかわいい個体ゆえに得ても喜びは小さい。囚人のジレンマゲームとは違って，選好は【鹿　鹿】が（2　2），【ウサギ　鹿】が（1　0），【鹿　ウサギ】が（0　1），【ウサギ　ウサギ】が（1　1）という形で与えられる。

　ここで相手の手に対する最適対応の組み合わせを考えると，【鹿　鹿】【ウサギ　ウサギ】の複数のナッシュ均衡解が生まれる設定になっている。安全保障のジレンマは，このような構造で【ウサギ　ウサギ】のような社会全体の効用が低い形で安定してしまうありさまだといえる。本来は軍拡なき世界という【鹿　鹿】の状態を目指したいが，相手がそこにコミットするかは不安があり，相手がウサギに目を奪われて裏切ると自分も裏切ってウサギに手を出すことが合理的になる。そしてそれは【ウサギ　ウサギ】＝【軍拡　軍拡】の均衡を生んでしまう。

　安全保障のジレンマは，本来両者ともに信頼さえできれば軍拡なき世界で安定できるのに，相手に対する疑念が軍拡競争の負のスパイラルを生むことを示している。自分の行っている防衛政策は，本当に防衛だけのものでそれ以上のものではないという安心感をいかに相手に与えられるのかがきわめて重要だと

*149*

いう示唆を得られる。

　抑止政策の問題については，安全保障のジレンマのほかに，**同盟をめぐる不確実性**の論点がある。先ほども言及したように，同盟は自国が軍備を管理して相手の行動を抑制させる政策ではないため，同盟相手との関係で生まれる信頼と不信の問題をうまく解決せねばならない。同盟による紛争への過度の巻き込まれを防ぐため，アメリカのような大国は，日本や台湾のような国を相手に，同盟関係の提供と軍備の提供という2つの異なる政策を使い分けているという解説がある（Yarhi-Milo, Lanoszka, and Cooper 2016）。また，同盟関係を切られないため，立場の弱い被防衛対象になる軍事力のより乏しい国が，有志連合を率いているアメリカのような強い国の軍事行動へ参画することがある。同盟で抑止を行うことが，波及的に他の安全保障上の政策課題を生み出すことがある。たとえば，韓国はベトナム戦争に参加したが，それは北朝鮮への抑止においてアメリカがきわめて重要で，その同盟の力を確実に自国の防衛のために得るためだったと考えられる。

　さて，この節を閉じるにあたって，戦争が根本的に破壊行為をともない，紛争解決手段としてはつねに交渉に勝ることがないと論じておきたい。戦争は相手を攻撃して望んでいた結果を得ようとする行為である。戦争は攻撃をともなうので破壊行為と切っても切れない。交渉相手を殺しさえするかもしれない。一方的に自分が相手に暴力を行使できればいいが，そうでないのであれば自分もきっと相手の攻撃にさらされ，被害をこうむる。よって，国際紛争を解決するにあたって，つねに交渉という賢い解が存在する。というのも，戦争にはつねにコストがよりかかるからである。「戦争にはコストがともなう（war is costly）」という前提をおくことに異論を唱えるのは少数派である。

## 4. フィアロンの合理的戦争原因モデル

　戦争はコストがかかり，交渉よりも劣った国際紛争の解決手段である。それにもかかわらず戦争が起きてしまう理由を整理してモデル化したのが，**ジェームス・フィアロン**である。フィアロンは，コストがかかるゆえ，戦争は基本的に回避されていると論じる。戦争が交渉よりもコストがかかる紛争解決手段だ

と理解しているため，合理的な行為者であれば戦争を回避するという。事実，国際社会の国々のダイアッドで戦争状態にあるものはごく限られる。

　では，合理的な意思決定ができる行為者でさえもコストのかかる戦争を選択してしまう条件とは何であろうか。フィアロンは 1995 年の論文において，①**価値不可分性**，②**情報の非対称性**，③**コミットメント問題**という 3 つの主要な戦争原因を列挙した（Fearon 1995; 浅古 2018）。

　①の価値不可分性とは，バーゲニング（交渉）が想定できない状況で戦争が起こることを示す。たとえば，エルサレムといった宗教的聖地のように，そこが相手のものか，自分のものか＝ 0 か 1 かを争っている紛争は戦争に至りやすい。「あなたの聖地はもともとここでしたが，戦争が起こってはいけないので，（神様がおりてきたとか上手に理由をつけていただいて）2000 キロ先のこの空き地に新設をお願いします」といった交渉はできないだろう。もちろん，サイドペイメントという形で代償を払い，双方が合意すればこの種の問題も解決するとは理論的には想定できる。しかし，聖地のようなものに対して代償が受け入れられる可能性はかなり低く，価値不可分なものをめぐる政治交渉は破綻しやすい。交渉ができないということは戦争でしか問題の解決はできないということであり，実際の武力衝突につながりやすい。

　②の情報の非対称性は，相手と自分が異なる能力判定を行うこと，そして各国が相手がバーゲニングで要求を行う意図の程度を見誤ることで戦争が起こることを指している。要するに，現実よりも自分が強いと過信し，もしくは相手の要求をこけおどし（ブラフ）ととらえて本気にしないでいると交渉妥結は困難になり，戦争を引き起こす。そもそも，情報の非対称性があると，相手から妥協を得ようとして誇大な力を示したり，意図の誇張を行う誘因が生まれてしまう。バーゲニングでより多くを得ようとする欲深い国家を想定すると，双方がブラフをしてしまう構造が国際関係に埋め込まれている。また，相手の情報発信をブラフと決めつけて過小評価するリスクもある。ロシアが 2022 年 2 月にウクライナへ対して大規模な侵攻作戦を行ったが，当初ロシアはウクライナの防衛に関する意図を低く見積もり，自国の能力を過信したのだろう。ロシア軍は思うようには力を発揮できずにプーチンは困っていた。その反面，2022年 10 月以降，ロシア軍はむしろ過小評価されているかもしれない。当初から

失敗し続けた姿を見て，ウクライナ側がロシア軍を過小評価するとウクライナ側は交渉で停戦をしようとはせず（＝戦争は止まるのではなく）相手に勝利すべく戦闘を続けている。客観的には膠着状態にあって，力が互角で，相手の本気度も情報として正確に理解できているのに，過小評価や過大評価が戦争を起こし，また戦争を継続させる理由になる。

　最後に，③のコミットメント問題は，②とは違って，プレーヤーの間に同一の情報が共有されている場合に戦争が起こるメカニズムである。たとえば，近い将来においてＡ国が急速に国力を増し，Ｂ国は急速に国力を失うと世界のだれもが思っているとしよう。現時点でＡ国とＢ国の妥結している約束（コミットメント）はこのまま守られると考えられるだろうか。現状維持規範が高い社会の人々はこのまま約束は継続されると思うかもしれない。しかし，残念ながら合理的な行為者として両国を考える限り，Ａ国は将来，再交渉を申し入れ，新しいバーゲニングを試みるだろう。そしてそこではＢ国は圧倒的に不利な状況で再交渉に応じるほかない。そして，その未来が予測できているのであれば，Ｂ国は今の国力がまだある現時点において予防戦争を仕掛け，Ａ国に圧倒的に勝利して紛争にケリをつけてしまおうという誘因にかられ，それが理由となって戦争が開始されてしまうことがある。なお，コミットメント問題は戦争の継続に作用することも指摘しておきたい。相手のことを信用できない環境では停戦や休戦が難しい。約束の信憑性が欠けている関係性では戦争も起こりやすくなるし，戦争の終わりも見えなくなる。

## 5. 3つの平和論

　このようなフィアロンのモデルを前提に3つの平和論を論じておこう。**民主的平和**（democratic peace），**商業的平和**（commercial peace），**国際制度の平和**（institutional peace）である。これらはフィアロンの議論とは別に古くはイマニュエル・カントの時代にまでさかのぼる平和への処方箋であるが，現在の合理的戦争原因モデルにあわせて理解すると，それらの平和の可能性を高めるメカニズムに気づくことができる。

　第1に，民主的平和の議論は，モナディック（1か国）とダイアディック（2

### コラム 8-1　民主主義の平和を説明する
さまざまなメカニズム

　民主的平和はデモクラティック・ピースと呼ばれる研究群であり，歴史は古い。先ほどはフィアロンのモデルにそって平和をもたらしうる可能性を指摘したが，実はそれだけではなくさまざまなメカニズムが語られてきた。

　たとえば，民主主義は規範として戦争を回避し，話し合い＝平和を是とする価値を人々に植え付けるのだというメカニズムを指摘する研究があり，1990年代のはじめはその影響は大きいといった分析が出されていた（Maoz and Russett 1993）。また，戦略的相互関係の中で，民主主義国は非民主主義国に比べて勝ちやすく，それを踏まえると相対的に戦争を仕掛けられにくいという議論もあった（Reiter and Stam 2002）。このほか，政治リーダーが情報を公に出す結果，それを認識した一般市民＝観衆に対する高いアカウンタビリティを求められるのが民主主義で，それによってエスカレーションを軽々には発動できない（これを**観衆費用**と呼ぶ）というメカニズムに着目する，いわば情報論と呼べる議論がある。仮に戦争を発動して，にもかかわらず相手に譲歩をする「バックダウン」をしてしまうと観衆から強い拒否反応を受け，いわば政治的に厳しい「罰」を受けることから，民主主義のリーダーは他国に対して軽々しく武力の脅しはせず，一貫して外交交渉などで国際問題を解決しようとするという（Fearon 1994; Tomz 2007; Kurizaki and Whang 2015; Kohama, Quek, and Tago 2023）。

つの国のペア）の2つの系統に分けることができ，前者は「民主主義国は（どんな相手にも）戦争をしかけにくい」，後者は「民主主義国同士は戦争をしにくい」というものである。現在，さまざまな研究者が前者の議論にはデータ的な裏付けはなく，後者の議論はきわめて強いエビデンスがあるとしている。つまり，民主主義国同士は戦争をしにくいと考えられている。

　これは，民主主義国同士では戦争原因のうち，情報の非対称性が生まれにくく，またコミットメント問題が生まれにくいからと理解できる。民主主義国で

は報道の自由があり，議会での公開の討論で政策が決まり，相手の意図や能力の誤認が生まれにくい。また，議会の存在や一般国民の観衆の目を含めた民主的な統制は約束を守る政治体制を生み出す。コミットメント問題を回避できれば戦争を引き起こしにくくなると理解できる。

第2に，商業的平和の議論は，経済的な相互依存が高い国家同士は戦争をしにくいというものである。高い依存関係は，国際紛争のバーゲニングのモデルにおいてコスト認識を高める効果を持つ。コスト認識が高いということは，戦争をしないですむ交渉妥結領域が広くなることを意味する。より戦争を回避できる余地が生まれる。また，商業的な関係性のある国同士は人的交流も盛んで，情報が隠されずに相手側に渡り，結果として情報の非対称性が減退する。しかも，依存関係で経済的な交流をする相手同士，そこでは商売を通じた信頼関係を作っていることになる。信頼できる間柄ではコミットメント問題はさほど深刻化しない。このことをとらえて戦争が起こりにくいという議論がある。

たとえば，多国籍企業が国境を越える資本移動を行い，外国に工場などを建設して生産を行うFDI（直接投資）は，相手国に対して高い経済的な先行投資を行うことを意味する。1980年から2000年までのデータを用いて検討したマージット・バスマンの研究によると，直接投資の流入の増加は相手国との死者をともなう武力化紛争の確率を統計的に有意に下げる。これに対して直接投資の引き上げ（流出）の増加は同紛争の確率を統計的に有意に高めるという（Bussmann 2010）。

第3に，国際制度の平和の議論がある。同一の国際制度に加盟しているほど戦争が起こりにくいという議論のほか，国際制度が平和をはぐくむという議論がある。前者の場合，同一の国際制度により多く加盟していると情報の非対称性が減じるというメカニズムを想定できるだろう。相互に外交的なインタラクションの機会をより多く持っていると誤認が起きにくいのではないかという論理である。後者の場合，武力衝突の危機に瀕した2国間の間で国際制度が仲介役をはたし，エスカレーションを止めて戦争を回避させる可能性を持つ。つまり，コミットメント問題がかかわっている案件の場合には，第三者として国際制度が約束の履行監視を担保することで，国際合意を実現させ，交渉での問題解決を可能にする。

## コラム 8-2　民主的平和はなぜ生まれた？
## ：女性の参政権と戦争忌避傾向

　民主的平和論は 1980 年代以降，アメリカの国際政治学で大論争を巻き起こした。リアリズムは民主的平和論に批判的であり，アメリカの覇権的秩序がもたらした平和の疑似相関（見かけの相関）であるといった議論が提示された（Gowa 1995）。疑似相関とは，X が Y を引き起こすという関係の背後に，Z という要素があって，その Z が X も Y も引き起こしていたというような関係性のことである。最近になって，アメリカの覇権とは別の要素による民主的平和論に関する見かけの相関の可能性が指摘されている（Barnhart, Trager, Saunders, and Dafoe 2020）。民主主義という制度があることが平和に寄与しているのではなく，政治的な参加の程度を増やした女性たちの存在が大事だという議論である。

　というのも，女性はさまざまな世論調査を通してみて，つねに男性よりも武力行使に対して強い拒否傾向を持つ。戦争に反対する割合は女性のほうが圧倒的に多い。女性たちが自分たちの意見を政治に反映させるべく運動し，それが民主化をさらに促すとともに，民主主義国が戦争に参加する確率も下げるという構図が浮かび上がる。

　この論文の分析者たちは日本のデータも含めて 2 万人を超える人々への調査に対して「メタ分析」と呼ばれる統計的な検討を行い，紛争をめぐる男女差について実証する。その上で，女性の参政権を認める普通選挙の増加こそが民主的平和の観測数を増やしてきた真の原因だという議論と実証分析を試みている。女性参政権の認められた世界では，ダイアッドだけではなく，モナディック（＝1 か国）の分析レベルでも民主主義と平和が連関しているという見解を示している。

　国際制度は典型的には平和維持活動の機能をともなうような国連といった組織を想像すればいいが，それ以外にも平和の促進作用をともなうものがある。たとえば国際司法裁判所のような紛争解決制度の発達も戦争回避に役立っている。当事者間の交渉ではなかなか結論が出ない問題でも，両国の間に中立的な

国際司法裁判所という制度が入り，一定の結論を提示する。両国ともにその裁判の判決に従うことを前もって約束し，受け入れる。2国間交渉で相手に領土を譲るのは政府にとって痛手になるだろうが，裁判所が客観的に判断したという場合，政府は国際司法裁判所の意思決定を隠れ蓑にして妥協できるかもしれない。制度が介在すれば，コミットメントを破る評判コストもあがり，約束はより履行されやすくなるとも考えられる。平和が制度で生まれる可能性は多面的に指摘されている。

### ✏ 要点の確認

・**安全保障のジレンマとは何でしょうか？**

　安全保障のジレンマとは，相手に対する信頼の欠如から，相手の防衛のための軍拡または同盟強化策を脅威と感じ，自らもさらに防衛のための準備を行い，さらにそれが相手の軍拡・同盟強化を促すという負の連鎖を指す。すなわち，防衛のためだとして抑止力を高めることが相手国のさらなる軍拡ないし同盟強化を生んで，もともとの抑止力強化政策がある意味無効化されてしまう様子である。ゲーム理論的には，鹿狩りゲームで表現される。

・**合理的戦争原因モデルとは何でしょうか？**

　ジェームス・フィアロンが1995年に執筆した論文が提示した理論枠組みであり，2国間のバーゲニングにおいて，戦争のコストを仮定して交渉による解決が可能であるはずの状況でも，①価値不可分性，②情報の非対称性，③コミットメント問題が原因で戦争が起こりうると指摘されている。

・**民主的平和論を説明してください。**

　民主主義国同士は戦争をしにくいという観察データの知見に基づき，制度的なレベル，文化規範的なレベルなどでその理由が説明されている。また，観衆費用に着目する情報理論という説明もある。かつては民主主義国はどんな相手に対しても攻撃を仕掛けにくいという議論もあったが，現在では否定されており，また，民主化過程の国も攻撃をしやすく，民主化の平和はないことも知られている。英語では，デモクラティック・ピース（Democratic Peace）として広く知られている。

### 📖 第8章の文献ガイド

石黒馨（2010）『インセンティブな国際政治学──戦争は合理的に選択される』日本評論社

　　▷ゲーム理論を詳しく日本語で読解しつつ，フィアロンの提示する合理的戦争原因モ

デルをより深く理解したい方にお薦めする。内戦への応用など，経済学者である著者のこだわりの見えるところも多い。戦争も平和も同一のゲームの枠組みから説明できる点に美しさを感じてほしい。

ブラットマン，クリストファー（神月謙一訳）（2023）『戦争と交渉の経済学──人はなぜ戦うのか』草思社
　　▷英語で 2022 年に刊行された *Why We Fight: The Roots of War and the Paths to Peace*（Penguin Books）の翻訳版にあたる。フィアロンの枠組みを継承しつつ，戦争原因についてさらなる項目を提示したり，4 つの平和の条件を提示するなど，本書の後に読んでいくには最適の書物といえる。

多湖淳（2020）『戦争とは何か──国際政治学の挑戦』中央公論新社
　　▷本書の著者が戦争に特化して日本語で簡易な解説を試みたもので，ここでは説明しなかった数直線を使っての図による解説をともない，また，データ的な裏付けをどのようにとっているのかを解説している。くわえて，最終章で戦争予測について触れているが，最近の科学的な国際政治学がさまざまな形で紛争や戦争といった稀なイベントの予測に取り組んでいるさまが説明されている。

# 内戦とテロリズム

　1990 年代以降，内戦が急速に増えている。また，国境を越える国際テロリズムも国際社会に埋め込まれた暴力の問題として深刻であり，国際関係に大きな影響を与えている。

　国家間戦争と何が同じであり，何が異なるのかに関心を寄せながら，内戦とテロリズムについて論じよう。前章で紹介したフィアロンのモデルの有用性と限界が示されるとともに，「格差と不満」「不信と信頼」の問題がここにも影を落としていることが理解できるだろう。

## 1. 内戦をめぐる歴史

　国の中での戦争，いわゆる内戦が増えている。内戦は，政府の正規軍に対して反政府軍が軍事的に対立し，一定の強度の交戦がある状態である。ミシガン大学の戦争の相関研究プロジェクトであれば1年に1000名以上の政府軍および反政府軍の兵士が亡くなっているようなものが内戦に含まれる。また，ウプサラ大学のウプサラ紛争データプロジェクト（UCDP）の収録データはより小さい閾値を設定しており，年に25名の戦死者で紛争と扱われる。

　内戦には，端的に①首都（＝国家全体の統治を担う政権）をめぐるもの，②ある地域の自治と独立をめぐるものがある。中国で第二次世界大戦後に国共内戦が行われ，国民党政府の政府軍と共産党による反政府軍が戦った。共産軍は国民党の政府軍を圧倒して1949年に北京で中華人民共和国の設立を宣言した。首都をめぐる内戦の典型例である。2011年以降続いているシリア内戦も，いわゆるアラブの春の民主化運動が武装化し，アサド政権打倒を唱えて蜂起して激化した。政府側が今は反政府軍を圧倒している状態にある。ミャンマーでは2021年，民主的に選ばれた政府を軍部がクーデターで追いやった。アウンサン・スーチーを支持する反クーデター勢力は軍事政権への抵抗を続けており，首都をめぐる内戦になっている。これに対して，スーダンでは，南部と北部の異なる集団アイデンティティを持つ人々が対立して1955年以降，2度にわたって長期の内戦が生じ，結果的には2011年に南部が南スーダンとして独立した。なお，シリア内戦についてはクルド人勢力の反政府武装集団がアサド政権への攻撃を行っているが，そこだけを切り取ると独立ないし自治を求めての内戦になる。

　国家間戦争のように理解されるベトナム戦争も，基本構造は南ベトナムと北ベトナムの内戦で，タイプとしては首都をめぐる①タイプだった。しかし，アメリカが有志連合国とともに介入し，**国際化した内戦**（internationalized intra-state war）になった。ウプサラ紛争データプロジェクトによれば，図9-1にあるように，内戦または国際化した内戦が圧倒している。1946年以降，内戦の多くはアジアやアフリカで起きていた。しかし，1990年以降，ユーゴスラビア内

図9-1　1946年から2021年までの武力化紛争の数（種類別）

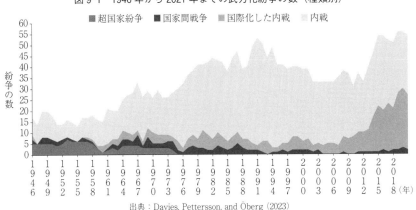

出典：Davies, Pettersson, and Öberg（2023）

戦のようにヨーロッパでも内戦が起こり，それは世界に大きな衝撃をもたらした。1999年にはコソボ紛争が国際化した内戦の様相を見せ，最終的にはNATOが有志連合を組みセルビアと戦った。さらには最近では東部ウクライナで親ロシア勢力が政府軍と継続的に戦う状態にあり，ロシアが反政府側に支援をしてきた。2012年にはロシアはクリミア半島に進軍して占領し，「住民投票」を経て併合した。こちらも内戦が国際化し，ついには2022年2月にはロシア軍が全面的にウクライナに各方面から侵攻し，大規模な国家間戦争に至っている。

こういった内戦の原因としてはさまざまな論が展開されてきた。天然資源をめぐる争いであるとか，宗教原因論などが提示されてきたが，いま有力な説明とされているのは，制度化された格差と不満の蓄積である。個人間の格差を垂直的不平等として理解するが，ある集団と他の集団の間の格差を水平的不平等として考える。この水平的不平等が存在し，しかもそれが政治的な意思決定によって制度化されていくことが内戦の原因になるという説明が広く受け入れられている（Cederman, Gleditsch, and Buhaug 2013）。

　さて，内戦について特筆したいのは，すべてではないものの多くの場合に，正規軍に対して兵士として訓練されていない一般市民が「反政府」でまとまり，武器をとる必要が出てくる点である。通常，人間を殺害することは禁止されたタブーである。一般人が人に武器を向けて引き金を引いたり，ボタンを押すこ

## コラム 9-1　人為的国境と内戦

　伊藤岳の研究は，植民地主義の過程でヨーロッパ各国が人為的国境をアフリカ大陸に引いたことが，独立後のアフリカでどれだけの内戦を引き起こしたのかを推計する（Ito 2021）。伊藤はピーター・マードックによる民族の境界線を地理空間データとして処理し，それが人為的国境で分断された程度をデータ化した（ウォード，グレディッシュ 2023）。そしてそれを内戦の発生確率と紐づけてどのくらい国境線による分断の影響があるのかを検証しようと試みた。その結果，国境線で分断された集団規模が内戦の生起確率に大きく寄与しているとわかった。

図 C4　民族の境界線と人為的国境による分断

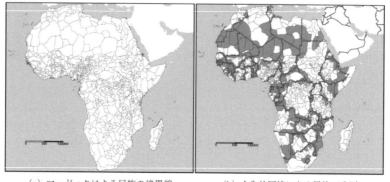

（a）マードックによる民族の境界線　　　　（b）人為的国境による民族の分断

出典：Ito（2021）

とはそんなに簡単にできることではない。よって，どういう人が進んで武器を手にとるのかという研究も行われてきた。シエラレオネ内戦にかかわる研究によれば，内戦に自発的にかかわることは相対的に少なく，強制によって兵士になっていることのほうが多いという（Humphreys and Weinstein 2008）。それゆえに，反政府勢力が成年男子を誘拐して強制的に兵士にするケースや，親のいない子どもたちを囲って兵士にしていくといった事案が多発している。

　また，デンマークのオールボー大学のクリスティーン・エックは，政府に対

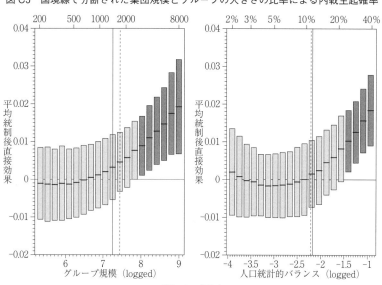

図 C5　国境線で分断された集団規模とグループの大きさの比率による内戦生起確率

出典：Ito（2021）

図表の見方：縦軸（Y）には平均統制後直接効果（ACDE）すなわち紛争の確率が，横軸（X）には左図の場合にはグループ規模と右図の場合には人口統計的なバランスが示されている。バーは 10 ～ 90% の予測値を示しており，平均はバーの中の横棒で示されている。Y 軸ゼロの基準よりも有意に正の値をとるのが X 軸の右側に集中していることがわかる。どちらの指標にしてもある国で分断された集団の大きさが大きくなると紛争確率が有意に高まることを示している。

する内戦＝反乱（rebellion）に参加することを選ぶ人がなぜいるのか，また反政府軍が彼らの決断に影響を与えるためにとりうる勧誘戦術は何かを研究した（Eck 2010）。反政府軍は政府に対抗し，組織として生き残るために一般市民から兵力を調達しなければならない。しかし，市民には銃を持って反乱に参加するという選択のほかに，他国へ逃れるといった離脱・離反（exit）という選択肢も存在する。エックによれば，反政府軍が民族の違いにそって市民の入隊を促すと自発的な反乱への参加者が増えて暴力が激化するという。エックはさら

に反乱軍の兵力に関する新しいデータを用いて，反乱への参加に影響を与える要因について検討し，その結果として，経済的・社会的なインセンティブよりも，個人の安全に対する懸念が反乱への参加をもっともよく説明することを発見している。そして強制的な徴用を行うのは，反政府軍が大きな損失をこうむって厳しい環境になってからで，それをネパール内戦のミクロデータによって裏付けている。

## 2. テロリズムをめぐる歴史

　内戦は組織的に首都を目指したり，分離独立を目指す社会運動として大規模なスケールを必要とするが，それが小規模なものであったり，または条件によっては一定以上激化をしないでテロリズムとして理解されることがある。テロリズムとは，社会に広く恐怖を与えることを通じてその政治的目標を達成しようとする弱者の暴力行為である。アメリカの内戦（いわゆる南北戦争）のあと，敗退した南部地域ではクー・クラックス・クラン（KKK）と呼ばれる秘密結社が結成され，黒人に対する激しい暴力行為を行ったが，それはテロリズムの典型である。平和な日本には関係ないと思う方もいるのかもしれないが，オウム真理教による松本サリン事件，東京地下鉄サリン事件などは紛れもないテロリズムであり，その歴史に触れるために村上春樹の『アンダーグラウンド』を手にするとよいかもしれない。

　テロリズムのデータベースとして知られる Global Terrorism Database（GTD）の情報を可視化した OurWorldInData（https://ourworldindata.org/terrorism）のほか，日本では公安調査庁（https://www.moj.go.jp/psia/terrorism/index.html）がわかりやすくテロ事件のリストをまとめている。ゲイリー・ラフリーの集計によると，1970年から2008年までのテロリズムの攻撃事件件数を上位10か国でまとめると，1位：コロンビア（6911件），2位：ペルー（6041件），3位：エルサルバドル（5330件），4位：インド（4799件），5位：イラク（4168件），6位：北アイルランド（3806件），7位：スペイン（3182件），8位：パキスタン（3064件），9位：フィリピン（2733件），10位：トルコ（2714件）で全体の68％を占め，上位20位を合計すると実に99.97％の事件がそこで起きている

(LaFree 2012)。つまり，テロリズムは分布の偏りが大きい現象である。

　テロリズムには，暗殺や誘拐・立てこもり，爆破・自爆，ハイジャック・シージャックなどが含まれるが，爆破ないし自爆がもっとも大きな割合を占めてきた。ターゲットは，議会や政府の要人，正規軍から，企業，民間人まで幅広く，広く恐怖を生み出すという意味では無差別性がともなうことが少なくない。

　なお，テロリズムという表現はプロパガンダの文脈で相手側を批判するために多用される。ウクライナ戦争において，ゼレンスキー大統領はロシア軍の攻撃をテロリズムだと表現することがたびたびある。逆にプーチン大統領も自国で反政府運動のことをテロリズムとして評価し，占領地のクリミア半島にかかるクリミア大橋の爆破事件についてはウクライナの特務機関によるテロ行為だと批判する。先ほど示したGTDなどはこういったプロパガンダとは一線を引いて客観的なデータ作りをモットーとしているが，どんなデータにも意図やバイアスがある。GTDはアメリカの研究者のチームが作っているもので，その意味でのバイアスは不可避である。にもかかわらず本書がGTDのようなデータに依拠する理由は，それが科学としてのプロトコル（手続き）にしたがってコーディングルールを開示し，データの詳細を第三者が追えるように公開している点にある。

　それゆえ，たとえば「国家テロ」といった言葉があるが，本来のテロリズムの理解からすればやや承服しがたい表現である。というのも，あくまでテロリズムは弱者の暴力であった。政府のような組織が相手国に攻撃する行為をテロとするのであれば，戦争や武力化した紛争と変わらなくなる。政府が暗殺行為などを行うことがあるが，それはスパイ行為，特務行為として理解して，弱者による社会に恐怖を植え付けるテロリズムとは線引きするほうが望ましい。

## 3. 合理的選択モデルで考える内戦とテロリズム

　内戦やテロリズムはどのように説明できるだろうか。ここでは，ジェームス・フィアロン，アンドリュー・キッドとバーバラ・ウォルターズの研究に依拠して解説を試みよう。

　フィアロンは内戦にも自分の提示した合理的戦争原因モデルが当てはめられ

ると論じる（Fearon 2004）。つまり，内戦も，価値不可分性，情報の非対称性，コミットメント問題でその開戦を説明できるという。フィアロンによれば，首都をめぐる内戦のうち，クーデターや革命によって引き起こされた内戦は首都をめぐる交渉の決裂から起き，そこには相手の能力と意図の誤認が隠れていると考える。つまり，情報の非対称性が戦争を生んでいる。その予測と整合するように，**クーデター・革命を起因とする内戦**の継続期間は，中央値で 2.5 年（95％の信頼区間が 1.6 年から 3.8 年）であった。これは内戦全体の継続期間の中央値 7.1 年よりも大幅に短い。通常，情報の非対称性だけが戦争原因であるならば，戦闘を通じて相手の意図や能力がわかると交渉すべき範囲が判明して戦争終結で双方が妥協できる。

　くわえて，フィアロンは**「土地の子」タイプの内戦**の存在を指摘する。これは首都をめぐるものではなく分離独立を目指すようなものである。それに該当する内戦のデータを集計すると 23.9 年（95％の信頼区間が 13.3 年から 43 年）であった。こういった内戦は情報の非対称性よりも価値不可分性の影響が作用しうる。分離独立を求める人々にとっては独立は譲ることはできず，それは政府にとっては国土と国民の喪失を意味して受け入れが困難なものとなり，0 か 1 かという価値不可分性の問題構造になりうる。戦争は最終的にどちらかが疲弊してしまうまで続きかねない。

　そして，そもそも内戦ではコミットメント問題が顕在化しやすいとフィアロンは指摘する。というのも，相手は政府でこちらは分離独立派の反政府勢力だとしよう。どのような終戦交渉の場になるだろうか。政府は言うに違いない。「いま銃をおろせば，分離独立を数年後に認めよう。数年間で準備をし，独立したらよい。でも，まずは銃をすべて手放して戦争を終わらせよう。信じてくれ」と。誰がこの約束を信じるだろうか。政府に約束を強制する仕組みがないのだから，この約束は反故にされ，武装解除したとたんに反政府勢力は逮捕されたり，殺戮されてしまうかもしれない。コミットメント問題が顕在化してしまうことで内戦は終わりにくくなる。

　コミットメント問題だけでなく，継戦能力がともなう内戦も長くなることをフィアロンは同論文で論じており，**密輸貿易をともなう内戦**（contraband finances）では麻薬やダイアモンドといった商品を反政府勢力が売り出して資金を得

て，それによって武器等を備えて戦争を継続できる。こういったものは，戦争の継続期間が中央値で 19.8 年（95％信頼区間は 10 年から 39.1 年）であった。

　テロリズムについてはキッドとウォルターズの研究がある（Kydd and Walter 2006）。彼らはテロ集団は合理的な思考をし，戦略的に行動していると論じる。テロリズムは，物理的な破壊とその脅しをもって社会にある人々の心を変えようとする行為で，その構図は相手に何らかのメッセージを伝えようとする「シグナリング」の一種だと考える。また，テロリストも命や逮捕の危険を犯す意味でコストがかかっており，それゆえにコストのかかるシグナルとしてテロ行為を定式化する。そのように考えた上で，キッドたちはテロリストが消耗戦略，脅迫戦略，挑発戦略，台無し戦略，競り落とし戦略といった異なる狙いをもってテロ行為を実行しようとすると論じる。

　**消耗戦略**とは，社会に高い負担を強いてその意思をくじくことを狙うにあたって，テロリストたちが同じように高いコストを負担をして，その姿を見せて社会にあきらめの心理を生み出そうとするやり口である。自爆テロのような行為に至るのは，相手を消耗させてあきらめさせるという狙いがあり，その狙いを想定すると合理的な行為として理解できるという。

　つぎに，**脅迫戦略**は人々を脅すことでテロリストが市民に自分たちの言い分を認めさせるようなタイプを指す。アフガニスタンでタリバンが市民に自らの信じる厳しいイスラム教の教義を押し付けるにあたって，女子学校の校長の首を見せしめとしてはねてしまった。それを見た市民は恐怖によってタリバンに従うほかないという態度を見せるようになった。脅迫戦略の典型である。

　これに対して，**挑発戦略**というものもある。これは，政府を挑発して攻撃するよう仕向け，それによって市民の中にテロリストの主張への賛成者を増やす戦略である。バスク祖国と自由の会（ETA）がスペインで用いていたという。スペイン政府は，長年にわたり，ETA の攻撃に対して，バスク人コミュニティに対する抑圧的な措置で対応して，時にはバスクのテロとは関係のない一般市民にも抑圧政策を敷いた。そのような政府の暴力を見たバスク系の市民たちは ETA に協力するようになる。テロの支持者を増やすためにテロリズムを行うという戦略である。

　**台無し戦略**は，テロ集団と同じ選好を有しつつも非暴力で温和路線を進めよ

## コラム 9-2　テロリズムと責任の所在

　オスロ平和研究所のスコット・ゲイツらの論文は，テロリズムにともなう武力攻撃が，民主的な政府の説明責任と政治的信頼にどのような影響を与えるのかを解き明かしている（Gates and Justesen 2020）。彼らの研究の面白さは，いわゆる自然実験（natural experiment）の手法を用いている点にある。マリで起こった大規模なテロ攻撃の前後に実施されていた調査データを用いて，準実験的な証拠を提示している。アフロバロメーターという調査が，襲撃事件の5日前から実施されていた。つまり，調査の回答者が襲撃事件の前と後の2つのグループに分けられ，襲撃事件が政治家への支持や政治制度への信頼にどのような影響を与えたかを検証することができた。データ分析の結果，マリの市民たちは，主に大統領にテロ襲撃事件の責任を負わせようとすることがわかった。逆に，議会や地方政府にはテロの責任を負わせないこともわかった。なお，これらの責任の所在を大統領に求めようとする傾向はテロ事件が発生した地域でもっとも強いこともわかった。これらの結果は，新しい民主主義国家の有権者が，民主主義の基本的な政治制度に対する信頼を維持しながら，個々の政治家や政府に責任を帰するということを示している。手法的にも興味深い研究である。

うとする人々が出てきたとき，それらの人々と政府との交渉を破綻させる行為が典型例である。1979年11月3日，アメリカのブレジンスキー国家安全保障大統領補佐官と会談したイランの暫定首相は，亡命した国王の後継としてイランの統治を行う姿勢を見せた。この映像は全世界に中継され，それを見たイランの過激派勢力が新政府が親米的なものになると危惧するに至った。そして穏健派と目された暫定首相派がアメリカなどと関係性を作り上げるのを「台無し」にすべく，テヘランのアメリカ大使館を取り囲んで襲撃し，大使館職員を人質にとるテロリズム行為に及んだ。

　最後に，競り落とし戦略は，パレスチナ自治区をめぐるテロリズムを想像するとよい。ハマスとファタハという2つの政治集団が圧倒的な力の差のあるイ

スラエル政府と対峙している場合である。ハマスは穏健派のファタハとは違い，イスラエルに譲歩をしない姿勢をとり，そしてその決意を見せるためにテロリズムに力を注いでファタハとの違いをアピールする場合がある。テロリズムによって他の集団よりも相手の交渉で折れない，譲歩しないというシグナルを送ることが目標になっているという解釈である。

こういったキッドとウォルターズの議論はアメリカの国際関係論では基礎的なテロリズムの説明として受容されており，ジェフェリー・フリーデン，デイビッド・レイク，ケネス・シュルツらによる国際関係論の標準教科書でも用いられている（Frieden, Lake and Schultz 2021）。

## 4. 内戦への国際介入とその影響

内戦がたびたび国際化することは先ほど指摘した。紛争が国内にとどまらず，他者の介入を生んでしまうケースが少なくないこともあって，数多くの研究者が内戦への国際介入とその影響を実証分析してきた。

たとえば，ディラン・バルチ・リンゼイ，アンドリュー・エンターライン，オール・ジョイスのチームは，1816 年から 1997 年までに起こった内戦をデータセットに加工し，そこで国際介入があった場合について，その介入が政府側であったか，反政府側であったのかを含めて分析をした（Balch-Lindsay, Enterline, and Joyce 2008）。内戦には，政府側の勝利，反政府側の勝利，交渉による終結という 3 つの可能性があるとして，109 の政府側の勝利と 45 の反政府側の勝利，40 の交渉による和平，19 はデータ収録時までにどの形の終結もしなかったというデータが得られた。これに生存分析として知られる回帰分析のモデルで統計的推定を行った結果，次のことがわかったという。第 1 に，政府側の国際介入，反政府側の国際介入があった場合，それぞれ応援したものが勝利する形で戦争終結をもたらしていた。ただし，介入のタイミングが遅ければ遅いほど勝利に寄与する確率が下がる。第 2 に，政府側にも反政府側にも国際介入が行われた場合，それは両者の勝利にはつながらず，しかも交渉の解決の時間的タイミングを遅らせる。両側に国際介入があった場合とは，国家対国家の国家間戦争が実質的に行われているようなものである。双方が支援を受けて力

が拮抗してしまう可能性を想起すれば，長期化の傾向も納得できる。

　国際介入が物理的な武器の供与や人員を派遣しての訓練の提供といったものだけでなく，情報の提供だけでも波及効果があるという議論がある。前川和歌子は，内戦で誰を攻撃すべきかをめぐる判断には正確な情報が問題になり，またそれゆえに情報の提供を受けることが軍事作戦の大きな助けになるという（Maekawa 2023）。たとえば，アメリカはサウジアラビアとの情報共有を拡大し，イエメンのフーシ派民兵に対する空爆作戦でサウジアラビアが作成した標的情報を精査し，いわゆるダブルチェックを行い不必要な攻撃を減らしている。またマレー半島での内戦では，中国系の村人に匿名アンケートを通じてゲリラにかかわる情報を提供させる「レターボックス作戦」を行い，イギリスの専門家の支援を得て情報収集キャンペーンが展開され，それが無差別な攻撃の割合を減らしていた可能性があるという。前川は，他国による情報支援が誰を攻撃すべきかの識別問題を容易にし，内戦における民間人に対する暴力を減らすという。1990 年から 2008 年までの対外支援と一方的暴力に関するデータセットを用いて検証した結果，対外的な情報支援は被支援国の民間人への暴力を減少させることが確認されたという。

## 5.　テロリズムと名乗り

　テロリズムについては，先ほどシグナリングに着目した合理的説明の試みを紹介した。しかしながら，シグナリングによる説明には反論も提示されており，ぜひともそれをとりあげておきたい。

　エリン・カーンズ，ブレンダン・コンロン，ジョセフ・ヤングのチームは，テロリストが名乗り出ないケースがあることに気がつき，それを合理的説明の枠組みからすると一種の「パズル」だと考える（Kearns, Conlon, and Young 2014）。たしかに，テロリズムが何らかのシグナリング行為だとしたら名乗りは重要な条件である。名乗らなければシグナルとはならず，そのテロリスト集団への支持も生まれないし，またはその組織をテロリスト集団として怖がってもらえないからである。

　しかし，1990 年代から 2000 年代の GTD データを見てみると，意外なこと

図9-2　1998年から2011年までの名乗りのあったテロ事件の割合

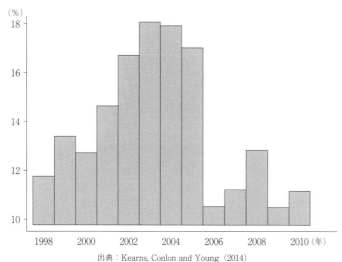

出典：Kearns, Conlon and Young（2014）
注：この図表はオリジナルのものであるが，Y軸の基点が0でないことは批判されるべきである。

に名乗りがなされた事案は多い時で18%，最近は10%をかろうじて超えるほどである（図9-2参照）。1970年代には名乗りが6割を超えていたことを考えると，最近のテロリズムをシグナリングで理解することにはやや難がある（もしくは，単なるシグナルではないといった追加の説明が必要になりそうである）。事実，9割近くある「名乗りのないテロ事件」には何の意味があるのだろうか。

　そこでカーンズらは，テロ事件が起きるのはテロリストたちが自分たちを支持する人を増やすためだと仮定して議論を始める。その上で，テロ事件が地域住民からの恨みを買うことなく，いわゆるバックラッシュ（反動）が限定的だと判断した場合には，名乗り出て，テロ事件について自分の行為をめぐる真実を語る可能性が高いと論じる。

　他方で，手柄を主張できない事情がある場合もあるという。テロ事件が思ったよりも小さい規模で狙いを達成しそびれるなど，何らかの失敗を抱える場合には，あえて名乗りをしないかもしれない。名乗ることでテロ組織のほころびが見え，テロリズムへの支持も伸び悩む危険性があるためである。ときにテロを起こしたのは他の団体だと嘘をつくこともあるというが，そういった嘘の申

告は失敗事例と関係が高いという（失敗は他団体のせいになる）。しかも，名
乗りが警察などによる摘発につながり，組織の弱体化を恐れるといった要因が
新たに加わるなど，名乗りが減る原因はほかにもある。

　このようなテロリズムの限定的な名乗り問題についてはまだ実証が必要であ
る。現時点で決定的な研究があるとは思われないので，解決されるべき残され
たパズルである。

### ！ 要点の確認

・**内戦やテロとはどんなものでしょうか？**

　内戦とは，政府の正規軍に対して反政府軍が軍事的に対立し，一定の強度の交戦が
ある状態と理解される。たとえば，戦争の相関研究プロジェクトであれば1年に
1000名以上の政府軍および反政府軍の兵士が亡くなっているような状態が内戦にな
る。他方で，テロリズムとは，社会に広く恐怖を与えることを通じてその政治的目
標を達成しようとする弱者の暴力行為である。内戦やテロリズムは近年国際関係に
おける暴力の大半を占める重要な問題になっている。

・**内戦とテロリズムの種類について教えてください。**

　内戦でもクーデターや革命によって引き起こされたものは，情報の非対称性が解消
されれば収束に向かい，比較的に短期間に終わることが知られている。他方で，「土
地の子」タイプの内戦や密輸貿易をともなう内戦は長期化することが知られ，その
背景には価値不可分性やコミットメント問題があるという。テロリズムについては
消耗戦略，脅迫戦略，挑発戦略，台無し戦略，競り落とし戦略があり，こういった
異なる「狙い」にしたがった分類が存在する。

・**テロリズムと名乗りの関係はなぜパズルなのでしょうか？**

　テロリズムは，弱者が社会を脅すことで影響行使を図るものであった。ゆえに，名
乗り出てシグナルを送ることが必須のように思えるが，実際に名乗る場合がそこま
で多くないという現実があり，「パズル」として知られている。最近の研究では，テ
ロが失敗した場合など，名乗り出にくくなる要因を特定するものがある。しかし，
決定的な説明はまだなされていない。

### 🐾 第9章の文献ガイド

東大作（2020）『内戦と和平——現代戦争をどう終わらせるか』中央公論新社
　　▷ジャーナリストや国際組織の実務などの経験を活かして，内戦の問題と国際社会が
　　　関与する和平の道筋について議論を提示する。本書の説明とは異なる部分も少なく

ないが，実務の世界，またケーススタディのアプローチについて理解を深める意味では価値がある。本書と対照的なものとして推奨したい。

越智啓太編（2019）『テロリズムの心理学』誠信書房

▷心理学の立場からテロリズムを論じる面白い研究を複数収録している。テロリズムの発生メカニズムを多面的に論じ，また，テロリストを検出するあり方，事前阻止の方策についても論考が示されている。国際関係論が経済学や法学だけではなく，心理学とも深くつながっていることが理解できる。

村上春樹（1997）『アンダーグラウンド』講談社

▷東京地下鉄サリン事件をめぐるインタビュー集である。日本国内で起きた毒ガスによるテロ事件について，現場にいた人々の声を拾い，われわれに提示してくれる。英語訳もされていて，国外の国際関係論の授業のテロリズムの項目で参考文献としてあがることもある。読み進めるのが嫌になる瞬間もあるかもしれないが，多くの方に，ゆっくりでも構わないのでじっくり読み進めてほしい。

第 10 章

# システムの安定と国家間の和解・関係修復

　格差や不満をもとに紛争が生まれ，それが交渉で解決できない結果として国家間戦争が起きる。また，国内でも同様なメカニズムで内戦が起こり，時にそれは国際化した。テロリズムも暴力の再生産を生み出し，場合によっては国境を越えて広がった。国際関係から戦争を完全になくすことは難しいものの，世界の安定性を考えるにあたって，大国間の戦争をいかになくせるのかは模索されるべき論点である。世界をひとつのシステムとしてその安定性を評価することは国際関係論でもマクロな議論として試されてきた。本章ではそういったマクロな安全保障の議論を紹介したい。その際，一度システムの安定が世界大戦などで途切れたのちに，どうしたら国家間の和解ができるのかという論点も取り扱う。

## 1.　国際システムの安定をとらえる研究の歴史

　国際社会（international society）を認識することは，いわゆる英国学派（English School）と呼ばれるイギリス起源の国際関係論で重視されてきた。第 1 章でも紹介した，ヘドリー・ブルの『国際社会論』がとくに知られた研究である。そこでは，政府はなくとも秩序はあるという考え方をとり，国家間の「システム」を理解する上で重要な見解であった。第 2 章では，中華の国際システム，イスラムの国際システムが存在していたこと，そしてそれらが近代西欧主導の主権国家による国際システムにとって変わられたことを論じた。

　システムという考え方は，いわゆる分析レベル問題（level of analysis problem）という論争でその意義が論じられてきた。ケネス・ウォルツは『人間・国家・戦争』という著作で，分析のレベルとして，**個人，国家，国際システム**の 3 つがあると論じた（ウォルツ 2013）。一方，J. D. シンガーは国際システムに対して国家というサブシステムがあるとして 2 つの分類を提示した（Singer 1961）。その分類論の妥当性の是非は 1960 年代にはホットな論争であったが，今はそういったものにこだわらず，分析対象に合わせてフレキシブルに考えるのが是とされている。ともあれ，彼らは世界全体に甚大な影響を与える大規模戦争が国際システムを揺るがす問題だととらえ，大きな戦争をいかに回避できるのかをひとつの論点とすべきだと考えた。

　そういった研究者が重視したのが，圧倒的な力を持つ**覇権国**（hegemonic state）の存在の有無である。覇権国は帝国ではないものの，他を寄せ付けない物理的な能力を持ち，その結果として他者に力を行使できる。近代西欧の主権国家・国際システムにおいては，イギリスが 19 世紀から 20 世紀初頭にかけて覇権国として機能した。それはパクス・ブリタニカ（イギリスによる平和）と呼ばれる。その後，アメリカが覇権国となりパクス・アメリカーナ（アメリカによる平和）の時代で語られる。イギリスからアメリカへの覇権交代にともなって第一次，第二次世界大戦が起こり，そこでドイツや日本といった挑戦国があったというのが標準的な理解だろう（キンドルバーガー 2009; ギルピン 2022）。

　このとき，国際システムの安定をいかに理解すべきだろうか。

　ひとつの立場は, 国家間の小さな紛争は許容しても, 国家間の大規模でしかも大半の国家を巻き込んでしまう波及性のある戦争を防ぐことだという議論である。局地化した段階の戦争ならば, それを止める第三者もいるわけで, 国際システムの安定の復旧もしやすいだろう。全世界が当事者になるような紛争はさけるべきで, その意味で第一次, 第二次世界大戦はシステムの安定を考える上で大問題であった。とくに, 第一次世界大戦は同盟関係が大国間へと戦争を広げてしまったもので, 国際システムの安定に決定的な問題を突きつけた。大国間の戦争を回避し, 世界戦争を生み出さないという意味での国際システムの安定は長らく研究者の検討の的であった。

## 2. 覇権安定論, 国際制度による立憲的安定性, G7

　国際システムを不安定化させる大規模な戦争には必然的に大国が複数かかわることが予想できるが, 大国同士の戦争をわれわれはどう回避できるのだろうか。

　ケネス・ウォルツは唯一の大国が圧倒的なパワーを持つ世界はその国がほかの国に対して無理難題を押し付けるなど勝手な行動をしうるので不安定な世界になると考え, 否定的である。逆に大国がたくさんあるとそれぞれが監視しあってけん制しあうコストが高くなり, 国際関係はやはり不安定要素を抱えるという。ウォルツによれば, 大国同士が相互に監視しあい, けん制しあうのにもっとも有利な状態は, 超大国が2つだけある状況だという。つまり, 冷戦中の米ソという2つの軸があるような世界こそが安定するという。これを**2極安定論**（bipolar stability theory）という。たしかに両者の間で直接的な熱い戦争はなかったという意味で, その説明には根拠がないとは言えないかもしれない。なお, この背景には核兵器というテクノロジーの存在があり, 圧倒的な破壊力を持つ核兵器を相互に持ち合い, 互いに確証的に破壊しあえるという理解が相互抑止を可能にし, 米ソの直接対決を回避してきた。

　この考え方に対して, むしろ特定の一国が圧倒的な力を持つ, 覇権国の存在が安定に欠かせないという議論がある。いわゆる**覇権安定論**（hegemonic stability theory）は, イギリスやアメリカが圧倒的な存在感を示して国際秩序を支え

ていたパクス・ブリタニカ，パクス・アメリカーナを他の時期に比べて相対的に安定していた時期だと指摘する。逆に，イギリスからアメリカへと覇権国が移行する時期となった第一次，第二次世界大戦は大きなシステム不安定化の時代であった。

　というのも，本書が第 4 章で説明したように，大きな国家間戦争の背景には国際経済がうまくまわらないことがあった。国際政治経済分野での安定が大国間の対立を防ぐわけである。そういった見立てを採用すれば，アメリカが第二次世界大戦後に圧倒的に飛びぬけた経済力を持ち，世界経済システムをアメリカが支えることでパクス・アメリカーナが生まれていたと考える。同様に，イギリスが覇権国として大きな海軍を擁していた 19 世紀にはイギリスの推し進める自由貿易制度がグローバル化をもたらし，世界にパクス・ブリタニカという安定を生んでいた。

　こういった圧倒的な軍事力・経済力を持つ覇権国は，各国の協力を生み出す仕組みやルールを導入し，その導入と維持のコストをもっとも多く負担する。場合によっては小国の「ただ乗り」を容認し，国際制度という公共財の提供者になる。問題は覇権国が圧倒的な力を維持できなくなった時である。イギリスが力をなくしていった時代，その後を継ぐべきであったアメリカは孤立主義的な外交観念にとらわれてヨーロッパへの紛争に関与したがらなかった。国際連盟へも最終的に加盟せず，覇権国の座を目指したのはむしろドイツや日本といった枢軸国であった。その挑戦が失敗し，1945 年以降はアメリカが国際秩序の形成と維持において大きな責任を担うものの，その経済力が 1970 年代までに相対的に弱体化してしまった。

　ニクソン政権がドル金兌換制度をあきらめて変動相場制に移行するとともにG7 サミット（先進国首脳会議）の仕組みが生み出され，国際秩序を先進国で共同して支えるような動きができたことは，覇権国の弱体化を踏まえて現実的に経済大国が対応した結果である。G7 サミットが国際社会で大きな意味を与えられているとすれば，やはり国際秩序を支えるという使命を掲げて続いているからだろう。

　さて，こういった覇権安定論を下敷きにしつつ，ジョン・アイケンベリーは国際制度を通じた秩序作りにおいては，覇権国がリードして自国に有利な仕組

みをともなった制度編成をすると同時に，覇権国が行き過ぎた干渉を他国にしないように制度によって手を縛るという側面があったと指摘する（アイケンベリー 2004）。つまり，覇権国はやろうと思えば勝手ができるのに，国連であれば憲章でさまざまな行動の制約を埋め込み，国際法として内政不干渉を成文化し，他国の意見表明の場を提供してそれを秩序の柱とした。国際通貨基金や世界銀行でも，分担金に応じて発言力が高くなる加重投票制度は設定するものの，それはアメリカだけで何かが決められる仕組みではなく，せいぜい拒否権を行使できる程度にした。つまり，一国単独主義による秩序の乱れを自らもたらさないよう，自分の手を縛る行動に出たと解釈する。これを，アイケンベリーは**立憲主義的国際秩序**と論じる。

　ここで本書の掲げる正統と異端という鍵概念が重要になってくる。

　というのも，立憲主義的国際秩序を重視するアメリカのような覇権国は，各国の同意をとりつけて国際制度を設け，そのルールは正統な国際法になる。制度へ反抗するものはシステムの中で異端として扱われ，たとえば侵略行為をすれば国連憲章第7章の強制措置の対象になる（唯一その例外になるのは拒否権を持っている常任理事国の5つの国である）。1960年代にインドネシアのスカルノ大統領が共産主義へ転向して反帝国主義を掲げ，イギリスから独立したマレーシア連邦を強く非難するようになった。その際，マレーシアが国連の非常任理事国に選出されるのを見て，1965年1月に国連を脱退することにした。しかも，別の国際制度（第二国連という俗称もあった）を国連未加盟であった中国の北京政府などと編成しようとした。もちろん，それは大多数の国々から異端の扱いを受け，新制度の構想はインドネシアでの軍事クーデターとスカルノの失脚とともにとん挫する。覇権的な力のある国がデザインした国際秩序は正統性を持ち，永続し，国際システムに安定性を与えるのである。

　それゆえに，たとえば2022年から拡大したウクライナ戦争において，各国が国連憲章を参照点としてロシアを非難することに意味がある。中国もロシアよりの立場をとるように見える場面があるが，憲章の原則を守るよう唱えていることには大きな秩序安定作用があり，中国のそういった態度が変化していないことにわれわれは安堵すべきだろう。仮に中国のような大国が憲章の原則へのあからさまな挑戦を行えばそれは大問題となる。

　ウクライナ戦争におけるロシアの行為は，国際システムの安定の大原則を破ってしまったことに大きな問題がある。いくらロシアが自国民保護を唱えて正当化を試みても，国連憲章違反は明白であった。その自己認識もあるので，特別軍事作戦という言葉をあてて，あえて戦争だと言わないのだろう。そんな明白な侵略行為を行ったからこそ，140 か国を超える世界の国々を敵に回す羽目になっている。ロシアはウクライナへ侵攻する前に，1990 年 8 月以降，イラクがたどった運命を想起すべきだった。イラクはクウェート侵攻を行い，その後，国際社会からの懲罰的な強制措置の対象になった。あからさまな侵略行為は現在の国際システムでは許容されないことを理解すべきだった。ロシアは異端の大国となってしまった。

　なお，そのような異端側の勢力が何らかの原因で大きくなり，既存の国際秩序へのさらに大規模な挑戦を行う場合，第一次世界大戦や第二次世界大戦がそうであったように世界全体を巻き込む大戦争になる。それは悲惨な破壊を生み出し，次の世界大戦ではとくに核兵器の存在もあって人類が生き残れるのか，きわめて悲観的にならざるをえない。

## 3.　パワー移行論

　覇権国の存在を前提に，力の変化が戦争をもたらすという見解を提示するのが**パワー移行論**（power transition theory）である（Lemke 2002）。国際関係では国力がものをいうという考えに基づき，とくにパワー移行時期に紛争が発生しやすいと議論する。パワー移行論の研究は，各国の経済成長率の差に注目する。成長率の違いは，国家間の相対的なパワーを時間とともに変化させ，国家間の新しい関係を規定する。各国の異なる成長率の「副産物」として，今まで支配的な勢力を誇っていた国に対して不満を抱いてきた挑戦国が相対的に同等のパワーを持つ段階に達したとき，それらの国の間で大規模な紛争が起こる可能性が高くなるという。

　たとえば，第一次世界大戦に至る経緯を考えよう。パクス・ブリタニカの時代，イギリスが圧倒的な海軍力をもって国際システムを安定させていたところに，より成長率の高いドイツが挑戦国として登場した。ドイツは後発的先進国

であったが急速な工業化に成功し，アメリカと並んでイギリスに追いつこうとしていた。他方，ドイツは植民地政策でイギリスに対して強い不満を持つほか，イギリスがロシアやフランスとともに対ドイツ包囲網を構築しているという認識を持つようになっていた。このように，パワーが同等になっていくとともに，相手への不満という要素がそろって，イギリスとドイツの間の戦争は不可避となり第一次世界大戦が起こった。

パワー移行論は国際関係に国力において上下関係があるととらえる。そして，国力はどうしても変化していくと論じる。各国の経済成長率は異なり，兵士となる人口や国防力に費やせる資源の大きさが劇的に変わっていくからである。実力を持ち始めてパワーがあがっていく国は，国際関係の現状に大きな不満を抱きがちである。既存の国際関係のルールを変えたいと現状に不満を持って覇権国へ挑戦しようとする。

不満は紛争につながり，パワー移行のタイミングにおいて紛争が顕在化する。パワー移行期にはコミットメント問題は深刻になる。この先，覇権国が国力低下を高確率で予想してジリ貧になっていくことがわかっている際，同じく高確率で国力が伸びるとわかっている挑戦国に対してコミットメント問題を抱え込む。今日のバーゲニングにおける約束は信頼できず，覇権国は先制的に挑戦国を抑え込むべく武力を用いて攻撃し，その国力を削ごうとすると予測できる。

また，パワー移行期において挑戦国はどんどん国力を増すことで自信をつけ，それはいつしか過信に変化するだろう。覇権国の実力を読み誤り，不必要な挑発を仕掛けてそれが原因で戦争が起きてしまうこともあろう。実力の変化は相手の能力評価の不確実性を高め，要は情報の非対称性を引き起こす。現在，覇権国たるアメリカと急成長している大国である中国の間の国際関係について多くの人々が関心を寄せているが，そこではこういったパワー移行論が重要な示唆を与えるだろう。

## 4. 国家間和解と関係修復

ここまでは戦争が起きる場面のことを話してきたが，国際システムの長期的な安定のためには国家間の戦争後の和解を通じた**国際関係の通常化**が欠かせな

---

## コラム 10-1　パワー移行をめぐる心理実験

　パワー移行論については近年，政治心理実験の応用が試みられている。小林哲郎らの研究チームは，社会心理学における「集団脅威論」を国内における人種間の緊張から国際的な経済競争へと拡張するという形で実験をしている（Kobayashi, Madrid-Morales, Asaba, and Tago 2020）。いわゆる内集団になる自国の相対的な経済状況の認知が，対立する外集団である国との政治問題に対する態度に与える影響について検討を行っている。調査は，日本において，日本と韓国の相対的な経済力に関する認知を操作した2つの実験を通じて行われた。

　図 C6 のような刺激を提示したが，A は日本がつねに韓国に勝っていることを示したグラフ，B は最終的に韓国が日本を追い抜くという予測を示したグラフ，C は明確な予測が描けていないグラフ，D は最終的に韓国が日本を追い抜くという予測を示したグラフ，E や F は比較群として，日本の凋落を取り出したもの，また，韓国の堅調な成長を示したグラフで実験を行った。その結果，日本人は，自国の経済力が韓国の経済力に比べて低下していると認識した場合に，日韓の領土問題や歴史問題に対してより強硬な態度を示すことがわかり，

---

いことを指摘しておきたい。戦争が起こったとしよう。しかし戦争はどこかで終わる。問題は国際システムが通常に機能するには争っていた当事者同士の和解が何らかの形で必要になるということである。停戦し，休戦し，そして正式な終戦を迎える。

　終戦時には今までと違う国際システムのあり方を規定するようなルールが設定され，国際制度も刷新される。国際社会は文脈依存性が高い関係性によって特徴づけられるが，大きな国々の戦争のあとではそういった過去のしがらみを打破するくらい劇的な制度の変更が起こりうる。

　たとえば，過去，戦争のあとにはその戦争のことは忘れるというルールが強く存在していた。戦争の許しは「忘却」によって達成されていた。大国間の戦争が傭兵によって担われた時代にはそれは都合のよいことであり，戦争で起きた数々の犯罪や恐ろしい事件については双方が忘れて，握手することが可能で

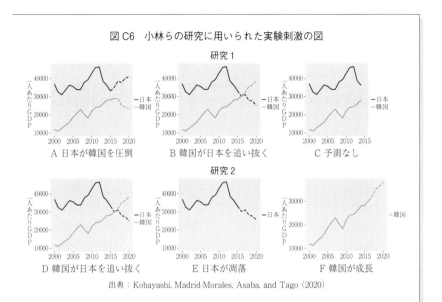

図 C6　小林らの研究に用いられた実験刺激の図

研究1

A 日本が韓国を圧倒　　B 韓国が日本を追い抜く　　C 予測なし

研究2

D 韓国が日本を追い抜く　　E 日本が凋落　　F 韓国が成長

出典：Kobayashi, Madrid-Morales, Asaba, and Tago (2020)

やはりパワー移行のような情報刺激が不満を生み出し，対立を生み出すといっ
た基礎的知見が得られつつある。

あった。
　しかしながら，第二次世界大戦後の今の世界はそうなっていない。国民が主
権者である国民国家になり，ナショナリズムが戦争を支えるようになった今，
戦争で死んだ人々は英雄であり，国民の鏡として記憶されることになった。英
雄の像や墓が作られて人々がそれを意識化することが増えても，それが忘却さ
れることはない。もしくは，被害国と加害国の関係であれば，被害国が相手の
侵略行為や残虐行為の記憶を忘れることは非愛国的行為であり，許容されない。
そして被害国は相手国の政府や国民が忘却することも許容しない。国家間の政
治的謝罪の問題はシステム安定性に大きくかかわる論点になっている。
　問題は国家間の和解におそらく欠かせない政治謝罪がそうは簡単にはなしえ
ないことである。通常，謝罪は心理的に相手に対して下になり，相手の地位を
上げる行為になる。負けたとはいえ，理由をつけて謝りたくない，どうにかし

て曖昧にしておきたいという心理は，個人間の謝罪を想起すればよく理解できる。素直に「ごめんなさい」という表現を使うことは相手からの賠償請求につながるかもしれない。よって，和解はなかなか難しい。和解するためにどんなシグナルを発するべきかについては実証研究が存在するが，まだまだわかっていないことも多く，研究は続いている（たとえば，Kohama, Himichi, Inamasu, Mifune, Ohtsubo, and Tago 2023; Inamasu, Kohama, Mifune, Ohtsubo, and Tago 2023）。

　著者は政治学者と心理学者からなるチームで集団政治謝罪の問題を研究してきたが，その研究の結果として，世の中に上下を必然的に見出す人（＝社会的支配性向が高い人）ほど政治謝罪への抵抗感を強く持つことを発見してきた（Mifune, Inamasu, Kohama, Ohtsubo, and Tago 2019）。しかも相手に謝罪されることにも抵抗を感じることがわかっている。謝罪という行為自体に和解の意味を付与していないのかもしれない。

　国際システムがひとたび戦乱で混沌とし，それがノーマルに復帰するには何らかの儀式が必要だろうし，また忘却していないことの証明として継続的な謝罪意識の表明は意味があるように感じられる。しかし，謝罪行為が国内の社会的支配性向が高い人々に問題視され，それがゆえに政府が批判されて外交政策をうまく打てないようでは困ってしまうだろう。

　おそらく，われわれが忘却できない戦争の時代という文脈を意識して政策処方箋を用意するのであれば，①社会的支配性向が高い人々に対して抵抗の生まれにくい謝罪の表現を見つけ，それが相手との和解をもたらすのかを検証する研究，そして（または）②謝罪なき和解とシステム安定の関係を検討する研究が不可欠であろう。この論点を考えるにあたって，関係修復の国際政治学という分析レンズを据えた福島啓之の研究はとくに参考になるだろう（福島 2021）。福島によれば，国家間の関係修復には，多国間の友敵関係に働く力学を理解し，かつ2国間レベルでの関係修復意思の表示を，モノとコトバの両方をうまくタイミングを見計らって提示し，やりくりすることが大事だという。

## 5.　敵と味方の境界線

　国際システムの安定を考えるにあたって，国際関係論に横たわる「そもそも

論」を展開して終わりにしよう。国々の間でなぜ敵と味方が生まれるのだろうか。敵と味方が生まれることは必然ではないように思われる。そもそも，関係が希薄で敵だとも味方だとも認識できない国のほうが多いのではなかろうか。

　心理学では，内集団・外集団をめぐる研究がたくさんある。**内集団びいき**，**外集団攻撃**に関するさまざまな検討であり，それは国際関係論にも応用できる。たとえば，イーミン・ジンらの研究は，大国同士がなぜ望んでもいない戦争に至ってしまうのかに社会心理学から答えを与えようとする（たとえば，Jing, Gries, Li, Stivers, Mifune, Kuhlman, and Bai 2017）。彼らは，インセンティブ付きの2人用「先制攻撃ゲーム（Preemptive Strike Game: PSG）」を用いて，実験を行った。先制攻撃ゲームとは，相手が攻撃してくる前に攻撃するという先制攻撃行動を測定する経済実験ゲームで，参加者が2人1組になり，画面上に示されるボタンを制限時間内に押すか，押さないかを決める。両参加者がボタンを押さなければ，たとえば1500円を獲得し，ボタンを押すと，押したほうは100円を支払い，押された側は1000円を支払うといったルールになっている。早押しで結果が決まるため，相手が押さないと予想する限り自分も押さないことが得であるものの，相手がボタンを押すと予想するならば自分が先に押すほうが得となっている。

　このようなゲームを使い，同研究チームは，アメリカ人，中国人，日本人がそれぞれ異なる国籍の相手にどう対応するのかを調べ，攻撃傾向の違いを検討した。研究1では，アメリカ（$N=115$），中国（$N=106$），日本（$N=99$）の大学生が，先制攻撃ゲームで互いにボタンを押すか否かの意思決定を行った。この実験で，日中の参加者は，①同国人に対するよりも，お互いに，またアメリカ人に対するよりもより多くの先制攻撃を行うこと，②2国間競争に対する既存の認識が大きいとグループ間攻撃率が高くなることがわかった。

　さらに，研究2では追加の情報刺激を設け，成人のアメリカ人（$N=127$）を被験者にして，米中経済相互依存をより肯定的または否定的に描写したCNN専門家インタビューの映像を実際に視聴させた上で，先制攻撃ゲームの実験を行った。ランダムに肯定的・否定的な情報を与えた実験の結果，肯定的な描写はアメリカ人の中国人に対する先制攻撃を減少させ，一方で否定的な描写は中国の台頭に対するアメリカ人の怒りを増幅させ，中国人に対する先制攻撃を増

加させることがわかった。しかし，先制攻撃は主に防御的なものであり，攻撃的なものではないことがわかった。このように人々は国境線と相手の国籍の情報で戦略的な環境での対戦相手への態度を変える。

　ナショナリズムは国境線を意識化させ，通常，われわれが国際関係を論じるにあたって，国境を内と外の区分線とする。日本という社会を愛し，パトリオット（愛国者）として日本に愛着をもって物事を理解し，対外政策に関する判断を行う人は少なくないように思う。それが排外主義にならない限り，それは健全な愛国心であるように感じる。問題は，狭いナショナリズムとつながる愛国の感情が容易に排外主義になることだろう。たとえば，日本を盲目的に良いとするテレビ番組は根強く存在するようである。日本だけが凄いと宣伝するような姿勢であれば，排外主義傾向は強まるのではなかろうか。そもそも，行き過ぎた反応が相手側の拒絶反応を生むという，いわゆるバックファイアについての実証研究はたくさんある（たとえば，Kagotani and Wu 2022）。

　しかし，世界を理解するにあたって線の引き方は国境だけではない。われわれは民主主義諸国と非民主主義諸国という区分線で世界を理解するかもしれない。または，アジアとそれ以外の地域でもよい。もっといえば，地球人と宇宙人という理解で区分をしてもいいのである。線の引き方はフレキシブルであるし，その想像力を持ちうるのが人間の凄いところである。本書の著者は日本社会を愛しているし，とくに出身地である信州を愛している。しかし，（嫌中論者や嫌韓論者とは異なり）中国も韓国も敵視などしない。むしろ，文化伝統のつながった重要な隣人である。どんな相手とも，どれだけ考え方の違いがあっても話し合って解決するか，または適度に距離をおくとか，大人の対処法があるだろう。

　さらに著者の例で考えてみよう。

　著者は信州松本の出身だけあって，場合によっては長野市を敵視してしまうかもしれない（大人げないことはわかっているが，しかし，松本にアイデンティティを感じる自分にとっては，長野市は敵なのだ）。長野市に県庁があるからといって県下で大きな顔をし，北陸新幹線が通っていることに気をよくして県内の中核であるような認識を持つのは大問題である。どんな作図法の地図を用いたとしても地理的に長野県の「真ん中」は松本であり，県内の知的コミュ

ニティを支える信州大学の本部も，経済政策の基軸となる日本銀行の県下唯一の支店も，山々を越えて外界とつながる県内唯一の空港も松本にあり，しかも国宝・松本城がある。あの「信濃の国」の歌にも，平地は善光寺よりも松本が先に言及されるように，松本こそが信州の本質なのに，松本を県庁所在地として信州を統べようとしなかった明治政府というものは罪作りな存在である。というか，なぜ松本県でないのだ。なお，起きなかったことを仮想実験のように考えることを反実仮想と呼び，第5章でも出てきたが，社会科学ではきわめて大事な思考法となるので記憶しておくとよい（すなわち，松本県であってもおかしくないのに，なぜそうならなかったのか，それは社会科学の問いになりうる）。

　将基面貴巳は，その著作を通じ，愛国＝ナショナリズムという構図に強い批判を投げかける（たとえば，将基面 2019）。彼は愛国（パトリアティズム）がそのもともとの意味に立ち返って理解されるべきであり，右派ナショナリズム的な理解で愛国を理解すべきではないと主張する。本来のパトリアティズムとは共和制を重視する姿勢で，時の政府が市民的自由や平等を脅かしていないかを厳重に監視する姿勢だという。ゆえに，愛国者＝パトリオットは自国政府に対する批判的態度をとるもので，政府に対して「No」といえるのが愛国者なのだ。

　国際システムの安定・不安定を決める要素のひとつにパワー移行とそこにおける不満の心理があることを本章は指摘した。不満を相手に投影するには，内と外の線引きが重要になる。しかし，仮にそこに多面的な内と外の境界を意識できる場合，相手に対する不満というものは意外に問題化しないのかもしれない。著者は長野市だけは本当であれば許しがたいが，しかし，松本との比較を忘れればその存在も許容できるかもしれない。たとえば，分をわきまえている長野市の人とは協力してもいいかもしれない（日本全体というスケールで考えれば，長野と松本の違いなんて実はどうでもいいだろう）。いや，距離をおけば長野市の人と共存するのは構わない（しかも，七味は「八幡屋礒五郎」に限るので，長野市も実は必要な気がしてきた）。もっと言えば，長野市の人間も民主主義的で自由を愛するのであれば，民主主義を支えるパトリオットとして受け入れよう。いやいや，そうだ，2005年に信州から馬籠宿を奪っていった「岐阜」とかいうヤツらこそ許しがたい侵略者だ（注：2005年，岐阜県中津川

## コラム 10-2　集団謝罪の実験研究

　昨今，国家間の関係を改善する手段として，政治指導者による被害国の国民への謝罪が注目されている。既存の研究では，このような謝罪を効果的に行うための要素が複数あげられているものの，政治エリートの立場からすると，これらの要素をすべて含んだ声明を出すことは難しい。国内の反発や被害国以外の国との関係も考慮しながら何を声明として出すべきか選択を行う必要がある。

　小浜祥子らの研究は，被害国の国民が政治謝罪を受け入れる際に，どういった謝罪の要素を重視するのかを検討している（Kohama, Himichi, Inamasu, Mifune, Ohtsubo, and Tago 2023）。つまり，被害の内容に応じて謝罪の受け入れ度が変わるという議論をしている。アメリカ大統領による架空の日本への政治謝罪シナリオを用いた，コンジョイント・デザインと呼ばれる調査実験を日本で実施した。コンジョイント・デザインとは，図 C7 のようにさまざまな要素を含んだ 2 つの選択肢（謝罪 A と謝罪 B）を見せ，そのどちらがより望ましいのかという観点での選択を被験者に迫る。いろいろな要素のどこの条件に影響をされたのかを検討できる。

　分析の結果，政治謝罪を受け入れるかどうかの判断には，「賠償金」「公式な謝罪かどうか（方法）」「謝罪の自発性（イニシアティブ）」の 3 つの属性がと

市が馬籠宿を含む山口村に対して越県合併を行ったため，信州を代表する詩人・作家である島崎藤村の生家は事もあろうに長野県という行政区分の外にあるという信州人にとってはきわめて受け入れがたい，混乱した状態にある）。

　線引きは人の心＝認識次第である。広い意味での「教育のたまもの」である。よって，国際システムの安定は各国がどういう認識の人々を社会で再生産していくのかにかかっている。そこでは，厳格な内と外の線引きではなく，多面的かつ多層的に社会を眺め，自己の所属について複合的に考えることのできる人を育てるべきなのではなかろうか。少なくとも盲目的な愛国＝ナショナリズムといった考えを持った人物の再生産は排外主義を生む意味で危うい。排外主義を生み出して，国家間の対立が不可避と考える次世代を育てることは，回りま

図 C7　コンジョイント・デザインに用いる選択画面（実験刺激）の例

頑健性チェックとしてのオバマ大統領のバージョンも

トランプ大統領が原爆投下について日本に謝罪したと仮定してください。
あなたはどちらの謝罪を受け入れたいですか？

各項ランダムに内容を変更

| | 謝罪A | 謝罪B |
|---|---|---|
| 賠償金 | なし | 3億円 |
| イニシアティブ | 大統領 | イギリス首相の薦め |
| 方法 | 公式のインタビュー | SNS |
| 前例の有無 | 1度 | なし |
| 反動の有無 | アメリカ国民からの反発があった | 国際社会からの反発があった |

順序をランダムに提示

謝罪A　　　　　　　謝罪B

出典：Kohama, Himichi, Inamasu, Mifune, Ohtsubo, and Tago 2023

くに重要視されることが明らかになった。しかし，人々が「神聖」と考えるものが傷つけられた場合，賠償金は逆効果で，最適な謝罪は損害の性質に依存することが見出された。

わって国際システムの不安定化につながるからである。

　なお，公教育は国民再生産のためになされる。そこでは，国内にある多様性を無視することがたびたび起こる。具体例をあげるのであれば，アイヌ語や沖縄・奄美諸島の琉球諸語は消えつつある言語になっている。たとえば，「沖永良部語」の理解度を実証的に示した横山晶子と籠宮隆之の研究によれば，少数言語の衰退の問題は深刻である（横山・籠宮 2019）。彼らが異なる文化圏を持っていた証である島の言語がなくなり，琉球が日本でない側面を持っていた記憶はどんどん失われていく。これは日本の多数派から見れば構わないのかもしれない。しかし，それは強者の論理で，一種の暴力だろう。オーストラリアやカナダといった国々がマイノリティ言語に対する手厚い保護をしているのと対照

的である。

・立憲主義的国際秩序とは何でしょうか？

　圧倒的な力を持つ覇権国が，国際秩序を作るにあたって，国際制度によって自らの手を縛り，そのような抑制を仕組みとして埋め込むことが他国へのシグナルになるという。つまり，覇権国はやろうと思えば勝手ができるのに，行動の制約を国連憲章などに埋め込み，国際法として内政不干渉を成文化し，他国の意見表明の場を提供してそれを秩序の柱とし，他国へ制度への恭順を求める。ジョン・アイケンベリーはこのような状態をルールに基づいて力を抑制する立憲主義的国際秩序だと指摘する。

・パワー移行論とは何でしょうか？

　パワー移行（トランジション）が起こることが国際関係を不安定化すると考える理論であり，国際関係に現状に満足する国とそれに挑戦しようとする国が出てくると考える。各国の成長率の違いが国家間の相対的なパワーを時間とともに変化させる。今まで支配的な勢力を誇っていた国に対して不満を抱いてきた挑戦国が相対的に同等のパワーを持つ段階に達したとき，それらの国の間で大規模な紛争が起きる可能性が高くなると考える。

・集団謝罪と国家間和解はどういった関係にあるでしょうか？

　世界大戦で国家総動員が必要になり，国民が戦争に駆り出されるようになってからは戦死者は国のために亡くなった英雄となり，戦争を忘れることはタブーになった。この結果，戦争の被害は記憶され，被害を受けた国は加害国に謝罪を求め，それが国家間和解のひとつの条件となっている。日本にとっては周辺国とのかかわりで集団謝罪と国家間和解を深く理解することがきわめて重要である。問題は集団謝罪が必ずしも直ちに受け入れられず，また集団謝罪には加害側＝謝罪側から強い反発を生み出す可能性がある点である。

ギルピン，ロバート（納家政嗣監訳）（2022）『覇権国の交代――戦争と変動の国際政治学』勁草書房

　▷本章で紹介した覇権安定論の決定的な研究として知られる。国際関係をシステムとして理解し，その安定がどのようにして覇権的な国家の存在，そしてその交代によって説明できるかを体系的に論じている。均衡状態が正統だと理解されているか否かなど，本書にも通じる論点が出てきており，その意味でも発展的に読んでいただけるだろう。

小菅信子（2005）『戦後和解——日本は〈過去〉から解き放たれるのか』中央公論
　　新社
　　　▷戦争をめぐる和解に関して歴史的な解説を加え，また日本の第二次世界大戦をめぐ
　　　る謝罪についても基礎的な紹介をしている。2005 年に刊行された研究ゆえに，そ
　　　れ以降の日本と韓国をめぐるさまざまなやりとりについては論じられていないが，
　　　国家と国家がどう和解できるのか，そこに集団謝罪がどのように関係しうるのかを
　　　考える上で必読の書である。
久保慶一（2019）『争われる正義——旧ユーゴ地域の政党政治と移行期正義』有斐
　　閣
　　　▷内戦をめぐる和解に関して深い研究を行ったもので，教科書である本書では十分扱
　　　えなかった，内戦後の和解実現の問題に光をあててくれている。副題にある移行期
　　　正義という考え方は近年大事なものとして注目を浴びており，その理解にも役に立
　　　つだろう。

第 IV 部

# 地球規模問題群

# 国境を越える環境問題と地球温暖化

　国際関係論は，国家と国家の関係に関する政治学を軸にした，分野を横断する学際的な学問である。ここまでは国を単位として問題化する事案の解説をしてきたが，これからは国を超えて存在する問題群——それを地球規模問題群と呼ぶ——をめぐる国際関係について議論していこう。地球規模問題群については，今までの覇権国主導の国際的なルール作りが必ずしもうまくいかず，何が正統な解なのかをめぐって国際関係上の対立が生まれやすい。すなわち，正統と異端をめぐる争いが顕在化しがちだと考えることができる。第IV部では，環境問題，人権問題，そして技術革新という3つの地球規模問題群を設定し，それぞれについて解説をしていきたい。まずは環境問題である。

# 1. 地球環境問題をめぐる歴史

　環境問題が国際関係のテーマになったのは，国境を越える具体的な「問題」が起こってからであった。環境問題は従来，「公害」といった表現でとらえられていたが，それが国境を越えてしまうことは時間がかからず，人々の共通理解となった。たとえば，ヨーロッパでは酸性雨の問題が深刻になった。各国が煙突から出る有害物質による大気汚染に何ら規制をしなかったことで，雨が酸性化し，ヨーロッパ各国で銅像がとけてしまうといった目に見える環境問題が国際関係のテーマになったのである。また，南極上空でオゾン層に穴が開く，いわゆるオゾンホールが見つかった。当時エアコンや冷蔵庫で用いられていたフロンガスがその原因であることがわかり，国際問題化した。オゾン層の破壊は人体に悪影響のある紫外線の地表への侵入を許すことになり，国境を越える共通課題として理解されるようになっていった。

　このように地球規模の環境問題の存在が認知されていったこともあり，**国連の専門機関**（specialized agencies）のひとつとして，1972 年に国連環境計画（UNEP）が国連人間環境会議（いわゆるストックホルム会議）を契機に設立されることになった。ケニアのナイロビが本部に選定され，これが途上国における国連専門機関の初の本部機能立地事例になった。

　UNEP は，多くの国際環境条約の交渉を主催して成立させてきた。オゾンホール問題にかかわるフロンガス規制（後ほど詳述する）をめぐるモントリオール議定書の事務局を務めているほか，ワシントン条約（絶滅のおそれのある野生動植物の種の国際取引に関する条約），ボン条約（移動性野生動物種の保全に関する条約），バーゼル条約（有害廃棄物の国境を越える移動及びその処分の規制に関するバーゼル条約）といった環境問題にかかわる諸条約の管理を行っている。

　その後に，1992 年の国連環境開発会議（いわゆるリオ会議）が開かれたことで環境問題が地球全体の問題として認知され，さらなる国際協力が不可欠だという認識を生む意味で大きな分岐点になった（阪口 2007）。国際社会の最重要課題のひとつとして地球環境問題が認知されるようになったという。たとえ

ば，地球温暖化問題もそのころに顕在化し，認知度を高めていった。1988 年，世界気象機関（WMO）と UNEP が政府間組織として IPCC（気候変動に関する政府間パネル）を設立したことは 1992 年のリオ会議とともに画期的であったという。

　現在，IPCC には 2021 年 8 月現在で 195 の国と地域が参加している。その目的は，各国政府の気候変動に関する政策に科学的な基礎を与えることとされ，世界中のさまざまな分野の研究者・科学者が参画し，エビデンスに裏打ちされた知見に基づく報告書が定期的に作成される仕組みが生まれた（https://www.data.jma.go.jp/cpdinfo/ipcc/index.html）。この IPCC には 3 つの作業部会（WG）とひとつのタスクフォースがおかれている。作業部会 1 は気候システムと気候変動の自然科学的根拠について評価を担い，作業部会 2 は気候変動に対する社会経済と自然システムの脆弱性の評価に加え，気候変動がもたらす好影響・悪影響・気候変動への適応対応策について評価を行う。また，作業部会 3 は温室効果ガスの排出削減など気候変動の緩和の選択肢を議論する。また，国別温室効果ガス目録タスクフォース（TFI）という組織が作られ，そこでは温室効果ガスの国別の排出目録の作成手法を決める。また，TFI はその普及・改定といったことまで含めて役割を与えられ，科学的な知見をもとに専門家が提案をできる仕組みになっている。

　しかしながら，温暖化問題について国際社会の対策は停滞気味で，温暖化は確実に進んでしまっている。実際，アメリカは温暖化ガス排出削減目標を打ち出した京都議定書の枠組みから離脱し，その後できたパリ合意への復帰はするものの，「引け腰」である。中国は温暖化ガスを削減する方向性での議論はほとんどしておらず，当面は増加傾向にあることを認めよという主張だとされる。エネルギー危機をもたらしたウクライナ戦争もあって脱炭素の流れは停滞している。

　阪口功によれば，環境問題をめぐって締結された条約や協定の数は，1970 年代には年平均で 1 であったものが，1980 年代にはそれが 5 に増え，今では総数で 200 を超える環境条約が締結され，条約に付帯する議定書といった形でさらに国際合意が増えていっているという（阪口 2007）。阪口は，「数のうえでの急増に反比例するかのごとく，地球環境ガバナンスへの取り組みはみじめな

ほどの失敗をし続けている」と辛口の評価を与えている（阪口 2007: 37）。

　地球環境問題への具体的な解決策は，過去の国際関係において具体的な解決策が示されてきたわけではない。つまり，必ずしも伝統的な価値に支えられる「正統な解」があったわけではないことを指摘できる。文脈依存性の高い国際関係で，過去に存在しなかった論点であるゆえ，必ずしも正統と異端が定まっていなかった問題である。また，正統を決めるにあたって，市民社会や環境をめぐる専門家といった非国家主体が影響力を行使しやすい問題構造にあったという点も意識しておきたい。彼らは 1992 年のリオ会議以降，とくに存在感を増しており，後ほど詳述するように今の地球環境問題をめぐる統治（ガバナンス）において欠くことができないアクターである。

## 2. レジームとグローバル・ガバナンスという考え方

　地球環境問題が顕在化していく 1980 年代，国際関係理論の研究者から，国際レジーム論という議論が提示された。**国際レジーム**は，国家間の問題を解決するためのルールや制度の総体だと考えるとよい（山本 2008）。スティーブン・クラズナーは，国際レジームを国際関係の争点領域あるいは問題領域における，アクターの期待が収斂するところの明示的もしくは暗黙の原則・規範・ルールおよび意思決定手続きの総体と定義した（Krasner 1983）。さらには，**グローバル・ガバナンス**という概念も提示されて，世界政府はないものの，国際社会が国境を越えて統治を行いうるという理念のもと，数々の国際制度が作られてきた。

　世界政府があれば，国境を越える環境問題も通常の国内の公害問題と同様，環境省に類する組織が国家権力で規制を行い，対策をする。問題は，国家間にまたがる環境分野の諸課題については，一元化された組織による規制と対策が見込めないことである。環境規制では，その問題を引き起こさないようにする行動変容が求められ，たとえば有害物質を出さないといった新しい行動が必要になる。有害物質を出していないかの監視，そもそも何が有害物質なのかの定義と基準値の線引きなど，一元化された権威＝政府の存在が環境問題への対策を行うにあたってきわめて力を発揮する。国際社会には必ずしもそういった権

威＝政府がないことが大きな問題となる。

　つまり，国際関係では，何が環境問題なのかについて各国が揉めうるほか，何がよい対策なのかについて必ずしも一致できず対策が後手後手に回る可能性が高い。仮に問題が何かについて意見がまとまり，かつ何がよい対策なのかについて合意がとれているとしても，誰が対策のためのコストを負担するのかについて不一致が起こりうる。

　とくに，環境問題をめぐっては，**排除性**と**競合性**という2つの論点がある。ある価値をめぐって，それを手にするアクターを排除できるのが通常の財（たとえば車やラーメン）である。また，車やラーメンといった通常の財は他者が消費したら自分が同じ特定の財を得られないという点で競合性を持つ。こういった通常の財に対して，地球環境のようなものは公共財として知られ，排除ができず，かつ競合性を持たない。つまり，地球のよい環境の恩恵は（仮によい環境が達成されていれば）すべてのアクターが享受する。誰かがそれを得ているから得られないといった競合的な状態にならない。財の利用の側面で非排除性と非競合性を持つのが地球環境問題で，それは，財の提供（供給）において「ただ乗り」の誘因をもたらす。

　環境問題への協力という選択肢と（協力をせずに）「ただ乗り」するという選択肢があるとして，各国は相手を出し抜こうとする囚人のジレンマ構造がここにも登場する。2か国ではなく200か国を想像して，自国と他国199か国がゲームをしていると考えればよい。相手が協力して自分が裏切る（＝「ただ乗り」する）が最大の利得を得られる状態で，他方でその逆は最悪である。相互に協力して環境をよくするほうが，ともに「ただ乗り」を決め込んで環境が悪化するより望ましい。このように，囚人のジレンマゲームが地球環境問題をめぐる戦略的相互作用にも埋め込まれている。

　「将来の影」を意識して相互に協力を選択するという可能性もあるものの，しかし，より現実的なのは制度を形成して裏切りへの監視を行い，裏切りへの罰則を設け，協力と協力の均衡解を達成することになるだろう。

　この点で，国際レジームは役割を持っている。つまり，具体的な地球環境問題への対応の仕組みとして機能しうる。たとえば，オゾン層をめぐるフロンガス規制の国際レジームは，ウィーン条約のほか，モントリオール議定書によっ

## コラム 11-1　地球環境問題と紛争

　地球温暖化など，地球規模の環境問題が国際紛争の生起確率を高める，すなわち地球環境問題が安全保障リスクになるという認識が近年広く知られるようになっている。

　国際の平和と安全に一義的な責任を負うと国連憲章で規定されている安保理でも，2021 年 12 月に気候変動と安全保障リスクを関連づける議題が提起されて審議が行われ，決議案が用意されたが，しかしロシアの拒否権によって否決されてしまった（https://press.un.org/en/2021/sc14732.doc.htm）。

　決議案は国連憲章の中でも加盟国に対する法的拘束力を与える「国連憲章第7 章のもとで行動することとし（acting under Chapter VII of the Charter of the United Nations）」という前文をともなうものであったが，ロシアは決議が西側寄りのアジェンダで，安保理の機能を大きく拡大させてしまうものであり，概念の明確化も不足していると述べて拒否権を行使した。ロシアいわく，同じく否定票を投じたインドと棄権にまわった中国の 3 か国は「西側諸国」とは見

て設置されている。ウィーン条約では，そもそも何がオゾン層であるかを定め，オゾン層への「悪影響」についても，「自然環境または生物相の変化（気候の変化を含む。）であって，人の健康，自然の生態系及び管理された生態系の構成，回復力及び生産力又は人類に有用な物質に対し著しく有害な影響を与えるもの」と定義している。条約ではオゾン層を破壊する物質を規制すべく，「自国の管轄または管理の下における人の活動がオゾン層を変化させ，または変化させるおそれがあり，その変化により悪影響が生じ，または生ずるおそれのあることが判明した場合には，当該活動を規制し，制限し，縮小し，または防止するため，適当な立法措置又は行政措置をとり及び適当な政策の調整に協力」すると定義して，その上で議定書に具体的な規制措置の対象について明示している。環境省のウェブ・サイトを見ると，締約国の定期会合は過去 30 回以上開催され，何を規制対象にし，どのような国際協力をしていくのかが議論され，合意されていることがわかる（https://www.env.go.jp/earth/ozone/montreal_protocol.

解が異なると説明を付している。

しかし，オスロ平和研究所のハルバード・ブハーグのまとめによると，数多くの科学的な国際政治学の研究論文で，気候変動が安全保障リスクを高めることが実証されているという。たとえば，気候変動で干ばつ化が進み，食糧調達の不安が高まる結果，暴動や内戦のリスクが統計的に有意に上昇することなどは一貫して報告されている（https://theglobalobservatory.org/2023/06/security-council-climate-change-scientific-evidence/）。

地球温暖化を否定する勢力と同じように，事実を直視しないものは科学的なデータに裏打ちされた研究も素直に受け取ることができないのだろう。本文で示したように地球温暖化が待ったなしであることと波及効果が安全保障分野にまで及ぶことがわかってきている以上，それを安保理が正面から問題視して取り組むことは理にかなっているが，一部の国の反対，しかも一大国の拒否権によってそれが否定されてしまうのは理不尽だといえる。国連の枠組みの正統性も，こういった事案の積み重ね，そして国連が国家間の諸問題に有効な対策を講じることができないという認識の積み重ねによって棄損されてしまうのかもしれない。

html）。その合意に基づいて各国政府が法を国内で制定し，規制が行われる。たとえば日本ではいわゆるフロン排出抑制法が 2015 年 4 月に施行され，企業が保有するフロンガスを使用する機器に対して 3 か月に一度の簡易点検と 1 年に一度または 3 年に一度の定期点検を求めている。

他方，先ほども指摘したが IPCC などを軸にした地球温暖化をめぐる国際レジームは問題解決に苦労をしている。そもそも阪口いわく，森林資源保護などは何ら制度がない状態で**「ノンレジーム」**だとして懸念している（阪口 2007）。阪口によれば，経済問題などでは排除性が機能して「ただ乗り」を試みる国への対処がしやすいものの，環境問題ではそれが難しく，しかも，環境汚染が一度広まるとその回復がきわめて難しいという不可逆性を持っていることも他分野との重要な差異である。

地球環境問題という公共財をめぐるゲームが囚人のジレンマ的なものになることを踏まえると悲観的になってしまう。しかし，暗い先行きばかりではない

かもしれない。オゾン層の対策がうまくいったように，条件が整えば国際社会で共同して問題解決のための方策を見出し，それを制度化して協力を安定解にすることもできた事例はある。阪口はそういった安定解をもたらすにはトップダウンよりもボトムアップでのかかわりが有効だという（阪口 2007）。つまり，政府が何かをしようとするのではなく，市民社会や専門家・科学者が政府に働きかける関与のベクトルが重要で，そういった下から上への圧力が，地球環境をよくするために何が大事で，どうすべきかをめぐる期待の収斂を生み出すという。

　すなわち，ボトムアップのアプローチが，地球全体の問題として国境を越える環境問題を定義し，その対応策について国際合意し，実際に政策を協調して進める土台になるという。それこそがグローバル・ガバナンスとして理解できる国際社会の新しい統治の形だといえる。そこには国家だけではなく，専門家集団や国際組織，NGO，企業，大学，一般市民といった多様なアクターがかかわり，むしろ政府以外の存在にも決定的な重要性が宿っている。地球規模問題を存在しない世界政府にかわって解決するための仕組みともいえ，テクノロジーが世界をつないでいくとともにその負の外部性で生まれる環境破壊や汚染の問題にも世界で協働して対処する必要がある。

　なお，国連による持続可能な開発目標（SDGs）の目標 16「持続可能な開発に向けて平和で包摂的な社会を推進し，すべての人々に司法へのアクセスを提供するとともに，あらゆるレベルにおいて効果的で責任ある包摂的な制度を構築する」のターゲット 16.8 には，「グローバル・ガバナンス機関への途上国の参加を拡大・強化する」とある。グローバル・ガバナンスは，問題が何かを決め，何が対策として正統であるかについてあらかじめ内容を定めるものではない。従来，専門家にしろ NGO にしろ，地球規模問題を顕在化する上で先進国の旗振り役を必要としてきた経緯もあって，途上国が問題提起をする形での国際レジームやグローバル・ガバナンスのケースが限られてきた。そういった問題意識もあって，SDGs にターゲット 16.8 のような項目が入ったと理解すべきである。

# 3. 共有地の悲劇

　先ほど，地球環境問題を考えるにあたって，排除性と競合性という 2 つの特徴があるか否かが重要だという指摘をした。地球環境というものは，参加を排除しにくく，競合しにくいという意味で**公共財**である。よって「ただ乗り」が起きやすく国際協力が進みにくい。しかしながら，国際的な環境問題が一様に同じ公共財としての性質を持っているわけではない。排除性や競合性の程度が異なっており，それが問題の難しさを規定している。

　たとえば，フロンガス規制をめぐる国際協力は比較的うまくいっているが，フロンガス規制をめぐる国際レジームはわざと枠組みの射程を広げ，それによって排除性が機能する余地を取り込んだという（阪口 2007）。具体的には，モントリオール議定書で，加盟国の間でだけ規制対象物質の越境取引を認めることにし，その制度から排除されてしまうと大きなマイナスをこうむるように設計がなされたという。規制物質の取引枠組みから排除されると困る，つまり排除性が機能する余地ができたのであった。また，途上国に対して一定期間の間でのゆるやかな対応を求めるのに加えて，削減義務を守る上で追加的に発生する費用をすべてカバーするための多国間基金が設けられ，それが規制へ協力する誘因を生んだ（規制に協力しないで「ただ乗り」してしまうと国際援助が得られないという仕組みになっている）。このように適切に制度がデザインされると地球環境問題の解決も実現できる。

　他方，地球温暖化や森林保護をめぐる国際協力などは失敗している。阪口によれば，破壊が続いてしまうような課題領域は問題構造がより悪性であり，関係する国々の経済的な利害関係のズレとその規模がまったく異なるという。オゾン層をめぐるフロンガス規制が各国の GDP の 0.001％くらいにしかかかわらないのに対して，地球温暖化ガスを本格的に減らす対応は GDP の数パーセントに影響する。規制によって純利益が出うるオゾン層保護政策に対して，地球温暖化問題への対応は純損失の領域であり，国際協力への誘因が相対的に小さくなるという。また，森林保護であれば，木材の伐採は「ただ乗り」の誘因が高まる問題対象だといえる。つまり，A 国が森林保全をして二酸化炭素を吸い

取ってくれる大きな森を用意してくれるならば，自国（B国）はその分の森を切って木材を売りに出しても（A国の森が二酸化炭素を吸い取ってくれるために）温暖化ガスの収支は「トントン」になり，かつ，木材が売れる分だけ（短期的に）B国は得をする。非協力解の安定性が高くなるのはこういった構図があるためである。

　ギャレット・ハーディンが，**共有地（コモンズ）の悲劇**として定式化した論点はこういった問題解決の難易度を理解するのに重要である（Hardin 1968）。ハーディンは，牛を放牧するコミュニティを想像して，共有地にある牧草が枯渇してしまう，つまり多数者が利用できる共有資源が乱獲されることが，資源の枯渇を招いてしまうことを論じた。共有地がオープン・アクセスであることと，共有地の資源が希少で，ひとたび枯渇するとその再生が難しいという性質が備われば，共有地の悲劇が起きてしまうという。この背景にあるのはやはり囚人のジレンマゲームの問題構造であり，そこからの回避は容易ではない。とくに，「共有地がオープン・アクセス」で，かつ「その資源が希少で，枯渇する」という点は環境問題に特徴的だといえる。

　ここで，共有地にともなうオープン・アクセスの特徴を制度によって変えることはひとつの問題解決のあり方かもしれない。フロンガスをめぐる制度ではただ単に特定の化学物質を規制するだけではなく，その国際移動の管理や途上国への費用負担スキームの創設が排除性を生み出してオープン・アクセスを「選抜されたアクセス」の状態に変化させていた。いわゆる「クラブ財」という状態になるが，それは「ただ乗り」を排除しやすく，各アクターの裏切りを抑制することになった。

## 4.　地球温暖化問題がつきつける国際関係の課題

　先ほども述べたように，今の世界における最大の環境問題が地球温暖化である。温暖化は急速に進んでいて，今後各国が京都議定書やパリ合意で約束した脱炭素政策をとったとしても，世界共通の長期削減目標として産業革命前からの気温上昇を2度未満に抑制することは困難だとされている。極圏の氷が解け，シベリアでも永久凍土でおおわれていた大地が融解して大量のメタンガスのよ

## コラム 11-2　地球環境問題と NGO

　地球環境問題をめぐり，国家間の共有知を生み出すのに多くの役割を果たしてきた存在に，国際 NGO の存在がある。WWF（World Wildlife Fund）やグリーンピース，Oxfam（オックスファム）といった非政府団体は国境を越えて活動し，実際の環境保護事業を行うだけではなく，人々の認識を変えるためのアドボカシー活動をしている。アドボカシーとは，advocate という英語が意味するところの「代弁，弁護，擁護」といったものが転じ，「環境破壊の対象となっている人や動植物，地球そのものの声を代弁し，それらの保護のための認識を形成すること」を意味する。

　アドボカシー自体は環境領域だけにとどまらず，国際的な共通理解を生み出すために NGO が重視する活動で，何も国際 NGO だけの専売特許ではなく，国内の民間諸団体も従事しうる活動だといえる。1970 年から 2010 年までのデータを用いたある実証研究（Longhofer, Schofer, Miric and Frank 2016）によると，環境領域について，各国の政策が環境保全を志向する法律や制度を整えていくにあたって，国際 NGO の実施する運動（キャンペーン）が欠かせないという。

うないわゆる温室効果ガスが排出され，海面は上昇し，小規模諸島国家は国土を失うことが避けられない情勢である。また，世界各地で観測史上まれにみる高温や洪水を引き起こす荒天が観測され，温暖化対策は待ったなしである。

　国際社会は地球温暖化の問題を感じているものの，しかしその対策は囚人のジレンマ構造で阻害されてしまっているように見える。つまり，各国は地球の気候が人類の諸活動で大きく影響を受けて温暖化し，しかもそのペースが増して不可逆的な状態に陥る危険性が高いことは専門知として共有されている。しかしながら，その対策を他のすべての国が行い，自国が「ただ乗り」できるのであれば自国だけ温室効果ガスを出し続けたいと考える。多くの国が「ただ乗り」の誘因に勝てず，全体としての温暖化対策は停滞する。

　もともと，1990 年代に冷戦が終わってからは，専門知の担い手としての科

学者が影響力を今よりも発揮していた。地球温暖化が争点化し，その予測に従って対策をとらねば地球がもたないという危機意識は今よりも喧伝されていた感がある。

　クリントン政権でアメリカ副大統領をつとめたアル・ゴアによれば，こういった科学者の議論は産業界の PR 戦略に対抗され，一理論に成り下がってしまい，影響力を失ったという（ゴア 2009）。たばこ産業のロビイングと同じように，化石燃料企業がロビー活動でアメリカ議会に圧力をかけ，メディアでキャンペーンをはり，地球温暖化対策を訴える NGO 団体やそのリーダーの信憑性を下げるネガティブ・キャンペーンまで行い，地球温暖化が差し迫った脅威ではない，もしくは新しいテクノロジーが出てくれば解決できるといった甘い見通しを流布して解決策に関する国際協力を遅らせる。

　アメリカでは，それは党派的な対立軸になり，リベラルで国際協調路線を支持しがちの民主党支持層は温暖化は現前たる事実であり，その解決のための努力を行うことを支持する。他方，保守的でアメリカ第一の単独主義の共和党支持層では地球温暖化問題はそもそも存在せず，問題の否定から始まる始末である。

　本来，社会全体に環境的な負荷がかかる問題では，政府が一元的にその対策を講じ，たとえば科学者を集めて専門知を集積し，そのアドバイスを受けて政策としてある化学物質の規制を行う。国内政治空間ではそのように対策が実現される。しかしながら，世界政府がない国際社会では，そのような一元的な対策を策定して履行させる権能を持つ存在はなく，そこに近い存在は国連か，または覇権国くらいである。今の国際社会において前者にはリーダーシップをとるだけの資源がなく，また後者にもっとも近いアメリカは温暖化問題に関して国内が分裂している状態で，期待ができない。

## 5. 多国間交渉モデル

　最後に，地球環境問題が多国間の囚人のジレンマ構造であることが引き起こす困難性について触れておきたい。われわれは，多国間協定を実現するためにも，N 人囚人のジレンマゲームで均衡解を【協力　協力】に落ち着くように知

恵を出さねばならない。N 人になっても，図解的には自分対その他の国々すべてと表記をすれば今までの戦略型表記のゲームですむ。言い換えれば，「将来の影」こそ想定できれば（その場合，この設定ではその他の国々すべては同一の均一の「将来の影」を認識するという強い仮定をおくことになる），【非協力　非協力】ではなく【協力　協力】を社会的な均衡とすることができる。

　問題は，多国間交渉であるとそういった同一の「将来の影」を意識させるような枠組みが設定しにくい点だろう。環境問題の原因の認識から，それに対する有効な対策に至るまで見解は一致しにくい。そもそも，多国間交渉において裏切り者が出てきたとき，その裏切り者だけをターゲットに懲罰できればよいものの，選択肢として協力か非協力かの 2 択であると特定の相手だけにしっぺ返し戦略をとって非協力を選ぶということが難しく，うまく対抗できないからである。

　また，多国間交渉のルールが問題解決のスピードに影響する。国内議会における単純多数決のような意思決定は国際関係では珍しい。むしろ国際関係における多国間交渉で重視されてきた全会一致＝コンセンサスを重視する姿勢は，条約の義務履行が自主性に大きくゆだねられる国家間関係では当たり前なのかもしれないが，問題解決の時間を長くするだろう。

　ラテン語で「pacta sunt servanda（パクタ・スント・セルウァンダ）」として知られる「合意は拘束する」「合意は守られなければならない」という規範を根拠に，合意したという事実を重視する意思決定手続きが大事にされるのが，コンセンサスを重視する国際手続きルールである。2 国間ならともかく，コンセンサス型の合意形成が多国間で行われると，その意思決定はどうしても調整に手間取り，短時間には妥結しがたいだろう。スピード感がないのはそのためである。

---

### ✏ 要点の確認

・**グローバル・ガバナンスとはどんなものでしょうか？**
　世界政府はないものの，国際社会が国境を越えて統治を行うという理念のこと。数々の国際制度が生まれ，世界的な共通課題への対処が試みられている。国際レジームはその典型的な仕組みであり，国家だけではなく，国際 NGO や国際組織がそ

の中で活動している。

### ・地球環境における排除性と競合性とは何でしょうか？

環境問題をめぐっては，排除性と競合性が問題になった。地球環境は公共財として知られ，排除ができず，かつ競合性を持たない。つまり，地球環境が改善する恩恵は，地球上の皆によい環境が達成されているという意味で，すべてのアクターが享受する。そして，誰かがそれを得ているからといって自分が得られないという競合的な状態になりにくい。それが，財の提供（供給）において「ただ乗り」の誘因をもたらす。

### ・なぜ多国間交渉による環境問題の解決は難しいのでしょうか？

地球環境問題に取り組むにあたって，2 国間主義ではその達成は難しく，多くの国の参加をともなう多国間交渉が重要になる。しかし多国間交渉ではとくに関係国が増えると協力が達成しにくくなる。たとえば，多国間交渉のルールが問題解決のスピードに影響し，コンセンサスが求められる制度設計の場合には調整に手間取り，短時間には妥結しがたい。

## 🔖 第 11 章の文献ガイド

ゴア，アル（枝廣淳子訳）（2009）『私たちの選択——温暖化を解決するための 18 章』ランダムハウス講談社

▷一般向けに温暖化問題の実情を丹念に説明し，また具体的な解決策を多面的に提示する。ゴアはなぜ温暖化が人類最大かつ深刻な問題であるかを図やデータを用いて示すほか，温暖化対策に反対する勢力の典型的なやり口を示し，それをさらに乗り越えて有効な対策をどうとるべきかを論じている。

鈴木基史（2017）『グローバル・ガバナンス論講義』東京大学出版会

▷第一部の理論・歴史編で国際関係の政府なき統治のあり方を解説した上で，第二部と第三部では安全保障や貿易，人権，環境といった論点ごとの具体的な説明を加え，グローバル・ガバナンスに関する鳥観図を提供する。

宮永健太郎（2023）『持続可能な発展の話——「みんなのもの」の経済学』岩波書店

▷環境問題の解決に向けた道筋を経済学のバックグラウンドから考える新書である。環境と経済の関係の解説のあと，環境ガバナンスというキーワードで政治のかかわりを論じ，ごみ問題，地球温暖化問題，生物多様性問題，水資源問題といった項目をテーマとして取り扱っている。本書を読んでから手にとってほしい一冊である。

# 人権規範の広がりと内政干渉

　国際関係のアクターは，フィクションでできた国家だけではない。国家を構成する，より実態のある「個人」がその表舞台に出てくることがある。過去，国家が独占的な管轄権を持ち，その様態に翻弄されるだけの存在であった国民としての個人は，国連憲章や国際人権規約の整備とともに，国際社会でその基本的権利が守られるべき対象に変化している。地球規模問題群として人権の問題を扱い，その関連で国家間の内政干渉原則の問題を議論しよう。

## 1.　国際人権問題をめぐる歴史

　長らく階級社会が当たり前であった世界では，万人が享受できる人権というものは存在しなかった。イスラエルの研究者，ユヴァル・ノア・ハラリが唱えるように，人権はわれわれが肉体とともに物理的に持っているものではなく，われわれが想像し，観念の上で理解し，存在を認めるものである（ハラリ 2016）。今の世界では，人権の存在は強く観念され，しかもかなり広く共有されている。国連憲章が，そして国連人権規約がわれわれの人権を世界規模で明示し，何が保障されるべきかが書き出されている。もちろんそれらは万能ではないので現実に人権侵害は多々存在するが，今は多くの国・社会で人権保護に一定の期待が持てる。それは過去の人類と比べる限り，格段の改善が図られたと評価できる。

　しかし，そこまでの道筋は厳しかった。また，まだまだ普遍的な人権保護は道半ばである。

　そもそも，植民地主義の世界では，「文明人」とそれ以外の人々が存在し，前者は人権保護の対象となり，後者は文明人の使用人や傭兵として従事するほかなく人権保護の対象とはならないというダブルスタンダードがあった。原住民の人権は最近になって保護の対象になってきたものの，しかし，長らくその権利は蹂躙され，同化政策のもとで彼らの独自の文化は否定されてきた。

　植民地主義の中で世界的にみて大規模に人権が蹂躙された事例としてあげられるのは，奴隷制度であろう。アフリカ大陸から大量の人々が劣悪な環境の船に乗せられて大西洋を横断し，南北アメリカ大陸に送り出された。アフリカからの奴隷は労働力として鉱山のほか，砂糖・綿花・ゴム・コーヒーといった産物を栽培するプランテーション（大農園）に送り込まれた。たとえば，ブラジルでは砂糖プランテーションが作られ，ハイチやキューバといった西インド諸島にも広がった。北アメリカ大陸ではバージニアのタバコや藍のプランテーションが作られ，同大陸の南部全域で綿花のプランテーションが広がった。それらはアメリカ合衆国が独立してからも奴隷労働に依存しながら発展した。

　これが，19 世紀に入るとイギリスで奴隷貿易と奴隷制度に対する人道的な

立場からの批判が強まり，博愛主義者でイギリス議会の議員であったウィリアム・ウィルバーフォースらの運動によって，1807年に奴隷貿易の禁止が決まった。そして，さらには**奴隷制度の廃止**が1833年に実現した。アメリカ合衆国では，19世紀半ばころに，北部の工業地帯で奴隷人口を賃金労働力として購買力をつけさせて経済を発展させようという志向が強まり，南部の綿花プランテーションでの奴隷労働を支持する人々と対立するようになった。奴隷制がひとつの争点となって南北戦争（1861〜65年）に始まり，勝利したリンカーン大統領は1863年に**奴隷解放宣言**を行い，アメリカ合衆国における奴隷解放が実現した。その前後にラテンアメリカ諸国でも次々と奴隷解放がなされた。もっとも遅れたのはブラジルで1888年になってからだった。

　植民地主義が受容されていた第二次世界大戦前の世界では，奴隷制が廃止されても他の人種への差別感情や差別的な制度の解消にはほど遠く，すべての人間を対象に人権を守るべきといった規範は受容されてはいなかった。それが大きく変化するのは，ドイツがホロコーストでユダヤ人の絶滅を試み，きわめて卑劣で残虐な行為をとったことと強く関係する。数百万人がユダヤ人であるというだけで強制収容所へ送られ，強制労働をさせられるか，またはガス室などで殺された。世界はその事実の前に大きな衝撃を受け，教訓として第二次世界大戦の非人道的な行為は戦後に完全に否定され，戦争にかかわる人道犯罪はドイツと日本で国際裁判の形で裁かれるとともに，人権保護を国際社会として行う必要性が唱えられた。たとえば，国連憲章では前文において以下のように書かれることになった。

　　　われらの一生のうちに二度まで言語に絶する悲哀を人類に与えた戦争の惨害から将来の世代を救い，基本的人権と人間の尊厳及び価値と男女及び大小各国の同権とに関する信念をあらためて確認し，正義と条約その他の国際法の源泉から生ずる義務の尊重とを維持することができる条件を確立し，一層大きな自由の中で社会的進歩と生活水準の向上とを促進すること並びに，このために，

　　　寛容を実行し，且つ，善良な隣人として互に平和に生活し，国際の平和及び安全を維持するためにわれらの力を合わせ，共同の利益の場合を除く

　　外は武力を用いないことを原則の受諾と方法の設定によって確保し，すべ
　　ての人民の経済的及び社会的発達を促進するために国際機構を用いること
　　を決意して，これらの目的を達成するために，われらの努力を結集するこ
　　とに決定した。

　こういった国際社会の決意は，国際人権宣言，国連人権規約やそのほかの**国
際人権レジーム**に継承された。そして，人権保護のためのさまざまな制度が生
まれている。たとえば，以下のように，数多くの人権条約が締結されている。
国際法条約集を見ると，国際人権規約として，①経済的，社会的及び文化的権
利に関する国際規約（社会権規約），②経済的，社会的及び文化的権利に関す
る国際規約の選択議定書，③市民的及び政治的権利に関する国際規約（自由権
規約），④市民的及び政治的権利に関する国際規約の選択議定書，⑤死刑廃止
議定書が，また，国連人権関係決議として，国連人権理事会創設決議や国連経
済社会理事会の決議 1235 が掲載されている（植木・中谷 2023）。人権理事会も
経済社会理事会の決議 1235 もそれぞれ人権保護をめぐるモニタリングを行う
制度設計にかかわる国際的な取り決めである（申 2020）。
　このほか，人種差別撤廃条約，女子差別撤廃条約，拷問等禁止条約，児童の
権利条約，障害者の権利に関する条約，難民条約，国連先住民族権利宣言，国
際労働機関（ILO）憲章，強制労働ニ関スル条約，結社の自由及び団結権の保
護に関する条約，団結権及び団体交渉権についての原則の適用に関する条約，
強制労働の廃止に関する条約，仕事の世界における暴力及びハラスメントの撤
廃に関する条約といった，さらに具体的な人権保護ルールが条約化されている。
　このようなグローバルなレベルでの人権保護のほか，**地域的人権保障**の動き
にも触れておく必要がある。たとえば，ヨーロッパ人権条約はヨーロッパ人権
条約議定書とあわせてヨーロッパ地域全体の普遍的な価値として人権保護を定
め，個人が欧州人権裁判所へ提訴し，国を相手に裁判を行うこともできる状態
になっている。ヨーロッパだけではなく，米州人権条約，人及び人民の権利に
関するアフリカ憲章（バンジュール憲章），ASEAN 人権宣言なども知られて
いる。
　なお，こういった世界における人権擁護の機運は，いわゆる**トランスナショ**

ナルな人権 NGO の活動なくして全体像を理解できない。ヒューマン・ライツ・ウォッチやアムネスティ・インターナショナルといった団体は人権保護を目的とする国際 NGO としてよく知られている。彼らは，各国に事務所を設置して市民の立場から各国の人権保護状況をモニタリングし，問題を報告書としてまとめ，国際社会に公開している。前章のコラム 11-2 で触れた**アドボカシー活動**と呼ばれる啓蒙活動を行っている。

## 2. なぜ人権は守られないのか

　人権を保護しなくてはならないという大枠のコンセンサスができ，そして世界が人権を擁護するという命題には意見の一致をみているが，具体的な人権保護の内容については，国により，地域により，もしくは先進国と途上国の違いによって見解が異なってくる。たとえばイスラム世界の人権観はその教義の影響を強く受け，男女の権利のあり方は欧米諸国とは相当に異なっている。また，日本のような先進国であっても死刑制度は存続されており，ヨーロッパ各国との間でたびたび人権観の違いを露呈する結果となっている。

　人権への考え方の違いには文化や宗教などが大きく作用しているが，人権保護が一般的になされていないのはなぜかを問うた場合，その背景には①紛争と②政治制度の 2 つが大きく関係している（Hafner-Burton 2014）。紛争が起ればその社会では人権の蹂躙がたびたび起こる。政治制度が民主的ではなく，独裁的で権威主義であり，中央の権威が市民社会に対して広く説明責任を負わない場合には人権を無視する政策がとられやすい。前者は政府が機能しないような環境での人権侵害であり，後者は強すぎる政府が人権を軽視する形での人権侵害である。やはり，紛争がない安定した社会において，市民に広く説明責任を果たす制度としての民主主義が根ざしている場合には人権は保護されやすい。ただし，このような指摘はトートロジーに近く，人権を守る政治制度として民主主義が開発されたと解釈すれば，これは当然なものだとも言える。

　なお，人権保護をめぐるデータ分析の場合，先進諸国の政府や NGO が率先してそれらを作って提供しているので，科学的分析をしたとしても先進諸国＝民主主義国に偏った人権保護と政治制度をめぐる観察結果が出ている可能性は

まったくないわけではない。しかし，おそらくトートロジーの説明のほうがしっくりくるはずである。つまり，平和な環境の社会に比べて紛争地域ほど，民主主義国に比べて独裁や権威主義国ほど人権は守られていないというのは正確な事実認識であろう。

こういった背景もあって，民主主義国家とその市民社会は他の国での人権侵害に対して敏感に反応し，国連といった国際制度の中で声をあげる政策をとってきた。たとえば，**国連人権理事会**では，人権侵害の申し立てを調査するために調査委員会や事実調査団を設置することができる。とくに，理事会の中で行われる「**普遍的・定期的レビュー**（Universal Periodic Review）」では，国連の全加盟国の人権保護をめぐるあり方を4年ごとに審査することが制度化されている。「レビュー」は，各国政府に対して人権保護をめぐる立場を表明させ，また，実績に関する証拠を提示させる機会となり，また，他国から人権をめぐる政策への改善・改良を助言される可能性をもたらしている。人権NGOや欧米を主とする先進国はこの制度を用いて「**Naming and Shaming**」と呼ばれる戦略をとり，その国の人権問題を国際社会の関心事としてとりあげ，各国へ当該問題への善処を促すことをたびたび行っている。「Naming and Shaming」とは，人権侵害をした国の名前をあげ（naming），その国の行動を批判して恥をかかせる（shaming）というもので，政府が国際的な場で評判を落としたくないと考えるのを利用して行動変容を促そうというものである（たとえば，Rousseau 2018）。

関連して，ハフナー・バートンは，独裁国や権威主義国に人権保護を促すには，実力のある大国の制裁や抑制された中立的な軍事行動が効果をあげやすく，多国間主義による制度を媒介した圧力と時に緊張関係を生むことがあると指摘している（Hafner-Burton 2014）。多角的な国際制度は人権をめぐる各国の認識を近づける点で一定の機能を果たしているとの理解をしているが，しかし，慎重な評価である。

ロシェル・テルマンらの研究によれば，人権をめぐる各国の国連での非難が，すべての論点で均一になされるのではなく，むしろ地政学的な要因と関連し，当該相手国が気にかける，センシティブな領域の問題を政治化するという（Terman and Byun 2022）。つまり，戦略性があって人権をめぐる非難がなされてい

## コラム 12-1　人権 NGO の拡大と
### それらに対する 2 つの抑圧

　スパルナ・チョードリーの研究は，1990 年代に起こった人権 NGO が世界的に躍進し，それが新しい世紀に入って各国で抑圧にあい，勢いを失ってしまったことをデータ分析によって明らかにしようという試みである（Chaudhry 2022）。人権 NGO の増大は，多くの国，とくに民主化されていない国々の政府にとって憂慮すべきものになり，NGO への弾圧が行われていったという。

　政府にとって脅威となる NGO を弾圧するという決定がなされた場合，暴力的な取り締まりと行政的な取り締まりという 2 つの抑圧タイプがあるとチョードリーは論じる。

　それら 2 つの戦略の選択は，主に 2 種類の要因に左右されるという。①これらの NGO グループによってもたらされる脅威の性質，とくに脅威が即時的なものか長期的なものかという点が 1 つ目の要因である。②2 つ目の要因は，NGO を取り締まることによってもたらされる結果である。国家が差し迫った脅威に直面した場合，NGO を暴力で取り締まる可能性が高いが，暴力は国家の正統性を低下させ，人権条約に違反し，指導者の刑事責任を増大させ，政権への反感を増強してしまう危険性がある。要するに，暴力は裏目に出る可能性がある。そのため国家は NGO を取り締まるため，よりコストのかからない「行政的取り締まり」，つまり，法的制限を課して参入を阻害し，外国からの資金調達を難しくし，アドボカシー活動の障壁を作ることを画策する。行政的取り締まりは，暴力的対処のリスクを下げつつ，NGO の選挙活動や結果に影響を与え，政府の存在を脅かしたりするのを防ぐのにとくに有効である。

　1990 年から 2013 年までの NGO に対する暴力的・行政的弾圧をデータ化したチョードリーは，それを用いて①進行中の NGO の抗議行動が NGO に対する暴力の行使と正の有意な関連があることを示したほか，他方で②国家は平均して行政的弾圧を用いて NGO を抑圧する可能性が高いことがわかった。国家がよりリスクの低い形で人権 NGO の活動を抑制しようと試みていることが理解できる。

ることをデータ分析で示している。このことは，人権をめぐる各国のやりとりが画一的になされているのではなく，ある一定の戦略性，合理性で行われている可能性を示している。

## 3. 保護する責任という考え方

　人権を保護すべきだと呼びかける相手として政府が機能している場合には，国際組織での「Naming and Shaming」も効果があるかもしれない。しかし，政府が事実上機能していないような内戦状態の場合，紛争を起因とする人権侵害は起こり続け，暴力を有する勢力が，略奪や私刑を行い，人権の蹂躙が行われてしまう。

　1994年のルワンダで行われた大量殺戮は，そのようなまっとうな政府が機能していない状況での大規模な人権侵害として理解できる。ベルギーが植民地時代に作ってしまった，ツチとフツという人種の違いを理由に，大統領暗殺後の混乱期に，多数派のフツの人々が扇動を受け，少数派のツチと穏健でツチを守ろうとしたフツを殺してしまった。数にはゆらぎがあるものの，ルワンダの10～20％の人口が殺戮の対象となり，その実数は50～100万人だという。

　当時，アメリカ政府のソマリアでの介入作戦の失敗を受け，国連PKOは強制的に軍事力を送り込んで大規模な市民の虐殺をとめるような政策をとりえなかった。そもそも，アラン・クーパーマンによれば，遠隔地であるルワンダで何が起こっているのかは国際社会には容易には把握できず，しかも軍事介入するにしても土の滑走路の飛行場ばかりの内陸国ルワンダに多くの軍事物資を運ぶ輸送作戦をともなう大規模軍事介入は難しかったという（Kuperman 2001）。

　しかし，この事件で国際社会がほとんど何もできなかったことは，ほぼ同じ時期に旧ユーゴスラビアで国際社会が無力であったこととも重なり，大きな問題となった。この背景には，国際社会が内政干渉をどこまで行って人権を守るべきなのかという論点があった。リアリストからすれば各国はその国益を追求していればよく，他国の中の人権侵害など無関心でいればよいという解を与えるのかもしれないが，しかし，国際社会として大量殺戮を看過してはいけないという規範的な考えは存在し，多くの政府がこれについて問題意識を持った。

　その中でも，カナダ政府は 2000 年 9 月に「**介入と国家主権に関する国際委員会**（ICISS）」という組織を作ることを表明した。国家を視点に安全保障を考えるのではなく，一般の市民の目線で安全保障を理解しようという，いわゆる「人間の安全保障」という学会での議論とも呼応する形で，新しい組織で他国における人権保護と国際社会のかかわり方への討議を行い，指針を生み出そうとしたのであった。この委員会で有識者が提示したのは，「**保護する責任**（R2P）」という考え方であった。

　この概念は，国際社会が人道的介入を行う正当化の論理を提供するものであった。そもそも，各国政府は市民の人権保護を行う一義的な責任を負うことを明示し，その上で，政府がそういった責任を果たせない場合，たとえば内戦で大量殺戮といった深刻な人権侵害が行われている場合には国際社会はそれを是正するために関与し，介入ができるという論理構成である。

　カナダ政府は，これを 2005 年 9 月に開催された国連総会・首脳会合（世界サミット）で合意文書の中に入れ込むことに成功し，広く知られることになった。国際社会が市民の安全と人権を保護するために，場合によっては軍事力をともなって内政干渉をできるというこのコンセプトが国連の公式文書に書かれ，しかもそれがコンセンサスで合意されたことを大きな成果だととらえる研究者は少なくない。

## 4. コンディショナリティという介入

　他方で，保護する責任はあくまでスローガンのようなものにすぎず，まだ国際関係に確固たる影響を与えていないという指摘も存在する。リアリズムであればそもそも，国益に直接関係しない人道問題にかかわる軍事介入は歓迎されず，むしろ否定されるのであろう。リベラリズムであれば逆に国際社会の責任を唱え，規範的に介入すべきという論陣を立てるのかもしれない。

　この点，国際関係を合理的な戦略的相互依存関係として理解する本書の立場からすれば，紛争中の人権侵害は一度始まった紛争に付随してしまう副作用と理解し，むしろ紛争をいかに抑制すべきかを論じるべきだと考える。もしくは，政治制度を起因とする人権侵害の場合には，そういった制度でも人権をより守

ろうとするインセンティブ構造をいかに生み出せるかを検討するだろう。

　その観点で，援助を通じた人権保護コンディショナリティの導入は検討すべき方法だと考えられている。すなわち，人権を守らねば援助を止めるという圧力のもとで相手の国内政策を変えさせ，人権を守らせるという考え方である。

　こういった圧力は，1990 年代はアメリカといった欧米諸国だけが主たる援助提供国としての地位を維持していたこともあり，機能した。冷戦中はアメリカもソ連も援助提供者であったがゆえに，ソ連は人権などを気にするような政策はとらず，アメリカは人権外交を行う場面もあったものの，しかしソ連に対抗するために人権侵害に目をつぶって援助をすることもあった。ソ連が消滅して西側だけが援助を提供する構造であれば，援助にともなうコンディショナリティとして人権を守ることを誓約させ，その履行状況で次期の援助を決めるといった誘因設定が可能であった。

　しかし，現在ではコンディショナリティで人権擁護を推進させるのは年々難しくなっている。というのも，中国が多くの国に援助を提供するようになっており，欧米諸国は必ずしも前のように人権擁護をしないと援助を引くぞというような，半ば脅しによる人権擁護の誘因作りをできなくなっているのである。被援助側からすれば，欧米からの援助がなくとも中国に泣きつけばよいといった理解があり，そんな思惑が透ける場面も増えてきている。

　今の国際社会では人権を守るという基礎的価値観の否定は存在しない。国連憲章も明示しているように人権擁護は国際社会の一致した目標であり，そこにはコンセンサスがあるといえる。問題は各論であり，どういった人権をどのようにして守るべきなのかについての一致は限られ，多くの場合に論争的である。

## 5.　価値観の対立

　人権をめぐる対立は，たとえば米中の覇権争いにも見てとれる。アメリカも中国も自らを正統と理解し，相手を非難することがたびたびある。

　まず，アメリカは自由な共和制を達成した革命国家として，人民の人権と民主主義を国の基本的なあり方として示し，自らをモデルとして考え，とくに第二次世界大戦以降は国際社会で他国に関与してきた。よって，人権保護の失敗

## コラム 12-2　人権をめぐるデータ分析と新しい推定モデルの有効性

　2014 年に出されたクリストファー・ファリスの論文によると，その時点まで
に用いられてきた一般性の高い政治的抑圧のデータを用いて分析した結果，人
権規範の普及，監視の強化，選挙制民主主義の普及にもかかわらず，人権擁護
の状況が過去 35 年間改善されていないと認識されていたという（Fariss 2014）。
つまり，経験的な傾向として，人権擁護は停滞し，国際社会が人権を守るべく
作ってきた規範や制度は無力だったという結論が導き出されてしまう状態であ
ったという。

　しかし，ファリスはこういった結論には問題があると論じる。彼は，むしろ，
アムネスティ・インターナショナルやアメリカの国務省のような人権保護監視
機関が，人権侵害に関する情報に遭遇し，解釈する方法が時代とともに変化し
たため，言い換えればデータ収集の質が高まってしまったために逆説的に人権
保護がなされていないかのように見えているだけなのだと論じる。実際，アム
ネスティやアメリカ国務省は，各国の人権擁護実践を評価するための基準を充
実させ，時間とともにより多くの場所で記録を行い，より多くの行為を人権侵
害として認定してきた。ファリスの論文では，新しい測定モデルを提案して既
存のデータを用いて人権侵害の不偏推定値を算出し，人権の尊重が時間の経過
とともに改善されていること，また，具体的な事例として，国連拷問禁止条約
の批准が人権尊重の高まりによることを示している。

と独裁的な政治制度を理由に中国を批判する。もちろん，中国は真っ向からそ
の批判に対抗し，両者の見解は対立している。たとえば，アメリカは国務省が
人権保護状況にかかわる国別のレポートを作り，中国については民主主義の欠
如のほか，ウイグル族といった少数民族への組織的な人権抑圧政策を強く非難
している。

　これに対して，2021 年 12 月には，中国側は民主主義は一部の国の専売特許
ではないという宣伝を行い，「全過程人民民主（全過程にわたる人民民主）」と

いう概念を掲げて，中国には独自の文化と実情に根ざした民主主義があると主
張した。アメリカのスタンダードが唯一のスタンダードではないというふうに
反駁している。しかも，中国単独でこういった主張をするのではなく，途上国
を巻き込み，多国間の国際会議の場で宣伝を行いつつある。2021 年 12 月 8 日
には，北京で国際会議「人権フォーラム」を開き，そこには途上国から代表団
を受け入れた。習近平国家主席は会議に「祝電」を寄せて，中国共産党がつね
に人権を尊重，保障してきたという，事実とはいいがたい主張を展開している。
中国独自の人権観を示し，米欧の基準が絶対ではないというわけである。もち
ろん，アメリカをはじめ先進民主主義国はこのような議論は詭弁であり，ウイ
グル族の扱いなどをめぐり，深刻な人権問題があるとして強い批判を行ってい
る。

　価値観の対立は，本書が示したキーワードのうち，「正統と異端」という論
点と密接にかかわる。国際社会にはみなが認める政治権威としての中央政府は
なく，議会もない。国際連合はあるが，その決定は国内法のような法律にはな
らない。あくまで主権国家の集まりである国連で，たとえばその総会がコンセ
ンサスで議決をし，総会決議が生まれても，法的な拘束力は持ちえないのであ
る。

　そもそも，国内のような警察力も存在せず，法執行機関が整っているわけで
はない国際社会では，あくまで自発的な賛同をもって行動変容を促すほかない。
第 3 節で保護する責任について示したが，これは大量殺戮のようなきわめて深
刻で，大規模な人権侵害にのみ例外的に用いられるもので，日常的な人権侵害
をどう抑制するのかには影響を与えにくい。

　価値観が対立し，大きく異なる人権理解を持っている国々がわれこそが正統
と考える状態では，正統と異端の二項対立で平行線をたどってしまう。そして
二項対立に陥ってしまうことは必ずしも望ましいことではない。

　とくに，この二項対立の観点で，「Whataboutism」と呼ばれる論法で中国や
ロシアが人権問題をめぐる批判に対抗することが増えている（Chow and Levin
Forthcoming）。つまり，欧米が中国やロシアの人権侵害を批判すると，その反
論として，欧米はダブルスタンダードで過去に欧米も多くの侵害行為をしたと
か，同じような侵害行為は他の地域でもあって珍しいことではない（よって，

それがどうした = what about it）という反応を返すことがある。とくにダブルスタンダードであるといった反論は，人権侵害をめぐる批判への対抗として有効な可能性がある。

　国際的な人権保護の制度は 1945 年以降，徐々に，漸進的に確立されてきた。昨今，民主主義の弱体化とともに，独裁国や権威主義国の台頭が目立ち，人権保護をめぐる国際社会の気運も盛り上がりに欠けている。そもそも，国際社会には唯一無二の人権保護基準はなく，欧米の価値観にすぎないといった議論のすり替えをし，二項対立の世界観，価値観の違いによるこの問題への反論を許すと，独裁国や権威主義国による継続的で深刻な人権侵害を許すことになるだろう。人として尊厳を持って生きることができる社会を保証する一義的な役割は国家にあり，もちろん主権国家ごとに多少の違いはあっても，守られるべき最低限の人権の内容は国際人権規約でほぼすべての国が合意している。

　自発的な賛同をもって行動の変化を期待しないといけない以上，おそらく相手を強く批判してばかりで追い込んでも二項対立の反発を生むだけであるし，他方で何も指摘をしないと人権問題への対処を促せない。難しい匙加減で，お互いにけん制しあうことが大事なのだろう。その意味では，「Naming and Shaming」は相手を追い込まない限り，うまく機能しうる余地がある。研究はたくさん行われており，このキーワードで Google Scholar を検索し，そこから研究論文に接してみるのは良案かもしれない（なお，すでに「Naming and Shaming」の研究はやりつくされているという議論もあることは指摘しておくが，それを判断するためにも論文を見てみるとよい）。

　最後に，**内政不干渉原則と人権の緊張関係**を指摘して終わりにしよう。国際社会では，ウェストファリア体制のひとつの重要な伝統として，主権国家の相互の内政不干渉が原理となっている。国連憲章も他国の内政への干渉は禁止している。人権問題は各国の政府が各国の考え方に応じて対応すればよいという理解は，この内政不干渉の規範に基づいたものであり，そこに一定の正統性がある。しかも，それを盾に人権蹂躙を行う政府を放置しておくことはもはや許されず，国際社会は人権侵害を人類共通の課題としてとらえ，積極的にそれを抑制するという考え方に移行しつつある。そのような新しい考え方を推進する国もあれば，それに対抗する勢力を構成する国もある。旧外交が新外交にとっ

てかわられたように，おそらく内政不干渉原則はどこかの時点で瓦解し，人権を守るという点で他国への一定の積極的な干渉も認められるような世界が近くにやってくるのかもしれない。もしくは，抵抗勢力側が内政不干渉原則の規範をうまく擁護して強化し，人権問題を理由にした影響力行使を封じる世界になるのかもしれない。この点，今後の展開にわれわれ自身が積極的に関与し，どちらがより望ましい世界なのかを想起した上で賢明な選択をするべきなのだろう。

### 🖋 要点の確認

・**アドボカシー活動とはどんなものでしょうか？**
　人々の考え方を変える啓蒙活動のことで，人権保護のような各国政府の考え方に訴えかけねば物事が変化しない問題では，とくに国際 NGO や国際機関が関与し，他国の政策を変えようとする。人権分野では，ヒューマン・ライツ・ウォッチやアムネスティ・インターナショナルといった団体が知られ，彼らは各国に事務所を設置して市民の立場から各国の人権保護状況をモニタリングし，問題を報告書としてまとめ，国際社会に公開している。

・**Naming and Shaming とはどんな国際社会の戦略を指すのでしょうか？**
　ある国の人権問題を国際社会の関心事としてとりあげ，各国へ当該問題への善処を促すのが「Naming and Shaming」である。人権侵害をした国の名前をあげ（naming），その国の行動を批判して恥をかかせる（shaming）。政府は国際的な場で評判を落としたくないと考えるのを利用して行動変容を促そうとする戦略である。

・**保護する責任について教えてください。**
　各国政府が市民の人権保護を行う一義的な責任を負うことを踏まえた上で，ある政府がそういった責任を果たせない場合，たとえば内戦で大量殺戮といった深刻な人権侵害が行われている場合，国際社会がそれを是正するために関与し，介入ができるという論理のこと。英語の頭文字を使って，R2P（Responsibility To Protect）として知られる。

### 🌐 第 12 章の文献ガイド

政所大輔（2020）『保護する責任——変容する主権と人道の国際規範』勁草書房
　　▷保護する責任がどのように形成されて，各国の合意を得てきたのかを丁寧な記述で示している。コンストラクティビズム（本書の終章を参照）の応用例として理解でき，方法論的な意味でも価値がある。さまざまな理念がどう正統なものとして受容

されていくのかは国際規範を論じる上で重要だと認識することができるだろう。

申惠丰（2020）『友だちを助けるための国際人権法入門』影書房
　　▷国際人権法をわれわれの身近な事例にひきつけて論じており，わかりやすい解説になっている。個人が国際人権法の当事者であることが再確認できるだろう。ただし，個人が国際法の対象になるという側面は特例的なものという理解をもって読み進める必要があるだろう（なぜなら，国際法の基本的な当事者はあくまで国家なのだから）。
五十嵐元道（2023）『戦争とデータ——死者はいかに数値となったか』中央公論新社
　　▷戦争をめぐるデータについて歴史的な記述推論をしている興味深い研究である。戦争で誰が何人を殺したのか，または戦争で使ってはいけない兵器を誰がどのように使用したのかといった過去の戦争をめぐるデータの蓄積努力に関してさまざまな情報を提供し，どういった「科学的」なデータ集積が世界で行われてきたのかを明らかにしている。とくに，人権保護とデータがどう関係するのかが見えてくることは重要で，たとえば「Naming and Shaming」についての歴史的理解も深まる。

# 技術革新と正統性の国際政治

技術革新は社会を変化させ，政治のあり方を変える。国際政治でもさまざまな形で技術の変化が国家間関係をきわめて大きく変質させ，新しい問題を生み出してきた。地球規模問題群として技術革新の問題を扱い，その国際関係への影響を議論しよう。

## 1. テクノロジーと国際関係をめぐる歴史

　もともと人々の世界は狭かったに違いない。山があればそれを越える冒険を誰かがしない限り，見える範囲の谷や盆地が「全世界」であった。または，砂漠の真ん中のオアシスの住民であれば，砂漠を越える能力を持たない限り，オアシスだけが世界だっただろう。島国の場合は，海を越えて遠くまで航海することができなければ，その島の中ですべてが完結していた。

　しかし，ひとたびラクダで砂漠を越え，馬を用いて遠くまで出かけることを知り，船を作って海に出ていくと，異なる人々と接点を持ち，他の国との関係が生まれていった。そして，関係性を生み出す技術（テクノロジー）が変わることによって，それまであったアクター間の関係性やアクター同士の争いが大きく変化することになった。

　たとえば，動力であれば，馬から機関車，自動車へと変化していくにあたって，まずは石炭が，そしてのちに石油，天然ガスが必要になっていった。そういった資源を産出する地域は戦略的に重要な場所となり，各国が争ってその地域の支配権を狙ったのは世界史を見ればよくわかる。太平洋戦争開戦前の日本も，海軍がアメリカによる経済制裁によって石油が断たれてしまうことを危惧し，南方へと侵略行動を開始したのはインドネシアの石油資源を狙ってであった。昨今では，電気自動車などへ使われるレアアースなども同じような位置づけにあるのかもしれない。大事なのは経済活動が国境を越えて自由に行われる自由貿易体制の担保があれば，すなわち「囲い込み」のような政策をしなければ，こういった「土地をとりにいく」というような古い感覚の政策で国際関係を織りなすことは不要だという点であろう。

　さらに**航海技術や通信技術の革新**は国際関係に大きな影響を与えてきた。中国・明朝は長距離の巡洋航海のために設計された宝船を持ち，1420 年の時点では，明海軍は 250 隻の宝船を有し，ほかにも 1350 隻の戦闘用艦艇を持っていた。鄭和の大航海（1405 〜 33 年）では，アフリカ大陸東岸にまで達し，7度の遠洋遠征が行われた。バスコ・ダ・ガマが喜望峰に到達した艦船のトン数は 300 トンであったが，鄭和の最大級の艦船は 1500 トン程度であったと推定

されるという（マクニール 2014: 上 103）。明はその後，遠洋遠征政策を放棄し，1436 年には勅令で外洋船建造を禁じ，航海技術も急速に廃れていった。これに対して西欧ではバイキングが培った遠洋航海技術が徐々に域内に広まった。ポルトガルやスペインの冒険事業支援者たる王族の支援を受けて，敵対勢力であるムスリムのいる陸地を通らずにインドやその先の東方の島々へ到達する航路を開拓したいとの強い誘因を受け，技術開発が進んだ。欧米がその後の重商主義，植民地主義の過程で強い海軍力，海運力を有して世界に打って出たことは第Ⅰ部で指摘した通りである。

　通信であれば，伝書バトや狼煙（のろし）といったテクノロジーから，電気を用いた電信への革新が大きな意味を持った。1837 年にサミュエル・モールスがモールス符号を考案して，ニューヨーク大学で電信による情報伝達の実験を行い，成功した。その後，1850 年にはイギリスとフランスの間で海底ケーブルを使った電信サービスが開始され，1870 年には東京と横浜の間で電信サービスが開始された。とくに今日では，衛星による情報通信，海底ケーブルによる情報通信が重要な技術であり，それは国際関係のあり方にも影響を及ぼしている。各国ともに衛星通信や海底ケーブルによる通信の脆弱性を下げるべく，安全保障政策の一環としてそれらの防御力強化を図る動きがある。

　また，半導体という先端技術のかたまりが国際関係で大きな争点になりつつある。とくに先端半導体なくしてはデジタル経済はまわらず，また軍事的にも戦闘能力に大きく影響する。その意味で，台湾はもっとも進んだ**半導体技術**を持ち，台湾積体電路製造股份有限公司（TSMC）は半導体に特化した専門製造業として，世界に最先端の半導体を提供している。2022 年のデータでは，世界の 66％の半導体委託生産を行っており，台湾が安全な環境にあって通常の生産活動ができる国際関係を維持できなければ世界経済は正常ではいられないことを意味する。「台湾有事」は世界経済の破綻をも意味するイベントに変わってきている。

　技術と国際関係は地球規模のインパクトを持ち，たとえば次節で説明する核兵器や他の特徴的な兵器は世界を破滅しうる，もしくは後々の経済活動を阻害する技術革新として理解し，いかにその使用を制御できるのかを考えねばならない。ここでは，核兵器や地雷・クラスター爆弾に加え，自律型致死兵器シス

テムの問題とパンデミックについて議論したい。もちろん，これ以外にもさまざまなテクノロジーの問題が国際関係に作用するのだが，紙幅の関係でこれらについて問題提起するにとどめたい。

## 2. 核兵器，地雷・クラスター爆弾

**核兵器**はいくつかの意味で世界の常識を変えてしまった。ひとつに，人類が全体として短時間に自殺するだけの手段を得たことを意味する。しかも，その自殺は核保有国の意思決定者にゆだねられている状態である。**相互に確証的に破壊できる＝MAD**（Mutual Assured Destruction）という抑止の均衡で核兵器は使われていないが，それこそ，文字通り「ばかげている」。今までそんなことはなかったという意味で，核兵器前と核兵器後の世界は違う。つぎに，核兵器は抑止に特化した兵器となっているという意味でそれ以前の兵器＝通常兵器とは異なる。すなわち，使えない兵器という意味で世界のそれまでの兵器に関する理解を超える。最後に，核兵器は国家のステータスにかかわる兵器と位置づけられ，その意味でも特徴がある（Sagan 1996）。核兵器を保有することが大国の仲間入り，もしくは特殊能力を持つほかと異なる国と理解されることになる。

このような核兵器の技術的な特徴は，今までにない破壊力を持つことと，使用後にきわめて重大な汚染を引き起こすことにあるだろう。放射能は拡散し，投下日以降の後遺症を引き起こし，きわめて長い間の負の影響をもたらす。同様のことが，他の大量破壊兵器である**生物兵器・化学兵器**，非人道兵器である**地雷**や**クラスター爆弾**にも言えて，それらが使用されると当該地域の土地利用を後世にわたってきわめて強く制限する。

問題はこういった兵器の禁止が国際関係においてどういった規範的な正統性を有するのかである。これら特殊な兵器が社会的な「タブー」を構成し，国際社会の構成員全体がそれを拒絶し，禁止するという選択肢が残されているのか，それはいかなる論理で正しいと位置づけられるのかという論点である。

現在，核兵器禁止条約，生物兵器禁止条約，化学兵器禁止条約，対人地雷禁止条約，クラスター爆弾禁止条約といった国際的取り決めが存在する。これら

は核兵器, 生物兵器, 化学兵器, 対人地雷, クラスター爆弾の使用を禁止し, その廃絶を目指そうとする国やトランスナショナルなアドボカシー NGO の活動のたまものとして生まれた。つまり, これら兵器の正統性を減じようという試みであった。核兵器禁止条約は, 2017 年 9 月から各国政府による署名が開始され, 2020 年 10 月 24 日に, 批准国数が発効要件の 50 に達した。よって同条約は批准から 90 日後となる 2021 年 1 月 22 日に発効を迎え, 国際法としての効力を持つに至っている。問題は, 国際法は合意したもののみに適用されるという原則であるがゆえに, 核兵器を実際に保有している国は批准も署名もしていない以上, 今後核兵器保有国が増えにくい状況を生み出すという効果しかないという点であろう。なお, 生物兵器禁止条約も化学兵器禁止条約も国際社会を完全に網羅する状態にはない (生物兵器禁止条約には 182 か国が参加しているほか, 化学兵器禁止条約には 192 か国が参加しているが, イスラエル, 北朝鮮, エジプトおよび南スーダンが未締結である)。

　また, 対人地雷禁止条約は締結地の名前をとってオタワ条約として知られるが, 対人地雷だけを問題にし, その他の地雷を含まないほか, ロシアやアメリカ, ウクライナといった国々は不参加である。核兵器禁止条約とは異なり, 締結国数は 160 を超えるもので, より広い範囲をカバーするものの, キューバ, エジプト, インド, イラン, イスラエル, ミャンマー, パキスタン, ロシア, 韓国, シリア, アメリカといった国々は参加する意思をまったく見せておらず, こういった地雷を使用している, もしくは地雷兵器を将来使用しうる国が締結に関心を見せていないことには大きな課題がある。

　最後に, クラスター爆弾は, 地雷と同じく非人道的な兵器で, 不発弾が残って土地利用が阻害され, 民間人の戦後死傷者を劇的に増やす意味で問題の大きな兵器だといえる。現時点で 110 か国が加盟していて, 対人地雷ほどではないものの, 多くの国がその使用や保有, 開発を否定している。

　このように, 技術革新で生まれた新しい軍備を事後に制限しようと国際社会が取り組んでもそれには膨大な労力が必要である。また, 最終的には国際法の大原則である「pacta sunt servanda (パクタ・スント・セルヴァンダ) =合意は拘束する」のメカニズムが働き, 拘束されるのを嫌って参加すべき国が参加しないという現実が出てくる。

## コラム 13-1　核兵器をめぐるタブー研究

　核兵器をめぐってその使用が禁忌（タブー）として考えられているという議論は，ニナ・タネンウォルドによって示されていたが（Tannenwald 2007），最近になっていくつものグループがそういった禁忌意識が一般世論にも存在するのかを検討している（たとえば，Press, Sagan, and Valentino 2013）。

　ミカル・スメタナとミカル・オンデルコの論文は，核兵器に対する禁忌意識をロシア国民の代表サンプルを対象に検討している（Smetana and Onderco 2023）。バルト海におけるロシアと NATO の軍事衝突を想定して，ロシア政府が軍事衝突の敗北を回避するために限定的な核攻撃（エスカレート・ツー・デスカレート）を検討するという仮想の話（これを専門用語では「ビニエット」と呼ぶ）が実験では使用された。ロシア人は通常ミサイルの使用よりも核攻撃に対して著しく嫌悪感を示すことがわかった。また，人口が密集していない地域での核爆発，よりエスカレートしたシナリオでの核攻撃についても同様に否定的な見解が圧倒しており，核兵器に関して強い禁忌意識が観測できた。そして，個人の道徳的な価値観と核攻撃への支持との間にはアメリカでの先行研究と同様に一定の関連性が見られたという。

　本書の著者も日本での核兵器忌避に関してはいくつかの実験を行っているが，今後は国際比較実験などで禁忌意識の国による違いをより明らかにするような研究が必要になるだろう。また，広島や長崎といった決定的に重要な地域の住民を対象にした実験も必要なのだろう（Matsumura, Tago and Grieco 2023; Cheng, Eguchi, Nakagawa, Shibata, and Tago 2023）。

　しかし，こういった負の影響の大きい新技術による兵器を封じ込めようという社会運動には希望の光も見出せるだろう。先ほど指摘した通り，こういった条約に自ら合意した国は当該兵器を使用したり作ることはなく，相当の確率でコミットメントを信用できるレベルに可視化する。条約がない状態と比べれば，こういった軍縮条約があること，軍縮条約をめぐって定期的に国際会議を運営し，意思表明をし，不参加国に非人道性を訴え，彼らの評判コストやイメージ

戦略上の負荷をかけることには，即効性はなくても，同種の兵器を使用しにくい環境を生み出す点で大きな意味がある。

　ただ，やはり技術というものはひとたび開発されてその情報が共有されてしまえば，その利用を封じるのは難しい。また，囚人のジレンマモデルが示唆するように，不信が根強く存在する国際関係では，双方に新兵器開発に資源投入しないといけない負の均衡で安定してしまう。たとえば，核兵器であれば国際原子力機関（IAEA）による監視が行われてその枠組みで核の平和利用が可能になっているが，その制度に不信を持つ国は少なくはない。この点，日本は核の平和利用を盾にプルトニウムを大量に保有しているが，他国がそれに疑念を持つことも少なくないことは理解しておくべきだろう。

## 3. 自律型致死兵器システム

　さて，今後の技術革新に絡んでわれわれの議論の俎上にあがってくるのは，**自律型致死兵器システム**（LAWS）である。LAWS とは，人の関与なしに自律的に攻撃目標を設定でき，致死性を有する攻撃力を持つものとされているが，コンセンサスの得られた定義は今のところ存在していない。

　エリック・ガーツキーは，将来このLAWS の用いられる世界での安全保障のあり方を論じており，興味深い（Gartzke 2021）。ガーツキーは，無人航空機（UAV）や遠隔操縦車（RPV）のような新技術は，人間を戦闘への直接関与から排除することを可能にすると指摘する。この技術革新は，政治的暴力の実践と目的に少なからず影響を与えるという。第1に，機械が人間にとって代わることで戦闘にかかるコストが下がるが，紛争は減らないだろうという。むしろ，紛争はより頻繁に起こるようになり，しかし決定的なものが少なくなると指摘する。第2に，これまでの傾向とは逆に，戦場の自動化は軍事組織の地上部門を活性化させるという結果をもたらし，陸軍への資源投下をさらに必要とするかもしれない。第3に，残念なことながら，新技術は民間人を標的にすることへの抑制を弱めるという。

　なぜガーツキーはこういった結論に至ったのだろうか。

　第1の論点は，人間の死傷者が減ることは戦争の閾値を下げてしまうという

フィアロン・モデルの拡張で理解できるだろう。人よりも機械を攻撃するほうが容易である。ただし，機械はコスト・ゼロではなく，人間が知識と技術，そして資本集約的に製造する意味で相当に高いコストがかかり，その計算を加味する必要があると指摘している。その意味で，（人的損害がないという意味でコスト認識が下がって）バーゲニングにおける交渉失敗が増えて紛争は頻繁に顕在化するが，決定的に破壊しあうような事案は起こりにくいという。（機械がタダではないという理解がある結果）どこかで戦争のコスト認識が高まり，戦争が回避される，もしくは戦闘がとまるという見通しをしている。

　第 2 の論点は，陸上兵器としての LAWS は占領政策のような選択肢を今までになく安価にする可能性があると指摘する。そうなると各国は今まで占領を目論むこともなかったような土地において LAWS を用いての軍事展開を行い，支配を試みようと考える可能性がある。すでにイスラエルなどでは境界線上の警備にこういったテクノロジーの利用を始めており，絵空事ではないとガーツキーは指摘している。

　第 3 の論点は，国内外で新技術が民間人を標的にすることを可能にし，その実行を容易にするという議論である。ガーツキーは LAWS 兵器が相互に使われる環境では一義的に破壊しあうのは自律兵器＝ロボット同士だという。しかし，その状態はすぐに終わり，やはり戦争として痛みを生み出すためにも民間人をターゲットにするだろうと予想する。民間人を攻撃し損害を生み出しさえすれば相手は厭戦的になると予想でき，だからこそ民間人を狙う誘因が生まれるという。

　このような想定はまだ現時点では「SF」なのかもしれない。しかし，こういった兵器の活用はきわめて近いところまできている。ゆえに，国際社会が何らかの合意をして一定の指針のもとでこういった先進技術兵器の管理を試みる価値は大きい。もちろん，そういった国際合意を無視する国も出てくるだろう。しかし，何ら秩序がない状態よりは見通しが立ち，一部でも秩序が生まれている世界のほうが，平和的で戦略的な相互作用を行いやすいのではなかろうか。

# 4. パンデミック

　戦争をめぐる技術革新は人間が主体的に選択して進めてきたものであるが，逆に人間が受け身で新しい技術革新をしなくてはならなかった事案がある。世界的な疫病の伝播，いわゆる**パンデミック**がそれに該当する。

　古くは天然痘やペストといった病気が広まり，世界で人口動態を大きく変えるようなインパクトをもたらした。6世紀には日本で天然痘が流行し，以後，周期的に流行するが，それは疫病は外からくるものという理解を生み，最終的には対外公式交流の抑制といった国際関係への影響を生んでいた。また，15世紀のコロンブスの新大陸上陸により，アメリカ大陸で天然痘が大流行して免疫を持たない現地の人々をことごとく死に至らしめ，その後の植民地化を容易にした。

　このほか，インフルエンザとされる一群のパンデミックについては，1918年からスペイン風邪が大流行して，世界で4000万人以上が死亡した。低く見積もった数字でも世界の2.5％が死亡し，患者は25〜30％に及び，その中には重篤な後遺症に悩まされるケースもあったという（https://www.seirogan.co.jp/fun/infection-control/infection/pandemic.html）。その後，1957年にはアジア風邪の大流行が起こり，世界で200万人以上が死亡したと推定された。さらには1968年には香港風邪の大流行で世界で推定100万人以上が死亡した。そして，2020年1月以降，COVID-19（新型コロナウイルス感染症）が広まり，最低でも600万人以上が世界で死亡したとされる。

　国際社会は，これに立ち向かう技術革新を2020年以降断続的に求められることになった。

　まずは感染症にかかっているかをテストするキットの開発が求められ，しかもそれが先進国だけではなく途上国に共有されるのかという問題に直面した。世界保健機関（WHO）はその調整役を任され，限られた資源の中で努力はしたものの，課題は残された。

　また，各国がワクチンないし治療薬の開発に着手し，それをどう承認し，世界に送り出すのかが問われた。しかも，新しい変異種が出てくるとワクチンに

しろ，治療薬にしろ改良が求められ，人類は技術革新を要求されこの数年間を生きることになった。

　社会がどのようにこの感染症とともに生きることができるのかは重要な論点で，国ごとの違いが目立つようになった。ワクチン接種や陰性証明を国境を無隔離で越えるための要件とする場合や，そういった隔離要件についてもどこで製造されたワクチンかで区別を行う場合など，パンデミック下の世界は混乱を極めた。つぎに未知のウイルスが出てきたときに，より適切に国際社会が対応するための訓練や準備は国際的な運動として行っておくべきだろう。

　感染症のような問題は，地球環境問題と似ていて，国境を越えて課題が波及する性格を持つ。ワクチンや治療薬を開発した先進国だけが囲い込むといった了見の狭い議論をするものもいるのかもしれないがパンデミックはそれでは解決しない。変異種が生まれることは止められず，そしてそれが国境を越えることを抑止するというのはなかなか現実的ではない。現実主義者こそ，世界全体でパンデミックの問題をとらえ，途上国へのワクチンの融通，治療薬の提供といった行動を支持するべきである。

## 5.　正統性の国際政治

　国際関係は，能動的であれ，受動的であれ，新しい技術革新にあわせて何が正しいのかを決めることを求められる。正統と異端をめぐる論点である。

　LAWS については，何が正しいのかは答えが出ていない。国連の場で各国が議論を重ねているが，それだけに任せていいのかも含め，われわれが自分ごととして考える必要があろう。パンデミックについては，国連の枠組みの中でWHO という専門機関があり，その意思決定が正統性のあるものとして理解される仕組みがあったが，たびたびその意思決定は各国から非難の対象となった。

　WHO のような組織の正統性の拠り所は，専門家による組織であるという点のほか，国際制度としてある特定の国の影響を離れて中立性を保っているという認識にある。ただし，未知のウイルスのようなものを相手に専門家も 100%正しい決定などできず，間違いも起こすであろうし，疑念を招くこともあるだろう。また，中立性という正統性を担保する「砦」も，実際には事務局が多額

の拠出金で組織のあり方を左右しうる大国の影響を受けやすい構造であること
を知ると，瓦解しやすいのかもしれない。

　中央政府がないなか，われわれはいかに国際社会の正統性をとらえるべきで
あろうか。

　本書は第1章で，国際社会が粘着性の高い，メンバー入れ替えの小さいコミ
ュニティだということを指摘した。メンバーの入れ替えが限られるのであれば，
そのコミュニティの全会一致である会議体での合意こそが（最良のやり方では
ないにしても）国際社会の意向を露呈させ，何が正しいのかを判断するのに適
しているように感じる。その意味で，国際連盟にしろ，国際連合にしろ世界を
カバーしている組織体には他の地域国際制度にはない重要な役割があると想像
できる。しかし，国際連盟では，主要国の未加盟のほか，加盟国の脱退も多く，
しかも植民地のまま自治を獲得していない地理空間が大きく，正統性付与の組
織としての限界が大きかった。他方，国際連合は，ほぼ主権国家であれば加盟
し，意見の相違や方針の違いを乗り越えて同じ場で討論する可能性を保持して
いる。その意味で，国際連合への期待と希望を本来的に捨ててはいけないのだ
ろう。

　問題は，国連をいかにより正統だと感じられる組織として維持し，運用でき
るかである。国際政治学の実証研究はこの点についていくつかの示唆を与えて
くれているが，国連が持つ中立性イメージは大事にしなくてはならないようで
ある。この点，国連そのものではないが，国際司法裁判所が持っている正統性
にかかわる実験の結果がある。

　マカオ大学の千葉大奈，早稲田大学の金高右京・多湖淳のグループは，日中
の領土をめぐる懸案（尖閣問題）を実験刺激として用いて，国際司法裁判所の
架空の判決をどれだけ受容するかを計測するオンライン・サーベイ実験を行っ
ている（Chiba, Kanetaka, and Tago 2023）。目下，日本も中国も国際司法裁判所の
関与を本案件で求めていないので，現実としては可能性は低いものの，しかし，
理論上はありうる裁判を設定し，インターネット上で世論調査を行った。その
際，いくつかの条件をランダムに変えて，条件による反応の違いを見ている。

　ここでは，とくに裁判の帰結の違い（日本勝利，中国勝利，どちらでもなく
2国間交渉を命令）のほか，国際司法裁判所の**中立性**の違い（中立，大国に偏

図 13-1　国際裁判をめぐる実験結果

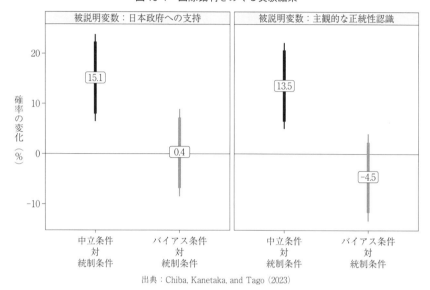

出典：Chiba, Kanetaka, and Tago（2023）

っている）を操作した。図 13-1 は裁判の帰結の違いはまとめ，中立性の違い
だけを明示している。統制群（Control）に対して中立（Neutral）の刺激群を比
較すると正の方向に数値が出ており，左図は日本政府への支持，そして右図で
は国際司法裁判所の正統性認識への影響が報告されている。国際司法裁判所の
判断を仰ぐことになった日本政府に対する支持は裁判所の中立性刺激を受ける
と高くなり，そして同じく裁判所の正統性認識も高くなった。これに対して，
裁判所が偏っている（Biased）という情報を提示した刺激群と統制群の比較で
は結果に差はなかった。

　国際制度が中立であるという理解を促すことは，国際裁判にそって問題を解
決しようとする自国政府への支持を高め，また当該制度の正統性認知も高める。
よって，国際制度がどこかの国に偏っているといった理解が広まることが国際
制度の正統性を棄損すると類推できる。実際，大国寄りに偏っているという国
際制度に対する評価は，国際制度に対する正統性認識との関係で反比例の関係
にある。中立でなく公正でないと理解されれば，その制度の正統性は減じるで

## コラム 13-2　安保理決議の正統性研究

　今日の国際社会における正統性が国連と関係していることは本文中でも指摘したが，国際政治学の実証研究では，国連安保理の正統性付与機能に注目する研究が多かった。本書の著者は模擬国連というインカレサークルに所属していたこともあり，学部生時代から国連のことをいろいろ調べて回っていた。さまざまな本を読んだが，その中でも恩師の故・山本吉宣先生の研究室で貸していただいたのが，イニス・クロード・ジュニアの『変わりゆく国際連合』という薄い書籍であった（Claude 1967）。この中に，「Collective Legitimization as a Political Function of the United Nations」という章があり，集団正統化というテーマがあるのだと知ることになった。国連の決議は，さまざまな政策の「お墨付き」として理解され，決議の有無が国際社会の声を示すことになると論じられていた。

　2011 年にカリフォルニア大学サンディエゴ校で在外研究をしてから，社会心理学を専門とする池田真季と共同研究を行う機会を得て，著者もオンライン・サーベイ実験を用いてこのテーマに接近することになった（Tago and Ikeda 2015）。具体的には，日本で約 2000 人の回答者を対象としたオンライン調査を通じて，アメリカの 2 種類の軍事行動に対する支持の変化を検証した。①全会一致で授権決議が出た場合，②辛うじて賛成が上回って授権決議が出た場合，③ロシアと中国だけが反対して拒否権を行使されて授権決議が否決された場合，④アメリカが授権決議案を提出しなかった場合の 4 つの条件を比較した。①や②は期待通りに軍事行動に対する高い支持を生み出した。他方，決議案提出を自らあきらめてしまう④の場合は軍事行動の正統性を著しく下げ，支持が統計的に有意に低くなった。さらに，クロードも指摘していなかったメカニズムであるが，③の支持が実は高止まりしていたことがこの実験でわかり，それが重要な発見となった。つまり，ロシアや中国から拒否権を行使されてしまい授権決議が得られない場合でも，日本国民の軍事行動への支持が減ることはなかったのである。ロシアや中国の反対は「織り込み済み」になっているため，支持を減じないという推定ができる。

あろう。

　各国は国際社会に中央政府がない中で，正統であることを争い続けている構造にある。何を正しく，何を異端と思わせるのかは技術革新で今までの常識が通用しない危機や新展開が起こる状況でとくに問われるのであって，その点がよく理解されるべきだろう。

## ！ 要点の確認

### ・大量破壊兵器の問題点を教えてください。

テクノロジーが国際関係に大きなインパクトを与えてきたひとつの事例が大量破壊兵器の登場だとされる。核兵器，生物兵器，化学兵器がこれらに含まれるが，とくに重要視されるのが核兵器である。相互に確証的に破壊できるという MAD（mutual assured destruction）が成立しているために使用されていない兵器であるが，人類は自殺できる段階にまでテクノロジーを発展させてしまっている。

### ・LAWS とはどんなものでしょうか？　なぜ新しい国際社会の課題なのでしょうか？

自律型致死兵器システム（LAWS）とは，人の関与なしに自律的に攻撃目標を設定でき，致死性を有する攻撃力を持つものだが，一致した定義はまだない。ガーツキーによれば，無人航空機（UAV）や遠隔操縦車（RPV）のような新技術は，人間を戦闘への直接関与から排除することを可能にし，政治的暴力の実践と目的に少なからず影響を与える。たとえば，機械が人間にとって代わることで紛争はより頻繁に起こるようになる。また，これまでの傾向とは逆に，戦場の自動化は軍事組織の地上部門を活性化させるという結果をもたらし，陸軍への資源投下をさらに必要とするかもしれないという。そして，新技術は民間人を標的にすることへの敷居を低くすると考えられている。

### ・正統性と国際関係について教えてください。

国際関係で正統性はつねに問われていく。中央政府が欠けていて，議会もない国際社会では，国際連合の安保理や総会，または影響力のある国々の会議体などで示される見解が何が正統で何が異端なのかを明らかにしていくといえる。その際，正統性認識を増やすにあたって，そういった国際制度が中立であるという考え方を伝えるのが大事だという研究などを見ると，国際関係で何が正しいかを考えるにあたって，国際制度をめぐる印象操作は大事な争点である。

## 🐾 第 13 章の文献ガイド

ロバーツ，ブラッド（村野将監訳）（2022）『正しい核戦略とは何か──冷戦後アメ

リカの模索』勁草書房

▷2009 年から 2013 年まで国防次官補代理（核・ミサイル防衛政策）としてアメリカの核戦略の中核的文書である「核態勢見直し（NPR2010)」および「弾道ミサイル防衛見直し（BMDR2010)」を策定した著者による核兵器をめぐる書籍である。アメリカ側の視点で核問題を考える機会を提供してくれる。

佐藤史郎（2022）『核と被爆者の国際政治学——核兵器の非人道性と安全保障のはざまで』明石書店

▷核兵器をめぐる被害者の視点をいかに国際政治学につなげ，意義づけることができるのかを模索し，アメリカの核兵器理解とはコントラストのある，しかし対話可能性のある研究書である。ぜひともロバーツの著作と比較しながらの読解を薦める。

ジョンソン，ジェームズ（川村幸城訳）(2023)『ヒトは軍用 AI を使いこなせるか——新たな米中覇権戦争』並木書房

▷AI（人工知能）に軸足をおいた自律型致死兵器システムについて論じた研究書を翻訳したものである。核兵器への影響に多くのページが割かれているものの，ドローンがもたらす影響などを国際政治学の理論にも目配りをしながら論じる。AI がかかわる兵器の時代になってもエスカレーションを選ぶのは，人間次第であるという主張は大事な観点であり，本章の読後に読み進んでほしい書籍である。

# 国際関係論の方法

　国際関係論を研究していくための方法について議論をして，本書を閉じたいと思う。みなさんは今まで 13 の章を通じて国際関係論の基本的な論点や重要概念を理解したはずである。それを踏まえ，どのように国際関係論を研究できるのか，その方法論を解説してみたい。なお，これは試案であり，絶対的なものではない。この断りを入れてから始めたいと思う。研究はあなたの関心事ではないかもしれないが，良質の研究を悪質なものと読み分けるための基礎知識としてもこの章の議論は役に立つはずである。

## 1.　パズルか，クエスチョンか

　先行する研究を調べるために利用するのに適した検索サイト「Google Scholar」には「巨人の肩の上に立つ」というスローガンが表示される。どのような研究テーマでも，おそらく先人たちが何らかの研究をしている。あなたが先行研究を見つけられないのであれば，あなたの関心事を適切な言葉にできていないか，もしくは検索ワードが先行研究にヒットしないようなものになってしまっているのではなかろうか。

　先行研究は狭くとらえないほうがよい。研究の波及効果は先行研究の数と正の相関をする。よって，自分は沖縄の基地問題に関心があるとして（それでも膨大に研究の蓄積があるだろうが）沖縄の基地だけを取り扱った研究のみを先行研究として設定するのではなく，世界のアメリカ軍基地の研究，そもそもあらゆる軍隊の基地をめぐる研究にも手を出して先行研究として括る姿勢のほうが，自分の研究の対話相手が広がってよいのではなかろうか。

　著者の経験からすれば，アメリカの軍事行動における多角主義と単独主義という博士論文のテーマを考える際に，アメリカ政治（American Politics）と国際関係論の両方に目配りが必要であった。その結果，アメリカ政治と国際関係論のそれぞれの分野で異なる着眼点で議論がなされていた。たとえば，アメリカ政治に対しては，今までの同分野の先行研究では歴代政権による外交安全保障政策の違いを強調するきらいがあり，それに対して語ることが求められた（政権の違いはアメリカの多角と単独の選択結果について，統計的に有意な違いを生み出さないことを示した）。これに対して，国際関係論における武力行使の多角・単独の選択決定をめぐる先行研究に関しては，アメリカだけでなく，他の国の経験もあり，それをも加味した理論的，実証的な議論への貢献が期待された（国際変数よりも国内変数が効いてくる場面と論理について新しいものを提示した）。このように，先行研究は複数想定されるべきであり，その数が多いことは貢献の広がりにつながる。

　また，いくつも想定される先行研究をうまくつないで文献レビューを書くことが大事である。日本の授業では一本の論文を深く読み込む教育が重視されが

ちなのかもしれないが，著者の大学院では，たとえば核抑止，ライバル関係，同盟といった個別テーマにそって毎週数本，最大では10本を超える論文を読み解き，それを関係づけて2ページ程度にまとめる訓練をしている。論文と論文をつなぎ，そこでわかっていることを言語化し，かつ残された課題を見出す文献レビューを書ける力をつけるとよい。そのためには複数の論文をうまく並べる訓練をどこかでやっておくといい（もしくは，ある論文を読むときに，その論文の著者が何を先行研究としていて，どのように研究をつないでいるかを確認した上で問いを見出し，自分の研究を学問体系のどこに位置づけているのかを紙に書き出してまとめてみるとよい）。

　さて，先行研究への接し方の心構えを以上のように示した上で，2つの研究のあり方を提案したい。

　ひとつの研究のあり方は，**パズル**をもとにする研究である。今までの通説，共有されている理論，もしくは制度で決められた当然の理論的帰結からすると説明できない事象は「パズリング（puzzling）」であり，それを新しい理論的な枠組みとそれをサポートする実証データで説明できるように研究を紡ぐことは価値の高い貢献となる。手前味噌であるが，一例として著者の行った自衛権発動通報をめぐる実証データ研究がある（Tago 2013）。

　国連憲章第51条をしっかり読むと，自衛権は軍事行動の正当化要件のひとつであり，そのルールに則って武力行使をしようと考えることが論理的に想定できる。しかも，条文を読み進めると，自衛権発動の軍事行動の場合には安保理への通報が義務づけられているように見える。問題は，パズリングな現実であり，実際には国家による自衛権発動通報は国連の記録を見るにごく限られた場面にしか起こらないことである。

　著者はこれを踏まえ，ほとんどの国は自衛権発動をしない，つまり国際法としての通報義務は国家実行がともなわないという理解をした上で，ではなぜ一部の事案で自衛権発動通報が起こるのかを理論的に説明する試みを行った。著者の提示した答えのひとつはアメリカ連邦議会によるコンディショナリティの影響であった。アメリカ議会は，第二次世界大戦後に軍事援助を行う際に，自衛以外の目的でアメリカの兵器を使ってはいけないという条件をつけていた。言い換えれば，自衛以外の目的で武力行使をしている国には軍事援助をしない

## コラム 14-1　核拡散をめぐる研究の最先端

　片桐梓の研究は，核拡散をめぐる論点について，観察データにともなうバイアスに対処して迫る興味深いものである（Katagiri 2023）。核拡散に関する研究は通常，核兵器の拡散に影響を与える要因を①供給サイドと②需要サイドに区別している。これら①と②の区別は有益なものであるが，それぞれの関係を考えるとその因果関係の特定の難しさという課題に直面する。つまり，核兵器の供給は，各国の核兵器に対する需要を刺激するのか否か，そして逆に，核兵器に対する需要が核兵器供給の獲得を促進するのか否か，という双方向の因果にかかわる問いが存在することになる。

　需要側の決定要因と供給側の決定要因の間にこのような「内生性」（序章参照）が存在する場合，核拡散に対するそれらの効果の推定にどのようなバイアスが生じるのかを考えなくてはならない。片桐は，核拡散の過程における核需要と核供給の内生的メカニズムを解明することを目的としつつ，①各国の核開発決定と核技術力の同時相互作用，②核開発におけるセレクション・バイアスという2つの潜在的な内生性の原因を検証している。それぞれの内生的問題に対処するため，同時方程式モデル（simultaneous equation models）と選択を考慮した生存分析のモデルをそれぞれ推定した。その結果，最近の供給サイドの研究が示唆するところとは異なり，各国の核開発の需要は既存の核技術ではなく，主に外部からの安全保障上の脅威によってもたらされていることが示された。また，核技術取得の成功は，主に核兵器開発に費やした努力の結果で，必ずしも個々の供給サイドの要因に依存しないことが明らかになった。

という政策で，アメリカの武器に依存する国には重要な条件となった。著者はデータセットを整え，アメリカの軍事援助に依存する程度が高い国は自衛権発動を国連安保理に通報する傾向が高いという仮説を示してその妥当性を確かめた。事実，コンディショナリティのつきやすい援助を得ている国は自衛権発動を頻繁に通報し，しかも早期に出しやすいことが示された。

　これに対して，**クエスチョン**の研究は，今まであった論争を解決するような

研究など，先行研究が残してきた，パズルではない問いを解くものである。た
とえば，民主的平和論の実証研究で，民主主義国同士が戦わないというデータ
が頑健に観察され，確かめられてきたとする（なお，事実，その観察と頑健な
データ的裏付けは存在する）。問題はそのメカニズムであり，その検証を確か
めるのはクエスチョン型の研究の営みとなる。

　民主主義国は規範として武力を行使しにくい（規範説），民主主義国は議会
統制があるので負ける戦争には選択的に入りにくい（制度説），民主主義国は
過去の戦績上，勝ちやすいので戦争をふっかけられにくい（選択説），観衆費
用によって冒険政策を民主主義国はとりにくい（情報説）などいくつかの理論
的可能性を比較検討する研究は先行研究の残した課題を解決するものとして高
い評価を受ける。

　先ほど示した著者の博士論文はクエスチョン型の研究である。武力行使をめ
ぐる多角主義と単独主義をめぐる研究は国内政治要因重視のアメリカ政治のも
のと，国際政治要因重視の国際関係論のものが対峙していた。それにデータセ
ットを整備して統計分析をかけ，また記述推論としていくつかのケーススタ
ディを行い，アメリカという圧倒的な国力のある国の場合，国内政治が作用する
場面がかなりあることを経済と国内政治過程の両面で示した。

## 2. 2つのイズムとコンストラクティビズム，ラショナリズム

　その際，われわれは果たして「イズム」を必要とするのだろうか。著者は
「イズム」にはこだわらない姿勢が大事だと考える。研究にはつねにパズルな
いしクエスチョンが必要である。それなくして研究は始まらない。しかし，あ
なたの立場を前もって無理にリアリズムだとか，リベラリズムに分類する必要
はない。

　パズルにせよ，クエスチョンにせよ，それを解くためにあなたは筋の通った
理論を組み立て，データを揃え，それを示して科学として報告に値するものを
作り出せる。前もって何らかしらの立場を決めてかかるのは集めるデータをゆ
がめたり，分析の解釈に無理をきたし，弊害が大きい。

　リアリズム，リベラリズムといった「イズム」のほか，**コンストラクティビ**

## コラム 14-2　イズムをめぐる実験研究

　国際関係論のイズム教育を受けると果たして人々の世界に対する見方，外交政策に関する意見は変わるのだろうか。もっといえば，リアリズムとリベラリズムでそういった影響に違いはあるのだろうか。たとえば，リアリズムは態度変更を引き起こすけれども，リベラリズムにはそういった効果がない，または逆の可能性はあるのだろうか。

　増村悠爾（テキサス大学）・菊池柾慶（ワシントン大学）・多湖淳の共同研究チームは，サーベイ実験を用いてこのような問いに解答を得ようとした（Kikuchi, Masumura, and Tago N.D.）（図 C8 を参照）。サーベイ実験とは，オンラインのサーベイ＝世論調査にランダム化実験を組み込んだものである。被験者をランダムに群として割り振り，質問や読ませる課題＝刺激を群ごとに変えるものである。ランダムに刺激を変える結果，群ごとの刺激を除いたすべての属性は平均的に同一になる。たとえば，男女比は群間でおよそ同一になるし，党派性やイデオロギーといった政治背景や収入，教育水準も平均して群同士をくらべても差がない状態になる。

　この特徴を用いて，研究チームはリアリズムの情報刺激を読む群とリベラリズムの情報刺激を読む群，そして統制群として何も読ませない群の3つのうちどれかひとつをランダムに被験者に与えた。そして，リベラリズム寄りの多国間主義の外交政策の話とリアリズムと親和性のある単独主義の外交政策の話を，捕鯨問題と北朝鮮への制裁という異なるテーマに分けて提示し，その政策への支持態度を計測した。

　リアリズムの情報刺激を受けて教育された群では単独主義への理解が増え，逆にリベラリズムの情報刺激を受ければ多国間主義への支持があがるように予想していた。リアリズムについては単独主義による政策対応への支持が統計的に有意に増えていて，予想通りの結果が得られている。しかし，リベラリズムについては同じような効果は見られなかったことも重要な発見といえる。

　図 C8 にあるように, リアリズム条件は単独行動によって, 例外もあるが, ①ステータスの認識, ②主権をめぐる認識, ③パワーをめぐる認識には有意に作用する (＊がつく差がある)。しかし, ④孤立をめぐる認識にはつながらない (ns)。イズムの教示が市民の対外政策評価に一定の傾向を与えていた。

　なお, この論文は, 本書刊行時点 (2024 年 3 月末) では刊行されていない (あるジャーナルに投稿し, そこで 6 か月以上「塩漬け」にあってしまった)。査読付きのジャーナルから刊行されていない研究の問題点は, 十分な批判にさらされていない可能性がある点である。他方, 査読審査がすべて正しいわけではない。ゆえに, 査読されているからその内容が真であるという態度も危うい。すべてのジャーナルで公刊された研究は途中経過の報告である。あなたの社会科学を見る厳しい目でその真偽を評価し, 議論を重ねて正しい理解のコンセンサスが徐々にできあがり, 通説が生まれてくる。

図 C8　単独行動がもたらすさまざまな認識の違い

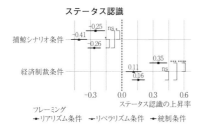

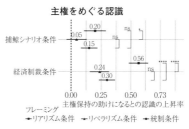

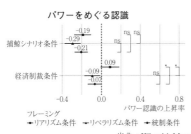

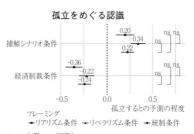

出典：Kikuchi, Masumura, and Tago（ND）

ズム（社会構成主義）という理論もあるが，同じくそれにこだわって自分の答えを用意することもない。コンストラクティビズムは，社会は主体によって構成され，しかも主体そのものも社会から構成されるという相互作用を重視する。その視点は，力を重視するリアリズムや利益を重視するリベラリズムとは異なる。たとえば，規範や制度などについて，力や利益に還元されないもの，具体的には正統性や異端性といったものがいかに社会に影響を与えるかに着目する。たとえば，本書の重視してきた正統性と異端性の議論はコンストラクティビズムの影響を受けているという評価はできる。

　本書の著者は，基本的には，第 8 章でみたフィアロンの合理的戦争原因モデルのような見立て（これを**ラショナリズム**と呼ぶ）に依拠してモデルを作り，そこからクエスチョンやパズリングになる事象を見出し，政治学の他領域，もしくは時には経済学や心理学といった他分野からの借り物競争をして，解答を与えるというあり方で研究を行ってきている。その際，あくまでラショナルなモデルは出発点で，それに加えてコンストラクティビズムの唱えるような規範や制度，それらの正統性といった要素がなければ説明がつかないこともあると理解してきた（すなわち，ラショナリズムの立場だけですむと決めてかかることもしない）。著者のメンターである J.D. シンガー先生は，つねに，**原因はひとつではなく，複数ある**と考えるように指導されたが，ラショナリズムの要素である力や利益だけでもなく，コンストラクティビズムの規範や正統性だけでもなく，説明したい事象に合わせて何がどのような関係で作用しているのかを実証的に示す姿勢が大事なのである。

　国際関係はラショナルな（合理的な）世界として，アクターが力や利益を最大化させるという理解（＝ラショナリズム），制度や規範の正しさや異端さを問題にしてそれが行動や主体の性格そのものを規程していくという理解（＝コンストラクティビズム）の両者がそれぞれ補完的に存在しえて，研究にも両側面を活かしうる。しかも，国際関係論の理論だけにとらわれるのではなく，場合によっては心理学や経済学から理論的な視点を借りることも必要だろう。

　その一例を示してみよう。

　規範としての核兵器の禁忌を論じる研究として，松村尚子，ジョセフ・グリエコ，多湖淳の研究がある（Matsumura, Tago, and Grieco 2023）。合理的な計算

としてアメリカの核の傘の信憑性のほか，北朝鮮の核の脅威の程度，周辺国の核保有確率などを情報刺激として与える実験を行ったが，もっとも驚くべき結果が出たのは広島と長崎をめぐる核爆弾投下の経験（＝非核に関する情報刺激）と日本が長く保持してきた非核三原則に関する情報刺激（HN 刺激）を与えた場合であった。HN 刺激を受けた場合，もっとも核兵器の保有に対する刺激が上がっており，合理的な計算とは異なる論理が働いたことが想定できた。

おそらくこの現象を説明するには，社会心理学の「リアクタンス」という理論を導入する必要がある（Rosenberg and Siegel 2018）。みなさんも経験があるかもしれないが，「やってはいけない」と言われると，その禁止事項を破りたくならないだろうか。われわれの研究が与えた刺激は「やってはいけない」にかなり近い刺激で，非核三原則を読ませて日本は核兵器を持たないと誓ったと示すものであった。これを被験者が「やってはいけない」ととらえた場合，心理的リアクタンスの理論から核兵器支持の水準があがる結果が出たとしても驚くことではないのかもしれない（なお，この結果は 2020 年の実験では再現できなかったので，その意味で「振り出し」に戻っている）。

核兵器忌避の規範が力や利益の追求でラショナリズムの範囲で説明できる可能性もあれば，広島や長崎のアイデンティティとして理解されてコンストラクティビズムの範囲で説明できる可能性もある。もしくは，この例のように，確定的には判断できるデータがないが，「リアクタンス」という心理学の要素を持ってこないと説明できないのかもしれない。

## 3. 社会科学としての国際関係論

国際関係論は社会科学である。科学である以上，裏付けとなる根拠を必要とする。その際，序章で説明した記述推論，演繹推論，そして因果推論の 3 つのあり方を組み合わせ，どうにか国際関係の知識を得よう，増やそうと努力する。本書で示してきた多くの研究はこういった社会科学の流儀にのっとり，マルチアーカイブによる多層的な記述推論を行ったり，ゲーム理論を用いた演繹推論を行っていた。また，因果推論であれば，データを公開し，検証に耐えるための再現データを提供してきた。もしくは実験であれば，追試のためにどういっ

た質問紙が使われたのかを Harvard Dataverse のようなウェブ・データアーカイブで公開している。

　本書は，社会科学としての国際関係論を論じてきた。社会科学は自然科学よりもハードな対象を扱っていると宣言して始めたが，それは変わることがない特徴だろう。事実はひとつでも真実はコンテクストとバックグラウンドで違ってくるがゆえに，記述推論が重要な問題になるだろうし，また戦略性から生じるサンプル・セレクション・バイアスへの配慮も重要になる。また，科学なのであるから，再現性を確かめることができるよう，データセットそのものの公開のほか，分析コードの開示などは当たり前である。それを担保できるようにデータ分析に R／RStudio を使うのであれば，Markdown を作れるようになっておくとよい。

　そして序章で述べたように，この知の営みには（残念ながら）日本語では満足に参画できない。一部の例外を除いて，英語で科学はなされている。それは英語で行われている知の営みのほうが優れているなどということをまったく意味しない。日本語で書かれたよい研究があっても，単に英語ではないために読み手が少なく，参照されにくいという点が問題なのである。

　日本語の優れた国際関係論の知的生産物も実は少なくないように思われるが，それは英語でないために世界の研究者からほとんど無視されてしまう。世界の国際関係論の研究者たちは日本語にまで手を伸ばして先行研究を探してはくれない。社会科学の標準言語が英語である以上，どれだけ壁が高くても英語で発信する姿勢を持つほかない。著者は非英語話者として育ち，英語で書くことには正直苦しい思いばかりしてきたし，時にはそんなに英語にこだわるのは意味がないのかもしれないと感じる場面にも直面した。しかし，日本が国際社会で生きるためには，日本からの国際関係論の発信が不可避であり，また英語で知的生産をしていることが大事である。それは，日本が国際社会に積極的・能動的に関与する姿勢を示すことにほかならない。日本のような資源のない国は，開かれた交易のある世界を国益とし，世界において孤立するような政策の選択肢はとりえない。日本が国際的に積極的・能動的な存在であることを示す意味でも，国際関係論の研究者は英語で（も）つねに仕事をしなければならないのだと思う。

　この教科書は日本語で書かれているが，その読者であるあなたには，ぜひと
も遠くない将来に，英語で世界を揺さぶる知的生産をしてほしい。もしくは，
生産をしなくとも，良質の読者として，英語で世界を揺さぶろうとしている国
際関係論研究者の研究に触れ，少しでもその仕事を理解してほしい。国際関係
論の主戦場は英語で行われている以上，仕方のない現実である。繰り返すよう
に，日本語の国際関係論の知的生産にも多くの良質な研究がある。しかし問題
は，それらが外の知的世界につながっていない，いわば鎖国状態にある事実で
ある。みなさんには，本書の読了後，英語での国際関係論の学びにチャレンジ
してほしいと強く感じる。

　また，みなさんにも，日本の研究者が国際関係論の教科書を英語で執筆し，
文字通り世界に打って出ていける時代を夢見てほしいと思う。もちろん，その
前に著者が本書をもとにその挑戦にエントリーできればいいが，正直その壁は
高い。著者の世代は，国際関係論・国際政治学において論文を英語で書くのを
当たり前にしたという自負がある。しかし，教科書のようなジャンルの国際発
信はフロンティアである。これから国際関係論を学び，作っていくみなさんに
そういった次の展開を大いに期待をして本書を閉じたい。

---

**要点の確認**

・**パズルによる研究とはどんなものでしょうか？**

　通説，当然視されている強力な理論，もしくは制度の想定する帰結からすると説明
できない事象は「パズリング」である。そんな事象をめぐる問いについて，新しい
理論的な枠組みとサポートする実証データで答えを与えようとするのが，パズルに
よる研究で，価値の高い貢献となる。パズルであることを明確に示すことが一番難
しいが，そこを説得的に行い，かつ新しい枠組みやデータを提示できれば学界への
インパクトは大きい。

・**クエスチョンによる研究とはどんなものでしょうか？**

　クエスチョンに基づく研究は，学会における論争を解決するようなものがその典型
例である。本文では民主的平和論の頑健なデータ的な証拠を踏まえ，なぜその観察
結果があるのかを説明するメカニズムの解明はクエスチョンを解くものだと示した。
こちらも論拠となるデータやケーススタディを科学的に示せば読者を説得し，学界
へのインパクトの大きな業績を生み出すことになるだろう。

・知的生産と英語の関係を教えてください。

　日本語読者を対象とする意味で，日本語によって国際政治学の知的生産を行うことに価値はある。しかし，日本語である以上，知的生産物の波及効果は日本語圏だけに限られてしまう。DeepL のような AI 翻訳が自動翻訳をしてくれる世界も遠くないかもしれないが，あくまで英語で生産をしてこそ広い世界の国際政治学コミュニティに声が届く。現在，世界の国際政治学のコミュニティで何が語られているのかを知るためにも，他の言語，とくに英語での知的生産物に触れてほしい。本書で紹介したジャーナルで刊行された研究をひとつでも見ることはその第一歩となる。

### 🐾 終章の文献ガイド

鈴木基史・飯田敬輔編（2021）『国際関係研究の方法』東京大学出版会
　　　▷ゲーム理論，回帰分析，テキスト分析，サーベイ実験といった量的研究の主要方法論の先端研究を日本語で読める稀有な書籍である。最後には各方法に関する限界や課題についても言及があり，参考になる。科学的な作法とは何かを理解する上でも重要な書籍で，本書を読み終えた読者に強く推奨する。

保城広至（2015）『歴史から理論を創造する方法──社会科学と歴史学を統合する』勁草書房
　　　▷歴史学と理論をつなぎ，国際政治学研究として歴史学とどう接合すべきか，接合できるのかが論じられている。本書ではまったく言及できなかった過程追跡（プロセス・トレーシング）の手法など，理解を深めてほしい項目が多く，こちらも強く推奨する。

久保慶一・末近浩太・高橋百合子（2016）『比較政治学の考え方』有斐閣
　　　▷政治学における国際関係論の隣接分野である比較政治学への理解を深めることが研究の厚みを決定づけるという著者の信念により，推薦書として列挙したい。この本の良さは，タイトルにあるように「考え方」を教授しようという姿勢にあり，国際関係論との類似性や差異をかみしめながらぜひ読解してほしい。パズルやクエスチョンを見つけるきっかけが見出せるかもしれない。自分の関心からややはみ出した，しかしつながりのある読書はあなたの知力になっていく。

# 参 考 文 献

## 日本語文献

アイケンベリー，ジョン（鈴木康雄訳）（2004）『アフター・ヴィクトリー――戦後構築の論
　　理と行動』NTT 出版

浅古泰史（2018）『ゲーム理論で考える政治学――フォーマルモデル入門』有斐閣

荒川章二（2021）『軍隊と地域』（増補）岩波書店

アンサーリー，タミム（2011）『イスラームからみた「世界史」』紀伊國屋書店

飯田洋介（2021）『グローバル・ヒストリーとしての独仏戦争』NHK 出版

植木俊哉・中谷和弘編（2023）『国際条約集』有斐閣

ウォード，マイケル・D，クリスチャン・S・グレディッシュ（田中章司郎・西井龍映訳）
　　（2023）『空間回帰モデル』共立出版

ウォルツ，ケネス（河野勝・岡垣知子訳）（2010）『国際政治の理論』勁草書房

ウォルツ，ケネス（渡邉昭夫・岡垣知子訳）（2013）『人間・国家・戦争――国際政治の 3 つ
　　のイメージ』勁草書房

岡田章（2020）『国際関係から学ぶゲーム理論――国際協力を実現するために』有斐閣

岡田章（2022）『ゲーム理論の見方・考え方』勁草書房

オルバフ，ダニ（長尾莉紗・杉田真訳）（2019）『暴走する日本軍兵士――帝国を崩壊させた
　　明治維新の「バグ」』朝日新聞出版

木畑洋一（2014）『二〇世紀の歴史』岩波書店

ギルピン，ロバート（納家政嗣監訳）（2022）『覇権国の交代――戦争と変動の国際政治学』
　　勁草書房

キンドルバーガー，チャールズ（石崎昭彦・木村一朗訳）（2009）『大不況下の世界 1929-
　　1939』（改訂増補版）岩波書店

ゴールドマン，スチュアート・D（山岡由美訳）（2013）『ノモンハン 1939――第二次世界
　　大戦の知られざる始点』みすず書房

ゴア，アル（枝廣淳子訳）（2009）『私たちの選択――温暖化を解決するための 18 章』ラン
　　ダムハウス講談社

小菅信子（2005）『戦後和解――日本は〈過去〉から解き放たれるのか』中央公論新社

阪口功（2007）「地球環境問題とグローバル・ガヴァナンス」『国際問題』2007 年 6 月号
　　（562 号），37-50 頁

鹿野嘉昭（2011）「中近世欧州諸国における貨幣供給，小額貨幣と経済発展」『經濟學論叢』
　　63 巻 2 号，199-257 頁

柴山太（2022）「冷戦研究の最前線――冷戦起源研究の危機と「自由主義的国際秩序」論の
　　台頭」『防衛学研究』67 号，19-40 頁

将基面貴巳（2019）『日本国民のための愛国の教科書』百万年書房

昭和研究会編（1939）『ブロック経済に関する研究——東亜ブロック経済研究会研究報告』生活社

ジョスト，ジョン（北村英哉・池上知子・沼崎誠監訳）（2022）『システム正当化理論』ちとせプレス

申惠丰（2020）『友だちを助けるための国際人権法入門』影書房

鈴木董（2018）『文字と組織の世界史——新しい「比較文明史」のスケッチ』山川出版社

砂原庸介・稗田健志・多湖淳（2020）『政治学の第一歩』（新版）有斐閣

薛化元編著（永山英樹訳）（2020）『詳説 台湾の歴史』雄山閣

高木信二（1989）「戦間期日本経済と変動為替相場」『金融研究』8巻4号，109-140頁

多湖淳（2020）『戦争とは何か——国際政治学の挑戦』中央公論新社

中嶋晋平（2021）『戦前期海軍のPR活動と世論』思文閣出版

秦郁彦（2007）『南京事件——「虐殺」の構造』（増補版）中央公論新社

服部正也（2009）『ルワンダ中央銀行総裁日記』（増補版）中央公論新社

ハラリ，ユヴァル・ノア（柴田裕之訳）（2016）『サピエンス全史——文明の構造と人類の幸福』（上下巻）河出書房新社

福島啓之（2021）『戦後日本の関係修復外交——国際政治理論による歴史分析』ミネルヴァ書房

フランツ，エリカ（上谷直克・今井宏平・中井遼訳）（2021）『権威主義——独裁政治の歴史と変貌』白水社

ブル，ヘドリー（臼杵英一訳）（2000）『国際社会論——アナーキカル・ソサイエティ』岩波書店

マクニール，ウィリアム・H（高橋均訳）（2014）『戦争の世界史』（上下巻）中央公論新社

村井章介（2016）『日本中世境界史論』岩波書店

松枝佳奈（2021）『近代文学者のロシア——二葉亭四迷・内田魯庵・大庭柯公』ミネルヴァ書房

村上春樹（1997）『アンダーグラウンド』講談社

モーゲンソー，ハンス（原彬久訳）（2013）『国際政治——権力と平和』（上下巻）岩波書店

山影進（1981）「相互依存論のカルテ——研究の系譜と論理のモデル」『国際政治』67号，5-28頁

山口真美（2022）「中国——ゼロコロナ政策と労働者の国際移動」『IDEスクエア』2022年11月（http://hdl.handle.net/2344/00053546）

山本紀夫（2021）『高地文明——「もうひとつの四大文明」の発見』中央公論新社

山本吉宣（2008）『国際レジームとガバナンス』有斐閣

横山晶子・籠宮隆之（2019）「言語実験に基づく言語衰退の実態の解明——琉球沖永良部島を事例に」『方言の研究』5号，353-375頁

ロイター（2012）「ギリシャ世論調査，将来への悲観と経済支援への反感強まる」10月15日（https://www.reuters.com/article/zhaesmb01088-idJPTK821562220121015）

## 英語文献

Akami, Tomoko (2018) "The Limits of Peace Propaganda: The Information Section of the League of Nations and its Tokyo office" in Jonas Brendebach, Martin Herzer, and Heidi Tworek eds., *Exorbitant Expectations: International Organizations and the Media in the Nineteenth and Twentieth Centuries*, New York: Routledge, pp. 70–90.

Andrews, Sarah, David Leblang, and Sonal S. Pandya (2018) "Ethnocentrism Reduces Foreign Direct Investment," *The Journal of Politics* 80(2): 697–700.

Axelrod, Robert (1984) *The Evolution of Cooperation*, New York: Basic Books.

Balch-Lindsay, Dylan, Andrew J. Enterline, and Kyle A. Joyce (2008) "Third-Party Intervention and the Civil War Process," *Journal of Peace Research* 45(3): 345–363.

Barnhart, Joslyn N., Robert F. Trager, Elizabeth N. Saunders, and Allan Dafoe (2020) "The Suffragist Peace," *International Organization* 74(4): 633–670.

Bearce, David H. (2014) "A Political Explanation for Exchange-Rate Regime Gaps," *The Journal of Politics* 76(1): 58–72.

Bertoli, Andrew D (2017) "Nationalism and Conflict: Lessons from International Sports," *International Studies Quarterly* 61(4): 835–849.

Biersteker, Thomas, Sue Eckert, and Marcos Tourinho eds., (2016) *Targeted Sanctions: The Impacts and Effectiveness of United Nations Action*, Cambridge: Cambridge University Press.

Bussmann, Margit (2010) "Foreign Direct Investment and Militarized International Conflict," *Journal of Peace Research* 47(2): 143–153.

Cederman, Lars-Erik, Kristian S. Gleditsch, and Halvard Buhaug (2013) *Inequality, Grievances, and Civil War*, New York: Cambridge University Press.

Chaudhry, Suparna (2022) "The Assault on Civil Society: Explaining State Crackdown on NGOs," *International Organization* 76(3): 549–590.

Cheng, Yipeng, Ryoma Eguchi, Haruki Nakagawa, Tatsuru Shibata and Atsushi Tago (2023) "Another Test of Nuclear Taboo: An Experimental Study in Japan," *International Area Studies Review* First View.

Chiba, Daina, Kanetaka Ukyo, and Atsushi Tago (2023) "Neutral Judges, Neutral Judgements? Bias, Legitimacy, and Effectiveness of Judicial Settlement of Territorial Dispute," A paper presented at the American Political Science Association Annual Meeting (Los Angeles).

Chow, Wilfred and Dov Levin (Forthcoming) "The Diplomacy of Whataboutism," *International Organization*.

Claude Jr., Inis L. (1967) *The Changing United Nations*, New York: Random House.

Davies, Shawn, Therese Pettersson, and Magnus Öberg (2023) "Organized Violence 1989–2022 and the Return of Conflicts between States?" *Journal of Peace Research* 60(4):

691–708.

Easterly, William (2006) *The White Man's Burden: Why the West's Efforts to Aid the Rest Have Done So Much Ill and So Little Good*, New York: Penguin Press.

Easterly, William (2014) *The Tyranny of Experts: Economists, Dictators, and the Forgotten Rights of the Poor*, New York: Basic Books.

Eck, Kristin (2010) *Raising Rebels. Participation and Recruitment in Civil War* PhD diss., Uppsala Universitet.

Fariss, Christopher J. (2014) "Respect for Human Rights has Improved Over Time: Modeling the Changing Standard of Accountability," *American Political Science Review* 108 (2): 297–318.

Fazal, Tanisha M. (2007) *State Death: The Politics and Geography of Conquest, Occupation and Annexation*, New York: Princeton University Press.

Fearon, James D. (1994) "Domestic Political Audiences and the Escalation of International Disputes," *American Political Science Review* 88(3): 577–592.

Fearon, James D. (1995) "Rationalist Explanations for War," *International Organization* 49 (3): 379–414.

Fearon, James D. (2004) "Why Do Some Civil Wars Last So Much Longer than Others?" *Journal of Peace Research* 41(3): 275–301.

Frieden, Jeffry, David A. Lake, and Kenneth A. Schultz (2021) *World Politics*, New York: W. W. Norton.

Gartzke, Erik (2021) "Blood and Robots: How Remotely Piloted Vehicles and Related Technologies Affect the Politics of Violence," *Journal of Strategic Studies* 44(7): 983–1013.

Gates, Scott and Mogens K. Justesen (2020) "Political Trust, Shocks, and Accountability: Quasi-experimental Evidence from a Rebel Attack," *Journal of Conflict Resolution* 64 (9): 1693–1723.

Gelman, Andrew (2008) "Methodology as Ideology: Some Comments on Robert Axelrod's "The Evolution of Cooperation,"" *QA-Rivista dell'Associazione Rossi-Doria*, pp. 167–176.

Gowa, Joanne (1995) "Democratic States and International Disputes," *International Organization* 49(3): 511–522.

Hafner-Burton, Emilie M. (2014) "A Social Science of Human Rights," *Journal of Peace Research* 51(2), 273–286.

Hardin, Garrett (1968) "The Tragedy of the Commons," *Science* 162(3859): 1243–1248.

Helpman, Elhanan and Paul Kruguman (1985) *Market Structure and Foreign Trade Increasing Returns, Imperfect Competition, and the International Economy*, Cambridge, MA: MIT Press.

Higashijima, Masaaki and Yujin Woo (Forthcoming) "Political Regimes and Refugee Entries: Motivations behind Refugees and Host Governments," *International Studies Quarterly*.

Horiuchi, Yusaku and Atsushi Tago (2023) "U.S. Military Should Not Be in My Backyard: Conjoint Experiments in Japan," *Journal of Conflict Resolution* Firstview.

Humphreys, Macartan and Jeremy M. Weinstein (2008) "Who Fights? The Determinants of Participation in Civil War," *American Journal of Political Science* 52: 436-455.

Inamasu, Kazunori, Shoko Kohama, Nobuhiro Mifune, Yosuke Ohtsubo, and Atsushi Tago (2023) "The Association between Ideology and Resistance to Governmental Apology Depends on Political Knowledge," *Japanese Journal of Political Science* 24(3): 348-367.

Irwin, Douglas A. (2022) "Globalization is in Retreat for the First Time since the Second World War," October 28, Peterson Institute for International Economics (https://www.piie.com/research/piie-charts/globalization-retreat-first-time-second-world-war).

Ito, Gaku (2021) "Why Does Ethnic Partition Foster Violence? Unpacking the Deep Historical Roots of Civil Conflicts," *Journal of Peace Research* 58(5): 986-1003.

Jing, Yiming, Peter H. Gries, Yang Li, Adam W. Stivers, Nobuhiro Mifune, D. M. Kuhlman, and Liying Bai (2017) "War or Peace? How the Subjective Perception of Great Power Interdependence Shapes Preemptive Defensive Aggression," *Frontiers in Psychology* 8.

Kagotani, Koji and Wen-Chin Wu (2022) "When Do Diplomatic Protests Boomerang? Foreign Protests against US Arms Sales and Domestic Public Support in Taiwan," *International Studies Quarterly* 66(3).

Katagiri, Azusa (2023) "Revisiting the Puzzle of Endogenous Nuclear Proliferation," *Journal of Peace Research* First View.

Kearns, Erin M., Brendan Conlon, and Joseph K. Young (2014) "Lying About Terrorism," *Studies in Conflict & Terrorism* 37(5): 422-439.

Kikuchi, Masanori, Yuji Masumura, and Atsushi Tago (N.D.) "A Tale of Experiment on Two-isms of International Relations: A Study in Japan" *Working Paper*.

Kikuta, Kyosuke and Mamoru Uesugi. (2023) "Do Politically Irrelevant Events Cause Conflict? The Cross-continental Effects of European Professional Football on Protests in Africa," *International Organization,* 77(1): 179-216.

Kim, In Song (2017) "Political Cleavages within Industry: Firm-level Lobbying for Trade Liberalization," *American Political Science Review* 111(1): 1-20.

Kinne, Brandon J. (2020) "The Defense Cooperation Agreement Dataset (DCAD)," *Journal of Conflict Resolution* 64(4): 729-755.

Kobayashi, Tetsuro, Dani Madrid-Morales, Yuki Asaba, and Atsushi Tago (2020) "Economic Downturns and Hardline Public Opinion," *Social Science Quarterly* 101: 309-324.

Kohama, Shoko, Toshiyuki Himichi, Kazunori Inamasu, Nobuhiro Mifune, Yosuke Ohtsubo, and Atsushi Tago (2023) "Crafting International Apologies that Work: A Conjoint

Analysis Approach," *Conflict Management and Peace Science* 40(4): 419-440.

Kohama, Shoko, Kai Quek and Atsushi Tago (2023) "Managing the Cost of Backing Down: A "Mirror Experiment" on Reputations and Audience Costs in a Real-World Conflict," *The Journal of Politics* First View.

Krasner, Stephen D. (1983) "Structural Causes and Regime Consequences: Regimes as Intervening Variables." in Stephen D. Krasner ed., *International Regimes*, Ithaca, NY: Cornell University Press.

Kuperman, Alan, (2001) *The Limits of Humanitarian Intervention: Genocide in Rwanda.* Washington DC: Brookings Institution Press.

Kurizaki, Shuhei and Taehee Whang (2015) "Detecting Audience Costs in International Disputes," *International Organization* 69(4), 949-980.

Kydd, Andrew H. and Barbara F. Walter (2006) "The Strategies of Terrorism," *International Security* 31(1): 49-80.

LaFree, Gary (2012) "Generating Terrorism Event Databases: Results from the Global Terrorism Database, 1970 to 2008," in Cynthia Lum and Leslie W. Kennedy eds., *Evidence-Based Counterterrorism Policy: Springer Series on Evidence-Based Crime Policy*, vol 3, New York: Springer, pp. 41-64.

Lemke, Douglas (2002) *Regions of War and Peace*, New York: Cambridge University Press.

Li, Quan, Erica Owen, and Austin Mitchell (2018) "Why Do Democracies Attract More or Less Foreign Direct Investment? A Metaregression Analysis," *International Studies Quarterly* 62(3): 494-504.

Li, Weihua, Aisha E. Bradshaw, Caitlin B. Clary, and Skyler J. Cranmer (2017) "A Three-degree Horizon of Peace in the Military Alliance Network," *Science Advances* 3 (3): e1601895.

Longhofer, Wesley, Evan Schofer, Natasha Miric, and David John Frank (2016) "NGOs, INGOs, and Environmental Policy Reform, 1970-2010," *Social Forces* 94(4): 1743-1768.

Maekawa, Wakako (2023) "External Intelligence Assistance and the Recipient Government's Violence against Civilians," *Conflict Management and Peace Science* 40(5): 511-532.

Maoz, Zeev and Bruce Russett (1993) "Normative and Structural Causes of Democratic Peace, 1946-1986," *American Political Science Review* 87(3): 624-638.

Matsumura, Naoko, Atsushi Tago, and Joseph M. Grieco (2023) "External Threats and Public Opinion: The East Asian Security Environment and Japanese Views on the Nuclear Option," *Journal of East Asian Studies* 23(1): 23-44.

Melitz, Marc J. (2003) "The Impact of Trade on Intra-Industry Reallocations and Aggregate Industry Productivity," *Econometrica* 71(6): 1695-1725.

Mifune, Nobuhiro, Kazunori Inamasu, Shoko Kohama, Yosuke Ohtsubo, and Atsushi Tago

(2019) "Social Dominance Orientation as an Obstacle to Intergroup Apology," *PLOS ONE* 14(1): e0211379.

Miller, David (2020) *Is Self-Determination a Dangerous Illusion?* London: Polity.

Milner, Helen V. and Bumba Mukherjee (2009) "Democratization and Economic Globalization," *Annual Review of Political Science* 12(1): 163-181.

Moyn, Samuel (2021) *Humane: How the United States Abandoned Peace and Reinvented War*, New York: Farrar, Straus & Giroux.

Peritz, Lauren (2020) "When are International Institutions Effective? The Impact of Domestic Veto Players on Compliance with WTO Rulings," *International Studies Quarterly* 64(1): 220-234.

Peter, Andreas (2010) "Unintended Criminalizing Consequences of Sanctions:Lessons from the Balkans," in Christopher Daase and Cornelius Friesendorf eds., *Rethinking Security Governance: The Problem of Unintended Consequences*, London: Routledge, pp. 102-126.

Press, Daryl G., Scott D. Sagan, and Benjamin A. Valentino (2013) "Atomic Aversion: Experimental Evidence on Taboos, Traditions, and the Non-Use of Nuclear Weapons," *American Political Science Review* 107(1): 188-206.

Reiter, Dan and Allan C. Stam (2002) *Democracies at War*, Princeton, NJ: Princeton University Press.

Rosenberg, Benjamin D. and Jason T. Siegel (2018) "A 50-year Review of Psychological Reactance Theory: Do Not Read This Article," *Motivation Science* 4(4): 281-300.

Rousseau, Elise (2018) "Power, Mechanisms, and Denunciations: Understanding Compliance with Human Rights in International Relations," *Political Studies Review* 16(4): 318-330.

Sachs, Jeffery D. (2005) *The End of Poverty: Economic Possibilities for Out Time*, New York: Penguin Press.

Sagan, Scott D. (1996) "Why Do States Build Nuclear Weapons? Three Models in Search of a Bomb," *International Security* 21(3): 54-86.

Schultz, Kenneth, and Barry Weingast (2003) "The Democratic Advantage: Institutional Foundations of Financial Power in International Competition," *International Organization* 57(1): 3-42.

Singer, David J. (1961) "The Level-of-Analysis Problem in International Relations," *World Politics* 14(1): 77-92.

Smetana, Michal and Michal Onderco (2023) "From Moscow with a Mushroom Cloud? Russian Public Attitudes to the Use of Nuclear Weapons in a Conflict With NATO," *Journal of Conflict Resolution* 67(2-3): 183-209.

Spruyt, Hendrik (1994) *The Sovereign State and its Competitors: An Analysis of Systems Change*, New York: Princeton University Press.

Spruyt, Hendrik (2020) *The World Imagined: Collective Beliefs and Political Order in the Sinocentric, Islamic and Southeast Asian International Societies*, Cambridge: Cambridge University Press.

Tago, Atsushi (2013) "Why Do States Publicly Invoke the Right of Self-Defense during Wars? Legal-, Diplomatic- and Aid-Politics to Motivate States to Respect International Law," *Conflict Management and Peace Science* 30(2): 161–177.

Tago, Atsushi and Maki Ikeda (2015) "An 'A' for Effort: Experimental Evidence on UN Security Council Engagement and Support for US Military Action in Japan," *British Journal of Political Science* 45(2): 391–410.

Tannenwald, Nina (2007) *The Nuclear Taboo: The United States and the Nonuse of Nuclear Weapons Since 1945*, Cambridge: Cambridge University Press.

Terman, Rochelle and Joshua Byun (2022) "Punishment and Politicization in the International Human Rights Regime," *American Political Science Review* 116(2): 385–402.

Thompson, Alexander (2009) *Channels of Power: The UN Security Council and U.S. Statecraft in Iraq*, Ithaca, NY: Cornell University Press.

Tilly, Charles (1992) *Coercion, Capital, and European States, A.D. 990–1990*, New York: Blackwell.

Tomz, Michael (2007) "Domestic Audience Costs in International Relations: An Experimental Approach," *International Organization* 61(4): 821–840.

Williamson, Jeffery (2011) *Trade and Poverty: When the Third World Fell Behind*, Cambridge, MA: MIT Press.

Wolford, Scott (2015) *The Politics of Military Coalitions*, Cambridge: Cambridge University Press.

Yang, Zi (2018) "Securing China's Belt and Road Initiative," *USIP Special Report*, November 26 (https://www.usip.org/publications/2018/11/securing-chinas-belt-and-road-initiative).

Yarhi-Milo, Keren, Alexander Lanoszka, and Zack Cooper (2016) "To Arm or to Ally? The Patron's Dilemma and the Strategic Logic of Arms Transfers and Alliances," *International Security* 41(2): 90–139.

van Bergeijk, Peter A. G. (2021) "Introduction to the Research Handbook on Economic Sanctions," in Peter A. G. van Bergeijk ed., *Research Handbook on Economic Sanctions*, London: Edward Elgar, pp. 1–25.

# 索　引

著者紹介

## 多 湖 淳 (たご あつし)

1976年生まれ。1999年東京大学教養学部卒業，2004年東京大学大学院総合文化研究科博士課程単位取得退学，2007年東京大学より博士（学術）取得。令和元年度日本学術振興会賞受賞。神戸大学大学院法学研究科教授，オスロ平和研究所グローバルフェローなどを経て，

現在：早稲田大学政治経済学術院教授。専門は国際関係論。

著書：『武力行使の政治学——単独と多角をめぐる国際政治とアメリカ国内政治』（千倉書房，2010年），『戦争とは何か——国際政治学の挑戦』（中公新書，2020年），『政治学の第一歩 新版』（有斐閣，2020年，共著）など。

アカデミックナビ
国際関係論

2024年3月20日　第1版第1刷発行

著　者　多　湖　　淳

発行者　井　村　寿　人

発行所　株式会社　勁　草　書　房

112-0005 東京都文京区水道2-1-1　振替　00150-2-175253
（編集）電話 03-3815-5277／FAX 03-3814-6968
（営業）電話 03-3814-6861／FAX 03-3814-6854
本文組版 プログレス・平文社・中永製本

# テキスト・シリーズ　アカデミックナビ

　アカデミックナビは，新しい世紀に必要とされる教養を身につけるために企画した，勁草書房の新しいテキスト・シリーズです。本シリーズが目指すのは，専門化が進み細分化された学問分野をあらためて体系化し，初学者にわかりやすく伝える現代のスタンダード・テキストです。そのため，これまでに勁草書房が刊行してきた人文科学各分野から特に重要なものを選び，それぞれの分野の第一人者が必要なポイントを懇切丁寧に解説し，用語解説やQ＆Aなどで当該分野の全体像をイメージできるように工夫します。本シリーズは，初学者がアカデミズムの世界を航海する際の最適な指針となることを目指します。

## ●内容のコンセプト

### わかりやすく

初学者にもわかりやすく，共通教育課程（1~2年）のテキストとして最適なレヴェル。

### バランスよく

特定の立場に偏らず，その分野全体に広く目を配り，汎用性が高く標準的。

### ポイントをしぼって

特に重要な点のみを丁寧に説明しつつ，その分野の全体像を伝える。

### 体系的に

各章が整合的に構成されており，最初から最後までスムースに読み進められる。

## ●既刊

子安増生編著『心理学』A5判 2970円　25115-5

大瀧雅之『経済学』A5判 2970円　50445-9

田村哲樹・近藤康史・堀江孝司『政治学』A5判 2970円　30283-3

## ●今後の刊行予定ラインナップ

『統計学』，『教育学』，『社会学』，etc.

勁草書房